NEGOCIAÇÃO EM CRISES

ATUAÇÃO POLICIAL NA
BUSCA DA SOLUÇÃO PARA
EVENTOS CRÍTICOS

Dados Internacionais de Catalogação na Publicação (CIP)
(Câmara Brasileira do Livro, SP, Brasil)

Salignac, Angelo Oliveira
   Negociação em crises : atuação policial na
busca da solução para eventos críticos / Angelo
Oliveira Salignac. -- 1. ed. -- São Paulo :
Ícone, 2011.

   ISBN 978-85-274-1140-0

   1. Administração de crises 2. Negociação
3. Polícia 4. Policiais - Treinamento 5. Segurança -
Medidas 6. Solução de problemas I. Título.

10-08077   CDD-363.2

Índices para catálogo sistemático:

1. Negociação em crises : Trabalho policial :
    Segurança pública : Problemas sociais   363.2

Angelo Oliveira Salignac

NEGOCIAÇÃO EM CRISES

ATUAÇÃO POLICIAL NA
BUSCA DA SOLUÇÃO PARA
EVENTOS CRÍTICOS

1ª edição
Brasil – 2011

© Copyright 2011
Angelo Oliveira Salignac
Direitos cedidos à Ícone Editora Ltda.

Projeto gráfico, capa e diagramação
Richard Veiga

Revisão
Pricila Del Claro
Saulo C. Rêgo Barros
Marsely De Marco Dantas

Proibida a reprodução total ou parcial desta obra, de qualquer forma ou meio eletrônico, mecânico, inclusive por meio de processos xerográficos, sem permissão expressa do editor (Lei nº 9.610/98).

Todos os direitos reservados à
ÍCONE EDITORA LTDA.
Rua Anhanguera, 56 – Barra Funda
CEP 01135-000 – São Paulo – SP
Tel./Fax.: (11) 3392-7771
www.iconeeditora.com.br
iconevendas@iconeeditora.com.br

RESUMO

As pessoas tendem a imaginar a atividade policial de uma forma bastante diferente do que é na realidade. Percebem acertadamente, entretanto, as dificuldades que demonstramos nós, os policiais brasileiros, em exercer certas atividades que são retratadas de maneira bastante frequente em obras cinematográficas – a Negociação em Crises é uma delas.

As oportunidades têm se sucedido: invasões de prédios públicos, ocupações de fazendas e estradas que originam tragédias difundidas ao mundo, assaltos que se transformam em captura de reféns e são "solucionados" de maneira atabalhoada, cruel, irresponsável. Alguma ferramenta parece não ter sido convenientemente utilizada, falta um pequeno detalhe que poderia transformar esses insucessos em trabalhos dignos do reconhecimento da comunidade.

Essa ferramenta existe e está disponível. Chama-se Negociação em Crises e é considerada a arma não letal mais eficiente disponível aos policiais. Qual o motivo de não ser uma rotina o seu uso? O que se pode esperar de um policial que domine esse conhecimento? Quais os seus limites e conceitos basilares?

O trabalho que segue busca solucionar essas e outras dúvidas, demonstrando as possibilidades de um método cuja eficiência inquestionável, modifica substancialmente os rumos da atuação das Polícias na resposta a eventos potencialmente letais.

There are weapons you cannot hold in your hands.
You can only hold them in your mind. (dos ensinamentos de Bene Gesserit, compilados por Frank Herbert).

ÍNDICE

Apresentação, 13

Uma linguagem particular, 15

O gerenciamento de crises, 19
Princípios básicos: objetivos e critérios de ação, **19**
Princípios básicos, **21**
Objetivos, **24**
Critérios de ação, **25**

O dimensionamento da crise, 29
Classificação dos graus de risco ou ameaça, **29**
Níveis de resposta, **30**
Elementos essenciais de inteligência, **31**
Fontes de informações, **32**

As fases do confronto e a preparação, 33
Fases da confrontação, **33**
• A pré-confrontação ou preparo, **33**
• A resposta imediata, **37**
• O plano específico, **37**
• A resolução, **37**
O chefe do grupo de gerenciamento, **39**

A resposta imediata, 43

As tarefas de gerenciamento, **43**
- As tarefas do gerente de crises na resposta imediata, **46**
- O comando horizontal, **50**

Relações com a imprensa, **51**

Operação e organização do Posto de Comando, 55

Definições, **55**

Descrição do PC, **56**
- Quando é necessário instalar um PC?, **56**
- Requisitos essenciais de um PC, **57**

Elementos essenciais na organização do PC, **58**

Tarefas e funções sugeridas para os elementos essenciais do PC, **59**
- Elemento de comando, **59**
- Elementos operacionais, **60**
- Elementos de apoio, **61**
- Elementos de assessoria, **62**

Os elementos operacionais essenciais, 65

O Grupo Tático, **65**

Componentes táticos de um GT, **67**

Fundamentos doutrinários, **67**

Fundamentos éticos, **70**

O recrutamento, a seleção e o treinamento, **72**
- O comando de operações táticas do DPF, **73**

Os perímetros táticos, 77

Planejamento e dinâmica de condução, 81

O processo de negociação, 89

A negociação: uma comparação e perspectivas, **89**

A negociação e o sistema de gerenciamento de crises, **90**

Existe uma modalidade brasileira de negociação em crises?, **92**

Como atuam as agências policiais norte-americanas?, **94**

Qual o "estado do conhecimento" sobre a matéria, no momento atual?, **96**

Operacionalizando a atuação do negociador, 99
A postura do negociador, 101
Equipamentos, 103
Negociação e imprensa, 106
Negociação e inteligência, 108
  • Quadros de situação, 110
Após o evento crítico, 115

A situação, 117
Opções de atuação em eventos críticos, 117

As estratégias técnicas e táticas da negociação, 121
Eventos negociáveis e não negociáveis, 121
Negociação técnica e negociação tática, 124
Reféns e vítimas: a definição da estratégia, 125

Os principais tipos de PEC, 127
Indivíduos com problemas mentais ou comportamentais, 128
  • Paranoicos/esquizofrênicos, 128
  • Depressão, 130
  • Personalidade antissocial, 132
  • Personalidade desajustada ou dependente, 133
  • Negociando com suicidas, 135
Delinquentes surpreendidos durante a ação criminosa, 138
Prisioneiros em revolta, 139
Fanáticos políticos ou religiosos, 142
Sequestradores, 144
Negociando em grandes eventos, 146

Drogas, álcool e a negociação, 149

O que se pode esperar do capturado, 161
Na captura, 161
Após a liberação, 162
A Síndrome de Estocolmo, 162
  • Componentes da Síndrome, 163

- Fatores que impedem o desenvolvimento da Síndrome, **164**
- Aspectos positivos da Síndrome, **165**
- Aspectos negativos, **165**
- Técnicas para indução da Síndrome, **166**

Táticas para a negociação – ganhe tempo!, **167**
- Vantagens do ganho de tempo, **168**
- Desvantagens da passagem do tempo, **168**

Contato com o captor, 171

Atenção ativa, **171**
Apresentação, **173**
Tipos de contato, **175**
Recomendações para o contato, **176**
Como se comportar se você for capturado, **178**

Uso de interlocutores, 181

Condutas importantes, 183

O que se pode ou não negociar, **186**
Indicativos de negociação bem-sucedida, **189**

O negociador, 191

Avaliação psicológica, **192**
Seleção e treinamento, **193**
O grupo de negociação, **194**
Aprendendo a atuar em equipe, **195**

O negociador como opção tática, 197

Lendas mais comuns, **197**
Opções de atuação tática do negociador, **199**
- Técnicas que possibilitam a diminuição do risco inerente ao assalto, **199**
- Técnicas que podem ser utilizadas no auxílio ao GT, **199**

A rendição, 201

Administração de conflitos entre GC e GN, 205

O ambiente do GGC, **205**

Administração de conflitos entre os grupos, **207**
- Estágio 1 (Busca do entendimento): Encorajando relacionamentos, **207**
- Estágio 2 (Pré-negociação): Incentivando a colaboração, **208**
- Estágio 3 (Negociação): Usando a colaboração e a negociação, **209**

O impacto e o papel do chefe do grupo de gerenciamento, **210**

Dois exercícios teóricos, 213

Exercício 1 – Crise em aeroporto, **214**
- Orientações, **214**
- Etapa 1, **214**
- Etapa 2, **216**
- Etapa 3, **217**
- Etapa 4, **217**
- Etapa 5, **218**
- Etapa 6, **219**
- Etapa 7, **219**
- Etapa 8, **220**
- Etapa 9, **221**
- Etapa 10, **221**
- Etapa 11, **221**
- Etapa 12, **222**
- Etapa 13, **223**
- Etapa 14, **224**

Exercício 2 – Crise em estabelecimento prisional, **225**
- Orientações, **225**
- Etapa 1, **226**
- Etapa 2, **227**
- Etapa 3, **228**
- Etapa 4, **229**
- Etapa 5, **229**
- Etapa 6, **230**
- Etapa 7, **231**
- Etapa 8, **232**
- Etapa 9, **234**
- Etapa 10, **235**
- Etapa 11, **237**

- Etapa 12, **238**
- Etapa 13, **239**
- Etapa 14, **240**
- Etapa 15, **241**
- Etapa 16, **242**
- Etapa 17, **243**
- Etapa 18, **245**
- Etapa 19, **246**
- Etapa 20, **247**
- Etapa 21, **247**
- Etapa 22, **248**
- Etapa 23, **249**
- Etapa 24, **250**

Algumas apreciações finais, 253

Bibliografia, 257

Referências bibliográficas, 261

APRESENTAÇÃO

É preciso uma visão sistêmica do gerenciamento de crises – esta perspectiva será amplamente discutida e justificada nas páginas que se seguem.

A teoria será dividida em três etapas, com realce ao vigoroso trabalho do ilustre companheiro delegado de Polícia Federal, Roberto das Chagas Monteiro[1] (hoje aposentado), base da primeira parte deste estudo, voltada à doutrina do gerenciamento de crises. Aos ensinamentos do Dr. Roberto Monteiro fiz pequenos ajustes (por exemplo, prefiro a palavra "provocador" em vez de "perpetrador" para indicar a pessoa ou pessoas que produzem o evento crítico), que visam tornar a linguagem adotada coerente em seu todo; sou, por consequência, responsável pelas imprecisões que ocorram.

A seguir, descreverei brevemente o método de atuação e as características dos Grupos Táticos[2], com especial atenção ao Comando de Operações Táticas do Departamento de Polícia Federal.

Por último, tratarei da negociação e suas especificidades. Nesta terceira parte, a base teórica será o trabalho que publiquei com o delegado da Polícia Civil de Santa Catarina, estudioso renomado e grande amigo, o Dr. Ricardo Lemos Thomé.

Este livro consolida conhecimentos e experiências obtidos em mais de vinte anos dedicados ao estudo e prática da Negociação em Crises, nome pelo qual prefiro tratar esta matéria. Muitos foram os erros que cometi nesse período, os quais posso atribuir, em sua maioria, a alguma forma de deficiência doutrinária ou técnica. Espero, com este trabalho, permi-

---

1 MONTEIRO, 2001.

2 THOMPSON, 2002, é a obra referência nesse campo, na qual nos baseamos. Uma visão mais resumida também pode ser obtida em CASCIO e MCSWEENEY, 1996.

tir aos colegas policiais, ao menos, a possibilidade de prevenir equívocos dessa natureza.

A Academia Nacional de Polícia, por meio da gentil atenção de sua direção e do companheirismo de seu corpo de funcionários, deu-me a possibilidade de buscar conhecimentos – só assim poderia ministrar aulas aos seus qualificados alunos, os quais, muitas vezes, foram o único incentivo à continuação dos meus estudos. Fazer parte do corpo docente da ANP foi um orgulho.

O Comando de Operações Táticas permitiu fazer face a desafios que tornaram minha vida profissional riquíssima. A todos os integrantes do COT/DPF, meus sinceros respeitos pela dureza de sua missão e pela dedicação que sempre demonstraram. Suas atuações enchem de orgulho todos os policiais. Os trabalhos que realizei no campo da Negociação em Crises foram um sucesso, mas apenas porque ao meu lado eles estavam.

À Pátria, a vida. Ao DPF, o COT.

Ainda agora, muitos anos depois de minha saída do Comando, recebo com gratidão o apoio dos seus integrantes.

O delegado de Polícia Federal Marcos Ferreira dos Santos, coordenador do Comando de Operações Táticas, e o chefe de Operações do Comando, o agente de Polícia Federal Van Dyck Oliveira, foram minhas fontes de consulta quando ocorriam dúvidas em relação aos aspectos práticos do trabalho do policial nos Grupos Táticos e deram importantes contribuições – a eles, amigos queridos de muitos anos, irmãos em muitas horas de sofrimento, sob chuva, sol, pedras e muito mais, dedico este trabalho. Evidentemente, todos os erros e incorreções porventura existentes devem ser creditados a mim.

A Negociação em Crises não é uma ciência. É uma arte, que se vale de várias ciências. Sua aplicação, consequentemente, não produz resultados absolutamente certos e garantidos. Entretanto, as vantagens que assegura aos policiais e aos demais envolvidos nas crises podem ser constatadas pela simples leitura dos periódicos: nos eventos em que seus princípios básicos não foram seguidos fielmente, o que houve foi tragédia e desmoralização do Estado. Os conhecimentos que aqui dividimos, presentes em vasta bibliografia e utilizados pelas Polícias mais desenvolvidas, devem ser aplicados com prudência, mas também com energia.

UMA LINGUAGEM PARTICULAR

Policiais não dizem "eu sou policial". Eles dizem "eu sou Polícia". As razões para isso são incertas, mas indicam uma tendência bastante interessante: os profissionais desse campo de atuação consideram-se não apenas integrantes de um grupo, mas também, e principalmente, imaginam-se como possuindo, eles próprios, a essência desse grupo.

Uma das dificuldades vividas pelos policiais é, certamente, a profusão de termos usados no seu cotidiano. Vivendo em constante contato com uma diversidade de camadas sociais, os policiais costumam adotar um linguajar característico, cheio de gírias, que tende a evoluir para uma espécie de dialeto – tema que tem sido constantemente explorado e amplificado. Embora comum na maioria das profissões, a diversidade de termos acaba por trazer uma dificuldade adicional: a gíria e o palavreado chulo acabam por afastar os termos técnicos, excetuando-se os onipresentes vernáculos jurídicos, específicos do universo processual e distantes do mundo prático do exercício profissional.

Assim, torna-se necessária a especificação dos termos que usaremos, dando-lhes significado e precisão[3]. A discussão irá se prolongar nos próximos capítulos, quando esses conceitos serão clarificados em seus contextos teórico e doutrinário. Especialmente relevante é o fato de que este trabalho discute atuações que são exercidas por policiais estaduais (civis e militares) e federais, havendo, consequentemente, significativas diferenças metodológicas na condução de seus trabalhos. Assim, optamos por examinar essas diferenças e, sempre que possível, discutir e firmar posições que contemplem as duas vertentes de trabalho. A apresentação de ideias

---

3 Salignac, 1997.

aparentemente conflitantes serve para demonstrar a possibilidade de atingir idênticos objetivos por meio de diferentes trajetórias.

A atuação do policial negociador ou gerenciador de crises, desde muito deixou de se voltar exclusivamente para criminosos contumazes, meliantes. Casos de suicídios, pessoas portadoras de psicopatologias graves, movimentos reivindicatórios que, por qualquer motivo, descambam para a violência ou o confronto, enfim, estão em sua área de atuação – e, nesses casos, não cabe rotular como "bandidos" os causadores ou provocadores do evento crítico. Dessa maneira, usarei a expressão "provocador do evento crítico" para indicar os elementos que iniciam ou potencializam os resultados da crise, abreviando-a pela sigla PEC.

Para as nossas necessidades, trataremos de diferenciar em duas categorias as pessoas capturadas durante um evento crítico, denominando como "reféns" àquelas que possuem valor real para o captor. Diferentemente das "vítimas", um refém será moeda valiosa para seu captor, que dele se valerá para garantir sua incolumidade física, a possibilidade de fuga ou de obtenção de vantagens, conforme cada caso (que discutiremos detalhadamente à frente).

"Vítimas" formam uma categoria que diz respeito àquelas pessoas capturadas e que não têm valor para os captores, sendo antes objeto de seu ódio: o captor busca a eliminação física dessas pessoas ou danos à sua integridade. Uma vítima não tem outro valor para quem a captura, exceto o da realização dos desejos de seu captor. Diferenciar entre uma e outra categoria muda radicalmente os rumos táticos e técnicos de uma negociação.

O que nos leva a outros conceitos: os de Negociação Técnica e Negociação Tática[4], sendo o primeiro referente aos procedimentos utilizados na resolução da crise pelos meios da negociação pura, exclusivamente. Já a

---

4 Os americanos adotam a terminologia "crise com refém" e "crise sem refém" para diferenciar os eventos em que existam ou não pessoas capturadas que tenham algum valor para o captor. Nos primeiros cursos, os alunos tinham grande dificuldade em entender que uma "crise sem refém" podia ser um evento com pessoas capturadas, mas essas pessoas deviam ser vistas pelos grupos de resposta como desprovidas de valor para o captor (consequentemente, passíveis de violência gratuita ou mesmo homicídio). A solução veio em meados de 1991: criar os conceitos de negociação técnica e negociação tática e dividir as pessoas capturadas em dois grupos: os reféns e as vítimas, conforme tivessem ou não valor para o PEC. Aparentemente, a ideia frutificou, e tenho visto algumas apostilas e mesmo trabalhos publicados em que os autores usam outras palavras ou frases com o mesmo significado que eu atribuí originalmente.

Negociação Tática indica que o profissional busca meios e condições de dar suporte à ação dos grupos táticos, concomitantemente à negociação técnica propriamente dita.

E o que seria um grupo tático? Os grupos táticos (que trataremos como GT) são equipes de policiais que recebem treinamento intensivo e diferenciado, voltado para a resposta a eventos críticos por meio de métodos de impacto direto: assalto, armas, equipamentos e táticas especiais. Mundialmente conhecidos como SWAT[5], os GT são grupos de reduzido efetivo, formados basicamente por *snipers* e atacantes, havendo dentre eles várias especialidades.

O *sniper*[6] é, sem dúvida, o mais polêmico integrante do grupo: não há termo preciso em português que o designe, havendo quem traduza a palavra, equivocadamente, como "atirador de elite" ou "franco atirador". O *sniper* é responsável pela imobilização de um oponente armado que oferece risco de vida a reféns, vítimas ou integrantes das forças de segurança. Seu desempenho é autorizado apenas em situações emergenciais predefinidas pelo Grupo de Decisão ou pelo Grupo de Gerenciamento da Crise. O GT será mais bem detalhado à frente.

O Grupo de Decisão (GD), idealmente, autoriza e dá aval às soluções propostas pelo Grupo de Gerenciamento de Crises para a solução do evento crítico. O GD é integrado por instâncias superiores do Poder Público e formado por membros do Judiciário, do Executivo ou de outras entidades públicas ou mesmo privadas. Um GD integrado por representantes do Ministério Público, juízes, Ordem dos Advogados e outras entidades não governamentais, relacionadas ao evento crítico pode, dada a sua representatividade, dar solução muito mais rápida a eventos cujos contornos impedem a pura e simples utilização de mandamentos legais como forma de solução de impasses: uso da força letal, autorização para fuga monitorada de criminosos e outros. Importante ressaltar que o GD é um ente político: sua instalação depende da visão e da modernidade dos governos, em suas várias instâncias. Se inexistente, suas funções serão necessariamente exercidas por alguém – de maneira improvisada e, por consequência, ineficiente.

---

5 *Special Weapons And Tactics*, conforme Monteiro, 2001.

6 Adotaremos a terminologia utilizada pelo COT/DPF sempre que existam outras denominações ou conceitos aplicáveis. Assim, doravante, para "*sniper*" usaremos também a denominação "atirador de precisão".

O Grupo de Gerenciamento de Crises (GGC, grupo sobre o qual nos deteremos mais atentamente), chefiado por um policial denominado gerente da crise[7], é, ao contrário, composto por técnicos da segurança pública: policiais federais, estaduais civis e militares, representantes de organismos públicos e privados interessados ou atingidos pelo evento crítico, GT e Grupo de Negociadores. Um constante equívoco das Organizações Policiais é o de buscarem impetuosamente a solução do evento crítico por meio da aplicação de suas hipóteses particulares, que nem sempre seriam as eleitas pela sociedade, agindo como instâncias decisórias no evento crítico.

No momento em que entram em ação os GD e os GGC, tais hipóteses passam pelo crivo das conveniências políticas, sociais e jurídicas que normalmente não são corretamente dimensionadas pelas Polícias, as quais assumem, então, seu verdadeiro e legítimo papel: o de organismos executores de uma política elaborada por instâncias superiores da sociedade. É importante notar que, frequentemente, os organismos policiais não encontram respaldo para o funcionamento dessas instâncias decisórias, sendo no mais das vezes, deixada por sua conta e risco, a solução de eventos críticos – com as costumeiras e repetidas tragédias que disso pode advir[8].

---

[7] Ou Gerenciador, ou Chefe do GGC, ou Comandante da Cena de Ação (denominação preferida pelos norte-americanos).

[8] Na rebelião do CEPAIGO, em Goiás, foi nítida a presença de GD e GGC. Ao contrário, a desobstrução da estrada em Eldorado do Carajás e a invasão do Carandiru são exemplos em que a Polícia foi responsável solitária por decisões de trágicas e conhecidas consequências.

O GERENCIAMENTO DE CRISES

PRINCÍPIOS BÁSICOS:
OBJETIVOS E CRITÉRIOS DE AÇÃO [9]

No momento em que se produz o presente trabalho, o gerenciamento de crises ainda pode ser considerado um tema relativamente novo na atividade policial brasileira. Até o começo da década de 1990, o assunto foi tratado de forma improvisada pelos diversos segmentos das Polícias brasileiras, inexistindo uma doutrina de trabalho que desse ao problema uma abordagem de caráter científico, evitando atitudes e desempenhos tipicamente amadoristas.

No caso específico do DPF, não havia qualquer norma destinada a fixar parâmetros de comportamentos na eventualidade de crises, além de não existir, nos cursos de formação e aperfeiçoamento de policiais ministrados pela Academia Nacional de Polícia, qualquer disciplina concernente ao estudo da matéria.

O gerenciamento de crises vinha sendo realizado de forma casuística, confiado que estava à notória capacidade de improvisação, ao chamado "bom-senso", ao "jeitinho" ou à habilidade individual do policial encarregado de solucionar as situações de crise – eventos cuja ocorrência era pouco mais que episódica dentro da realidade criminal brasileira.

As causas desse comportamento improvisado não cabem ser aqui analisadas. Contudo, observa-se que, dado o atual estágio de evolução da criminalidade no País, quando as estatísticas registram em todo o território nacional a ocorrência quase cotidiana de rebeliões em estabelecimen-

---

[9] Monteiro, 2001. Novamente lembro ter feito alguns ajustes no texto do autor.

tos prisionais e de captura de pessoas, torna-se cada vez mais temerária a inexistência de sistematização e de consequente postura amadorística no trato desse assunto.

A consolidação do regime de plenitude democrática faz prevalecer entre os criminosos a confiança de que a democracia lhes assegura um tratamento humano por parte da Polícia, no caso de malogro de suas investidas criminosas – sejam elas quais forem.

Isso acarretou um sensível aumento (quantitativo e qualitativo) das situações de crise e uma amplificação considerável de sua periculosidade; os indicadores de tendências, tanto no Brasil como no resto do mundo, indicando claramente que, no futuro, tal quadro tende a recrudescer, exigindo, portanto, que as organizações policiais se preparem adequadamente para enfrentar tal realidade.

Assim, o DPF, a partir do início dos anos 90, decidiu adotar medidas com vistas a dar algum tratamento estratégico e doutrinário ao tema, mesmo que de forma tímida. A partir da vigência da Instrução Normativa nº 08/88-DG/DPF, a Polícia Federal passou a ter a responsabilidade de assumir o comando das operações policiais, até solução final, nos casos de apoderamento ilícito de aeronaves, o que levou à necessidade de estruturação de um organismo operacional.

Curiosamente, note-se que, se o organismo operacional foi estruturado de maneira competente e metódica, o mesmo não se pode dizer em relação à busca da solução negociada: até o momento, o DPF, como aliás ocorre em quase todas as Polícias brasileiras, desdenha a criação de um sistema integral de gerenciamento de crises (inexiste um órgão específico que trate da negociação).

No FBI e em quase todas as Polícias norte-americanas, o gerenciamento de crises, desde o início da década de 1970, recebe um tratamento científico, e a matéria está, atualmente, consolidada em bases doutrinárias consistentes. Nas academias de Polícia dos EUA, o gerenciamento de crises é matéria relevante, tanto nos cursos de formação como nos de aperfeiçoamento, de sorte que nenhum executivo de polícia daquele país deixa de ter algum contato com essa disciplina.

O resultado dessa política é que as crises são tratadas de maneira consistente e quase uniforme naquele país, verificando-se que, apesar das diferenças de legislação de um Estado para outro, as organizações policiais estadunidenses (não importa qual seja a sua natureza) adotam uma mesma doutrina de trabalho.

PRINCÍPIOS BÁSICOS

A palavra crise vem do termo latino "crisis", oriundo do grego "κρισις" que, por sua vez, foi herdado da raiz indo-europeia "ker" ou "sker", que significa "cortar" e que daria mais tarde origem a palavras como "critério"[10].

A Academia Nacional do FBI define crise como "um evento ou situação crucial, que exige uma resposta especial da Polícia, a fim de assegurar uma solução aceitável".

Observe-se o destaque dado à expressão "da Polícia": a responsabilidade de gerenciar e solucionar as situações de crise é exclusivamente da Polícia.

É inteiramente inadequado utilizar religiosos, psicólogos, integrantes da mídia, políticos e outros, na condução e resolução desse tipo de evento, apesar de inúmeros precedentes na crônica policial brasileira recente.

Tais deturpações, além de comprometerem a confiabilidade e a imagem dos organismos policiais, trazem implicações e consequências jurídicas imprevisíveis, principalmente no âmbito da responsabilidade civil do Estado.

A definição também se refere a uma solução aceitável. O trabalho da Polícia nessas situações nem sempre pode buscar a solução ideal, mas sim aquela que seja pelo menos aceitável nos âmbitos legal, moral e ético.

Conhecido o significado particular do que seja "crise", podemos passar às suas características essenciais:

a) Imprevisibilidade;
b) Compressão de tempo (urgência);
c) Ameaça à vida;
d) Necessidade de:
1) Postura organizacional não rotineira;

---

10 A propósito das origens do vocábulo "crise", veja-se o excelente artigo intitulado "Disuasión y crisis", de autoria dos Capitães de Fragata ROBERTO LUÍS ALEMANNO e MARIO MASSOUH ELMIR, da Marinha de Guerra Argentina, no número 98 (dezembro de 1996), da revista "Enteléquia".

2) Planejamento analítico especial e capacidade de implementação;
3) Considerações legais especiais.

A ameaça à vida é o componente essencial do evento crítico, mesmo quando a vida em risco é a do próprio provocador do evento crítico[11].

A postura organizacional não rotineira refere-se ao fato de que os policiais envolvidos na busca da solução do evento crítico precisam ser dotados de estruturas diferenciadas. Esta é a única característica essencial cujos efeitos podem ser minimizados graças ao preparo e ao treinamento prévio da organização para o enfrentamento de eventos críticos.

Quanto à necessidade de um planejamento analítico especial é importante salientar que a análise e o planejamento durante o desenrolar de uma crise são consideravelmente prejudicados por fatores como a insuficiência de informações sobre o evento crítico, a intervenção da mídia e o tumulto de massa, geralmente causados por situações dessa natureza.

Com relação às considerações legais especiais exigidas pelos eventos críticos, cabe ressaltar que, além de reflexões sobre temas como estado de necessidade, legítima defesa, estrito cumprimento do dever legal, responsabilidade civil e outros, o aspecto da competência para atuar é aquele que primeiro vem à baila, ao se ter notícia do desencadeamento de uma crise. "Quem ficará encarregado do gerenciamento?" é o primeiro e mais urgente questionamento a ser feito, exigindo, para sua solução, um perfeito entrosamento entre as autoridades responsáveis pelas organizações policiais envolvidas.

Além dessas características essenciais, uma crise pode apresentar outras características peculiares:

a) Necessidade de muitos recursos para sua solução;
b) É um evento caótico, de baixa probabilidade de ocorrência, mas graves consequências;
c) Acompanhamento próximo e detalhado, tanto pelas autoridades como pela comunidade e pela mídia.

---

[11] Uma tentativa de suicídio pode ser caracterizada como uma crise, ainda que inexistam outras vidas em perigo, exceto a do próprio suicida.

A Academia Nacional do FBI conceitua como gerenciamento de crises "o processo de identificar, obter e aplicar os recursos necessários à antecipação, prevenção e resolução de uma crise".

O gerenciamento de crises pode ser descrito como um processo racional e analítico de resolução de situações críticas baseado em probabilidades. Deve lidar, sob uma tremenda compressão de tempo, com complexos problemas sociais, econômicos, políticos, ideológicos e psicológicos, quando eles se manifestam em termos destrutivos. Não se trata de uma ciência exata, um processo rápido e fácil de solução de problemas – cada crise apresenta características únicas, exigindo, portanto, soluções individualizadas, que demandam cuidadosa análise e reflexão.

Há três razões para que a capacidade de gerenciamento de crises seja necessária para todas as organizações policiais.

Em primeiro lugar, a responsabilidade da organização policial. Crises mal gerenciadas podem acarretar problemas de responsabilidade civil para o Estado, especialmente nos casos em que ocorram mortes de reféns ou de pessoas inocentes[12].

Em segundo lugar, a crise é não seletiva e inesperada: ninguém está imune à ocorrência de uma crise em sua área de atuação e tampouco pode prever quando esse evento vai ocorrer. Toda e qualquer organização policial há que estar permanentemente preparada para o enfrentamento de um evento crítico[13].

Finalmente, a ação da mídia durante os eventos críticos é um detalhe significativo. Esta ação onipresente faz com que os erros porventura cometidos pelos órgãos policiais no gerenciamento de uma crise sejam vistos de maneira amplificada. A divulgação de tais erros causa desgaste da confiança do público na organização policial e constrangimento natural dentro da própria comunidade policial.

As razões que explicam o fato de que o gerenciamento de crises exige estudos e treinamentos especiais são:

---

12 Nos EUA, ficou célebre a ação movida pelos *DOWNS* contra a União, em virtude da morte de um dos membros daquela família num caso de uma crise mal conduzida (segundo os familiares) pelo FBI.

13 Podemos citar o caso do Estado do Paraná, onde crises complexas e rumorosas ocorreram em cidades pequenas e distantes da capital, como é o caso de Goio-Erê, Faxinal e Marechal Cândido Rondon.

a) Por suas características intrínsecas, os eventos críticos provocam estresse;
b) O estresse reduz a capacidade de desempenho em tarefas de solução de problemas;
c) O gerenciamento de crises é uma complexa tarefa de solução de problemas;
d) Os resultados da incompetência profissional podem ser imediatos e fatais.

Os estudos e treinamentos especiais são um imperativo para qualquer policial que, independentemente do seu nível hierárquico, pretenda gerenciar ou participar do processo de gerenciamento de crises. Esses estudos e treinamentos devem ser constantemente reciclados, mediante exercícios periódicos. Quanto mais treinada e preparada estiver uma organização policial para o enfrentamento de eventos críticos, maiores serão as suas chances de obter um bom resultado. Muitas vezes, as consequências de uma resposta mal preparada ou ilegal podem ser piores do que a própria crise, trazendo resultados desastrosos e indeléveis para a organização policial envolvida[14].

OBJETIVOS

Os objetivos do gerenciamento de crises são, nesta ordem:

a) Preservar vidas;
b) Aplicar a lei.

A preservação de vidas deve estar, para os responsáveis pelo gerenciamento de um evento crítico, acima da própria aplicação da lei (que pode esperar por alguns meses até que sejam adotados os procedimentos legais cabíveis, ao passo que a perda de vidas é irreversível).

---

[14] Neste particular, ficou célebre o chamado "Massacre do Carandiru", ocorrido em São Paulo, em 22/10/1992, quando a intervenção da PM/SP numa rebelião ocorrida na Penitenciária do Carandiru provocou a morte de 111 detentos, segundo os dados oficiais.

CRITÉRIOS DE AÇÃO

No desempenho de sua missão, o gerente da crise, assim como toda e qualquer pessoa que participa do processo de gerenciamento, está, durante todo o desenrolar do evento, tomando as mais diversas decisões, pertinentes aos mais variados assuntos.

Nesse processo decisório, essas pessoas veem-se amiúde diante de dilemas do tipo "faço ou não faço". Decisões desde as mais simples às mais complexas vão sendo tomadas a todo momento (o fornecimento de água ou alimentação para as pessoas capturadas e para os PEC, o atendimento médico de urgência a um capturado no interior do ponto crítico, a interrupção ou interceptação das comunicações telefônicas, a interrupção do fornecimento de energia elétrica daquele ponto ou, até mesmo, o uso de força letal).

Aos processos de tomada de decisão não faltam também o exame e a análise das sugestões e das propostas de solução que chegam ao local da crise. Essas sugestões, é claro, nem sempre são baseadas em conhecimentos técnicos ou mesmo em prudência.

Para balizar e facilitar o processo decisório no curso de uma crise, a doutrina estabelece o que se chama de critérios de ação: os referenciais que servem para nortear o tomador de decisão em qualquer evento crítico.

A doutrina de gerenciamento de crises do FBI estabelece três critérios de ação: a necessidade, a validade do risco e a aceitabilidade.

O critério da necessidade indica que toda e qualquer ação somente deve ser realizada quando for indispensável. Se não houver necessidade de se tomar determinada decisão, não se justifica a sua adoção. Em outras palavras, os responsáveis pelo gerenciamento da crise (principalmente o chefe do grupo de gerenciamento, ou gerente da crise) deverão, antes de tomar determinada decisão, fazer a seguinte pergunta a si mesmos: "Isto é realmente necessário?".

O critério da validade do risco[15] preconiza que toda e qualquer ação tem que levar em conta se os riscos dela advindos são compensados pelos resultados obtidos. A pergunta que se deve fazer é: "Vale a pena correr esse risco?". Este critério envolve fatores tanto de ordem subjetiva (o que

---

15 Originalmente denominado em inglês de *risk-effectiveness*.

é arriscado para um pode não o ser para outro) como objetiva (o que é ou foi dispensável ou proveitoso numa crise pode ser de alto risco em outra).

Na busca de um parâmetro mais preciso para este critério de ação, a Academia Nacional do FBI recomenda que a validade do risco é justificada "quando a probabilidade de redução da ameaça exceder os perigos a serem enfrentados e a continuidade do *status quo*".

O terceiro critério de ação, a aceitabilidade, implica que toda ação deve ter respaldo legal, moral e ético. A pergunta a se fazer, no caso desse critério de ação, é: "Esta decisão é aceitável sob os pontos de vista legal, moral e ético?".

A aceitabilidade legal significa que o ato deve estar amparado pela lei. Considerando que o policial, no exercício de suas atribuições, responde civil, penal e administrativamente pelos seus atos, é óbvio que qualquer decisão ou ação que tomar no curso de uma crise deve estar em consonância com as normas em vigor – a crise, por mais séria que seja, não dá aos que a gerenciam prerrogativas de violar as leis, mesmo porque, como vimos anteriormente, uma das finalidades do gerenciamento de crises é justamente a aplicação da lei.

Toda uma gama de problemas de ordem legal vem à baila por ocasião da eclosão de um evento crítico: a responsabilidade civil, a legítima defesa de terceiros, o estado de necessidade, o exercício regular de direito e o estrito cumprimento do dever legal, entre outros, devem ser discutidos e levados em consideração no processo decisório, para evitar o desamparo legal das ações a serem desencadeadas.

Dentre essas discussões de ordem jurídica, talvez a primeira que vem à tona é a da competência: a quem vai competir o gerenciamento da crise? Essa dificuldade prática de definir competência não é privilégio do Brasil. Os próprios americanos reconhecem que uma das primeiras indagações a serem feitas ao se depararem com uma crise é *Who is in charge?* ("quem está encarregado?"). A não solução desse problema tumultua o processo de gerenciamento (e, consequentemente, decisório) muito mais do que se possa imaginar[16].

---

[16] No motim de presos ocorrido em 13/11/1989, em Piraquara/PR, na Penitenciária Central do Estado do Paraná, o gerenciamento da crise ficou durante boa parte do tempo indefinido, pois se tratava de assunto de imediato interesse e competência dos seguintes órgãos: a Secretaria de Segurança Pública do Estado (representada no local da crise pela PM/PR e pelo Centro de Operações Especiais [COPE], da Polícia Civil), a Secretaria

A aceitabilidade moral significa que não devem ser tomadas decisões ou praticadas ações que estejam ao desamparo da moralidade e dos bons costumes, como o atendimento de exigências como o fornecimento de bebidas alcoólicas ou substâncias entorpecentes aos provocadores do evento[17].

A aceitabilidade inclui também a ética. Dentro deste raciocínio, não pode o responsável pelo gerenciamento da crise tomar decisões nem exigir dos seus subordinados a prática de ações que causem constrangimentos no seio do organismo policial. É clássico o exemplo do policial que se oferece como voluntário para ser trocado por alguma pessoa capturada. A ação da troca de policiais por capturados é um perfeito exemplo de decisão que não obedece ao critério da aceitabilidade ética (mais à frente discutiremos outras implicações de tal medida).

---

de Justiça (representada pelo Departamento Penitenciário Estadual [DEPEN]), o juiz das Execuções Penais do Estado do Paraná e o Ministério Público Estadual. Durante a evolução do evento, à falta de uma definição da competência, prevaleceu a autoridade do juiz das Execuções Penais, que assumiu a condição de gerente da crise, autorizando, inclusive, o uso de força letal. Em 1º/06/2000, em pleno centro de Porto Alegre, integrantes da Brigada Militar e da Polícia Civil trocaram socos e pontapés perante as câmaras de televisão, numa acirrada disputa para ver qual das duas forças seria encarregada do gerenciamento de uma crise decorrente da tomada de catorze reféns por assaltantes numa loja dos Correios e Telégrafos.

17 É evidente que a prudência deve guiar todas as ações num evento crítico: decisões apressadas, ou eivadas de preconceito, podem inviabilizar a solução técnica da crise.

O DIMENSIONAMENTO DA CRISE

CLASSIFICAÇÃO DOS GRAUS DE RISCO OU AMEAÇA

Deflagrada a crise, uma das primeiras operações mentais realizadas pelo responsável por seu gerenciamento é classificar o grau de risco ou ameaça representado pelo evento. A doutrina estabelece uma escala de risco ou ameaça que serve de padrão para a classificação da crise. Essa classificação, de acordo com o FBI, obedece a um escalonamento de quatro graus (entre parênteses, seguem exemplos):

a) **1º Grau – ALTO RISCO** (um assalto a banco promovido por uma pessoa armada de pistola ou revólver, sem pessoas capturadas).

b) **2º Grau – ALTÍSSIMO RISCO** (um assalto a banco por dois elementos armados de escopetas ou metralhadoras e mantendo três ou quatro pessoas capturadas).

c) **3º Grau – AMEAÇA EXTRAORDINÁRIA** (quatro terroristas armados de metralhadoras ou outras armas automáticas e de explosivos, mantendo oitenta capturados a bordo de uma aeronave).

d) **4º Grau – AMEAÇA EXÓTICA** (um elemento, munido de um recipiente contendo veneno, vírus ou material radioativo de alto poder destrutivo ou letal, ameaça lançar aquele material no reservatório de água da cidade).

Os exemplos dados são meramente ilustrativos, e o enquadramento de um evento crítico nessa escala varia de país para país e também em função dos princípios doutrinários da organização policial envolvida. Há outras escalas, mais amplas ou mais restritas e mais ou menos criativas: há instituições policiais que costumam empregar cores (como amarelo, âmbar e vermelho) para designar a gradação de periculosidade das crises.

A classificação do grau de risco ou ameaça não é uma imposição meramente didática. Ela tem importantes reflexos operacionais e de gerenciamento, pois é justamente a partir dessa classificação que o organismo policial encarregado de gerenciar o evento crítico oferecerá o nível de resposta compatível.

NÍVEIS DE RESPOSTA

A cada grau de risco ou ameaça corresponde um nível de resposta do organismo policial. Esse nível de resposta sobe gradativamente na escala hierárquica da entidade, na medida em que cresce o vulto da crise a ser enfrentada.

No caso da classificação adotada pelo FBI, os níveis de resposta adequados a cada grau de risco ou ameaça são quatro:

a) **NÍVEL UM (correspondente à crise de ALTO RISCO):** A crise pode ser debelada com recursos locais.

b) **NÍVEL DOIS (correspondente à crise de ALTÍSSIMO RISCO):** A solução da crise exige recursos locais especializados (emprego do grupo tático).

c) **NÍVEL TRÊS (correspondente à AMEAÇA EXTRAORDINÁRIA):** A crise exige recursos locais especializados e, também, no nosso caso, recursos da sede.

d) **NÍVEL QUATRO (correspondente à AMEAÇA EXÓTICA):** A solução da crise requer o emprego dos recursos do nível três e outros, inclusive de organismos de outros países.

A cada grau de risco ou ameaça, representado por uma crise, existe um nível de resposta compatível. Esse nível de resposta vai desde o emprego dos recursos locais não especializados (no caso de um assalto a banco sem reféns, por exemplo), até o caso em que é necessário o emprego de todos os recursos da organização policial e também dos chamados recursos exógenos (aqueles pertencentes a outras organizações, inclusive não policiais).

À medida que o grau de risco ou ameaça sobe na escala de classificação, o nível de resposta a ser dado adquire maior vulto nos recursos a serem empregados e na escala hierárquica do órgão policial envolvido.

Uma correta avaliação do grau de risco ou ameaça, representado por uma crise, concorre favoravelmente para a solução do evento, possibilitando, desde o início, o oferecimento de um nível de resposta adequado à situação, evitando-se ações insuficientes ou desmesuradas e desperdício de recursos.

A avaliação inicial do grau de risco ou ameaça é quase sempre feita pela autoridade policial que primeiramente toma ciência do ocorrido. Essa avaliação, muitas vezes provisória, depende dos elementos essenciais de inteligência de que dispõe inicialmente a autoridade policial. A coleta desses elementos essenciais de inteligência é normalmente penosa e de difícil confirmação. Frequentemente, dados de vital importância (como o número de provocadores ou de pessoas capturadas) somente vêm a ser confirmados após a resolução da crise.

ELEMENTOS ESSENCIAIS DE INTELIGÊNCIA

A diagnose da situação e a consequente classificação do grau de risco ou ameaça dependem de vários fatores a serem colhidos e avaliados, os quais integram os chamados elementos essenciais de inteligência:

a) **Provocadores**: seu número, motivação (política, religiosa, pecuniária, etc.), propensão à violência, estado mental, habilidade no manuseio de armas, sua experiência anterior em casos semelhantes;

b) **Pessoas capturadas**: seu número, sua idade, sua condição física (inclusive se estão ou não feridos) e psicológica, seu estado de saúde, sua localização no ponto crítico, sua preeminência ou relevância social;

c) **Objetivo (ou ponto crítico)**: sua localização, seu tamanho, sua vulnerabilidade, suas peculiaridades (se é um edifício, um veículo, uma aeronave ou um navio), as condições do terreno que o circunda, as condições do tempo e de visibilidade no local;

d) **Armas**: sua quantidade, tipo, potencial de letalidade, localização no ponto crítico.

Os fatores integrados por esses quatro elementos essenciais de inteligência são múltiplos e variados, deles dependendo a exatidão na classificação do grau de risco ou ameaça. Uma detalhada avaliação das diversas variáveis relativas a cada um desses elementos essenciais de inteligência é essencial. O responsável pelo gerenciamento de uma crise deve estar alerta para o fato de que a coleta de dados de inteligência acerca do evento crítico ocorre quase sempre de maneira indireta.

FONTES DE INFORMAÇÕES

A prática tem demonstrado que as principais fontes de informações em eventos críticos são as seguintes:

a) Pessoas capturadas e liberadas durante um processo de negociação ou que tenham conseguido fugir;
b) Negociadores;
c) Policiais encarregados de observar o ponto crítico, ou que estejam na condição de atiradores de precisão;
d) Investigações;
e) Documentos a respeito dos PEC e do ponto crítico (mapas, plantas, croquis, fotografias, boletins de antecedentes, etc.);
f) Vigilância técnica do ponto crítico;
g) A mídia[18];
h) Ações táticas de reconhecimento.

---

[18] Não se deve nunca desprezar a importância da mídia como fonte de informação. Chegando ao local do evento muitas vezes até antes da polícia e, frequentemente, gozando da simpatia dos provocadores, os profissionais dos meios de comunicação podem dispor de valiosas informações sobre o ocorrido.

AS FASES DO CONFRONTO E A PREPARAÇÃO

A doutrina de gerenciamento de crises, também chamada de Doutrina de Confrontação, possibilita um método que permite desde a antecipação e a prevenção até a resolução de um evento crítico.

O fenômeno pode ser visualizado em quatro fases[19], cronologicamente distintas, denominadas de fases da confrontação.

FASES DA CONFRONTAÇÃO

As fases da confrontação são as seguintes:

a) Pré-confrontação (ou preparo);
b) Resposta imediata;
c) Plano específico;
d) Resolução.

A pré-confrontação ou preparo

É a fase que antecede à eclosão de um evento crítico e durante a qual a organização policial se prepara para enfrentar as crises que venham a ocorrer na área de sua competência.

Quanto mais treinada e preparada estiver uma organização policial para o enfrentamento de eventos críticos, maiores serão as suas chances de obter um bom resultado. Em outras palavras, cuida-se aqui de mudar

---

[19] Basset, 1987.

uma mentalidade organizacional meramente reativa (eminentemente passiva, consistindo em somente agir após a eclosão dos eventos) para uma postura organizacional proativa (em que as ações de prevenção e antecipação são prioritárias).

No tocante à sua postura diante dos eventos críticos, as organizações policiais costumam responder mediante duas abordagens básicas de gerenciamento:

a) A abordagem *ad hoc* ou casuística;
b) A abordagem permanente ou de comissão.

Na abordagem *ad hoc* ou casuística, a organização policial reage aos eventos críticos mediante uma mobilização de caso a caso, enquanto a abordagem permanente ou de comissão adota o método de manter um grupo de pessoas previamente designado, o qual é acionado tão logo se verifique o evento crítico.

A experiência norte-americana e de outros países tem demonstrado que a abordagem *ad hoc* apresenta, frequentemente, problemas de entrosamento e eficiência, mesmo quando se convocam para o gerenciamento pessoas familiarizadas com o manejo de crises.

A abordagem permanente ou de comissão, além de facilitar o entrosamento entre os participantes, mostra-se eficiente na definição do papel de cada um dos componentes do grupo de gerenciamento.

Nessas condições, sob o aspecto doutrinário, recomenda-se a todas as instituições policiais que:

a) Disponham de uma entidade ou grupo colegiado designado para a resposta a crises, o qual será acionado tão logo ocorra um evento dessa natureza;
b) Disponham, em suas principais unidades regionais ou metropolitanas, de elementos especialmente treinados para responder a crises;
c) Promovam regularmente o treinamento conjunto de suas unidades policiais para assegurar uma boa interoperacionalidade quando da ocorrência de crises.

O preparo, ou aprestamento, deve abranger todos os escalões da organização policial, mediante sistemática de ensinamento e difusão dos princípios doutrinários do gerenciamento de crises, seguidos de treinamento e ensaios que possibilitem o desenvolvimento de habilidades e aptidões em três níveis distintos (o individual, o de grupo e o de sistema). Não apenas os indivíduos – isoladamente ou em conjunto – devem desenvolver uma metodologia de trabalho eficiente na resposta aos eventos críticos, mas também o próprio sistema vigente na organização policial deve se demonstrar eficaz e desenvolto no curso desse processo.

O trabalho de aprestamento deve, obrigatoriamente, incluir a realização de ensaios e exercícios simulados que sejam, tanto quanto possível, aproximados da realidade, proporcionando aos participantes o desenvolvimento da capacidade de decidir e de agir sob pressão. Esses ensaios ou exercícios simulados devem obedecer a certa periodicidade, que variará de organização para organização, levando-se em consideração, principalmente, a sua potencialidade de se envolver num evento crítico. Quanto maior essa potencialidade, mais frequentes deverão ser esses ensaios[20].

Além dos ensaios, a organização policial não deve também se descuidar da reciclagem, processo por meio do qual são estudados e atualizados os princípios gerais da doutrina, adaptando-os, quando necessário, à conjuntura vigente.

A pré-confrontação, contudo, não se resume apenas ao preparo e ao aprestamento da organização policial para o enfrentamento das crises. Engloba também um trabalho preventivo, que compreende ações de antecipação e de prevenção.

A antecipação consiste na identificação de situações específicas que apresentem potencial de crise e a subsequente adoção de contramedidas que visem a neutralizar, conter ou abortar tais processos[21].

---

[20] No caso específico do DPF, já se constitui uma tradição a realização periódica, nos aeroportos administrados pela INFRAERO, do exercício prático de gerenciamento de crises em casos de apoderamento ilícito de aeronaves. Esses exercícios, que contam com a participação de todas as entidades e órgãos encarregados do processo de gerenciamento desse tipo específico de crise, têm servido de base para muitos ensinamentos e correções de rumo, além de proporcionar um ensejo para avaliação da capacidade de reação e mobilização de todos os participantes.

[21] Se o diretor de uma penitenciária tem conhecimento de que, naquele estabelecimento, está em evolução um plano de motim, deve providenciar junto à autoridade policial competente a adoção de medidas para neutralizar, ou fazer abortar tal planejamento,

Já a prevenção é um trabalho mais genérico, realizado com o objetivo de evitar ou dificultar a ocorrência de um evento crítico ainda não identificado, mas que se apresenta de uma forma puramente potencial. Realiza-se a prevenção principalmente perante a população em geral, quando se esclarece a respeito dos cuidados que deve ter para evitar que seja vítima de algum evento crítico.

O conhecimento de princípios gerais de gerenciamento de crises por parte das vítimas potenciais favorece bastante a atuação da polícia e incrementa o potencial de êxito da solução do evento, sendo necessário, para que isso ocorra, uma criteriosa difusão da doutrina entre as pessoas que possam ser virtuais protagonistas de alguma crise.

A pré-confrontação cuida também da metodologia de elaboração dos planos de segurança. O plano de segurança ou plano de contingência é o documento mediante o qual uma determinada organização policial estabelece normas e rotinas de caráter interno com vistas a disciplinar o gerenciamento de crises. É por intermédio desse plano que a organização policial condensa os seus princípios doutrinários, que deverão ser observados antes, durante e após a ocorrência de um evento crítico.

O plano de contingência deve estabelecer regras de aprestamento, treinamento, ensaios e reciclagem para a fase da pré-confrontação.

Na hipótese de eclosão de uma crise, o plano deve prever rotinas, estabelecer tarefas e definir responsabilidades para que a resposta imediata da organização policial ocorra dentro de um padrão de desempenho que facilite o subsequente processo de gerenciamento do evento. Não deve ser esquecida a previsão da existência e da composição do GGC, cujos membros deverão ser acionados tão logo ocorram eventos dessa natureza[22].

Finalmente, o plano de contingência deve estabelecer normas que permitam, em todas as fases da crise, orientar os tomadores de decisão na adoção de medidas que sejam compatíveis com os critérios de ação e com

---

evitando assim uma crise, por meio da antecipação. Da mesma maneira, obtida a notícia de que determinado cidadão está sendo cogitado para ser vítima de uma extorsão mediante sequestro, após confirmar a informação, adotam-se contramedidas com o objetivo de frustrar a consumação do referido delito.

[22] No caso específico do apoderamento de aeronaves em território brasileiro, as normas em vigor preveem a imediata convocação de um grupo composto, entre outros, por um representante da INFRAERO, um do Comando Aéreo Regional, um do DPF e outro da companhia aérea a que pertencer o avião tomado.

os objetivos básicos de preservação de vidas e de aplicação da lei, preconizados pela doutrina de gerenciamento de crises.

Todo plano de segurança, ou plano de contingência, deve prever a existência das chamadas sinopses de rotinas, que se destinam a dar a cada policial, em tópicos claros e objetivos, um resumo das tarefas que lhe couber de imediato executar, na eventualidade de uma crise. Essas sinopses precisam ser constantemente atualizadas, principalmente no que concerne a números de telefones ou endereços que precisem ser contatados em caso de crise.

Deflagrada uma crise, passa-se à fase seguinte da confrontação, que é a resposta imediata.

A resposta imediata

É a fase da confrontação em que a organização policial reage ao evento crítico. Basicamente, essa reação consiste em deslocar equipes até o local da ocorrência e providenciar para que as medidas imediatas sejam reforçadas e a negociação substitua a comunicação com os provocadores. Devido à sua abrangência, alguns detalhes serão discutidos com maior rigor no próximo capítulo.

É nesta fase que a organização policial dá mostras de sua eficiência e do seu preparo para gerenciar eventos críticos. De uma resposta imediata eficiente depende grande parte do êxito da missão policial no gerenciamento de uma crise.

A crônica policial brasileira recente tem registrado que a maioria dos insucessos no gerenciamento de crises ocorre em razão de respostas imediatas deficientes (um dos mais relevantes problemas tem sido em relação ao isolamento do ponto crítico).

Dada a resposta imediata e iniciadas as negociações, a crise entra numa terceira fase, que é a da elaboração do plano específico.

O plano específico

É a fase em que os responsáveis pelo gerenciamento da crise discutem e elaboram uma solução para o evento. Essa solução pode ser tática, negociada ou limitar-se a uma transferência da crise para outro lugar.

A resolução

É a última fase do gerenciamento de uma crise, nela executando-se e implementando-se o que ficou decidido durante a elaboração do plano específico. Trata-se da fase mais delicada da crise, principalmente quando se decide pela opção tática, com uso de força letal.

Várias podem ser as soluções encontradas para um evento crítico. A rendição pura e simples dos PEC, a saída negociada, a resiliência[23] das forças policiais, o uso de força letal, a transferência da crise para um outro local, são alguns exemplos dessas soluções.

Não importa qual seja a solução adotada, ela há de ser executada, ou implementada, por meio de um esforço organizado que se denomina resolução.

A resolução impõe-se como uma imperiosa necessidade para que a solução da crise ocorra exatamente dentro daquilo que foi planejado durante a fase de elaboração do plano específico e sem que haja uma perda do controle da situação por parte da Polícia.

A crise, como evento crucial que é, costuma apresentar, durante todo o seu desenrolar, ciclos de perigo de maior ou menor intensidade, que variam em função dos acontecimentos que se sucedem e, principalmente, do estado emocional das pessoas envolvidas.

Se fosse possível traçar um gráfico do nível de perigo de cada evento crítico que ocorre, seria verificado que, a par da imensa variedade que existiria de caso a caso, todos eles, sem exceção, apresentariam em comum dois momentos em que o nível de perigo atinge a gradação mais elevada: o início da crise (os primeiros 15 a 45 minutos) e o final.

Mesmo nos casos em que o epílogo da crise ocorre de uma forma mais branda (como na solução negociada, por exemplo), o nível de perigo e tensão nos momentos finais do evento é sumamente elevado: um passo em falso, um gesto mais brusco, um ruído inesperado ou um contratempo qualquer podem ser interpretados erradamente pelos policiais ou pelos provocadores, desencadeando um incidente de consequências imprevisíveis e até fatais.

Por tudo isso, a resolução assume um papel de suprema importância no gerenciamento de crises, assegurando o bom êxito da solução escolhida.

---

23 Denomina-se resiliência a atitude de permitir a fuga aos PEC, usualmente levando consigo um ou mais capturados. Adotada no início da formação doutrinária em gerenciamento de crises, essa modalidade de solução vem caindo em desuso e, na prática, não é mais utilizada, exceto nos casos em que há necessidade tática de deslocamento do ponto crítico.

O CHEFE DO GRUPO DE GERENCIAMENTO

Durante a resolução, a figura do chefe do Grupo de Gerenciamento de Crises, (que também chamaremos de gerente de crises ou gerenciador da crise) assume um papel de vital importância. Mais à frente, serão enumeradas algumas atribuições desse policial na fase da resolução. A lista tem um caráter meramente exemplificativo, objetivando dar ao leitor uma ideia do papel do gerenciador nessa fase, pois, dependendo da complexidade da crise, tais atribuições poderão ser mais ou menos numerosas e de uma natureza mais simples ou mais complexa.

As tarefas do gerente da crise nessa fase podem ser apontadas em oito grandes grupos[24], dentro dos quais inúmeras ações secundárias podem coexistir. Dentro dessa classificação de tarefas, aqui adaptada às contingências de natureza legal da polícia brasileira, essas ações estão assim agrupadas:

a) **Manutenção do controle da área crítica:**
   - Conservar e reforçar os perímetros táticos, ampliando-os e adaptando-os, se necessário, à ação tática escolhida;
   - Alertar os elementos de patrulha dos perímetros táticos para se protegerem, no caso de previsão de tiroteio;
   - Providenciar, antes do início da resolução, o posicionamento de ambulâncias, helicópteros, pessoal médico e paramédico para o socorro de eventuais feridos;
   - Providenciar, no caso de resiliência, a desobstrução do caminho, rua ou artéria escolhida para a evasão, a fim de evitar hostilidades, ou mesmo ataques de populares contra os PEC.

b) **Continuação das negociações:** A negociação é fundamental no gerenciamento de crises. Mesmo quando todos os recursos de negociação estão esgotados e exauridos e já houve a decisão pelo uso de força letal, ainda assim a negociação deve continuar, pois num último instante pode haver uma mudança de atitude dos provocadores que possibilite uma solução menos traumática para a crise.

---

[24] Basset, 1987.

Também nos casos de já ter havido um acordo com os provocadores para uma solução negociada, uma resiliência ou uma transferência da crise, recomenda-se que as negociações continuem até o exato momento do início da resolução, pois sempre há possibilidade de que os PEC cedam um pouco mais, liberando mais algum capturado, fazendo qualquer outro tipo de concessão à Polícia, ou ainda, ajudando-a com ideias e propostas suficientemente plausíveis que facilitem a execução e o bom êxito da resolução.

O negociador também tem um papel tático e, ao proceder a continuidade das negociações, é possível, num derradeiro esforço, a identificação de algum dado ou o estabelecimento de algum estratagema relevante para o sucesso da resolução.

c) **Continuação da coleta e do processamento de dados de inteligência por meio de todas as fontes**: O responsável pelo gerenciamento de uma crise tem de estar sempre alerta para a coleta de dados de inteligência acerca do evento crítico. Este processo não deve ser interrompido com a resolução, porquanto dados pormenorizados e recentes são essenciais para subsidiar a ação policial escolhida.

d) **Ações a serem tomadas no curso da resolução:**
   - No caso de rendição:
     - Cautelas: A rendição tem que ser conduzida de modo a evitar surpresas. Um movimento inesperado pode ser mal interpretado tanto pelos policiais como pelos provocadores e resultar numa catastrófica reação em cadeia;
     - O plano específico deve ser detalhadamente formulado, ensaiado e executado pelo grupo tático.
   - No caso de uso de força letal:
     - Incapacitar e controlar os provocadores;
     - Controlar os reféns (se houver);
     - Manter o ponto crítico sob controle, evitando invasões de estranhos;
     - Socorrer os reféns, mantendo-os sempre escoltados;

o Evacuar os reféns e os provocadores, mantendo estes últimos algemados e em local seguro;

o Identificar com segurança todos os reféns, mantendo o controle da situação até que todas as verdadeiras identidades sejam confirmadas, cuidando para que os provocadores não se façam passar por reféns. Em caso de dúvida, todos devem ser algemados.

e) **Ações de Polícia judiciária:**
- Realização de perícias e levantamentos do local do crime;
- Realização de outras perícias;
- Realização de exames de corpo de delito nos reféns, nos provocadores e nos policiais porventura feridos;
- Ações de apoio às autoridades policiais indicadas para a lavratura dos atos de Polícia judiciária cabíveis.[25]

f) **Ações de desmobilização:**
- Reunir os policiais para avaliar a situação e dar início à desmobilização;
- Providenciar a remoção de armas, explosivos, munições e quaisquer outros equipamentos de segurança utilizados na operação;
- Realizar um último encontro, ou entrevista, com a mídia;
- Desativar o PC.

g) **Ações de avaliação e crítica:** Essa avaliação deve ser realizada tão logo quanto possível, havendo necessidade de que se proceda a uma severa autocrítica, quaisquer que tenham sido os resultados obtidos.

Uma operação bem-sucedida não significa necessariamente uma operação bem feita. A discussão serena das falhas e erros cometidos é muito mais proveitosa para a avaliação do que o simples elogio generalizado a todos – o que, infelizmente, tem sido a regra seguida.

---

25 É recomendável que a lavratura desses atos não seja feita pelo gerente da crise (Monteiro, 2001).

A crítica deve abranger o sistema, os homens (individual e coletivamente), o equipamento e a própria doutrina de gerenciamento de crises, tendo-se sempre em mente que aquela crise que acaba de se encerrar não vai ser a última.

Não se deve esquecer que toda doutrina que não se renova e não se aprimora tende a perder a sua validade em face da natural evolução das coisas.

h) **Relatório pós-ação (ou relatório de missão):**

Esta tarefa, a exemplo das ações de avaliação e crítica, examinadas na alínea anterior, não faz parte da resolução propriamente dita, mas a elaboração do relatório deve ser incluída no seu contexto.

É uma tarefa de responsabilidade do gerente da crise, que poderá se valer de relatórios setoriais ou daqueles apresentados pelo chefe do GT, pelo chefe do GN e pelos responsáveis pelos elementos de apoio, assessoria e inteligência, condensando-se tudo num único documento.

Os Relatórios Pós-Ação (ou Relatórios de Missão) devem ser cuidadosamente elaborados, por se constituírem nas únicas fontes confiáveis para futuros estudos de casos por estudiosos da doutrina.

A RESPOSTA IMEDIATA

AS TAREFAS DE GERENCIAMENTO

O processo do gerenciamento inicia-se a partir do momento em que a Polícia, por qualquer de seus integrantes, toma conhecimento da eclosão de uma crise.

Mesmo que existam questionamentos de relevância a serem feitos – como é o caso, por exemplo, da competência legal para o gerenciamento –, medidas de caráter imediato devem ser adotadas logo nos primeiros instantes, a fim de favorecer o posterior controle e a própria condução do evento.

Nos primeiros estudos sobre gerenciamento de crises, definia-se que as primeiras medidas a serem tomadas eram:

a) Conter a crise;
b) Isolar o ponto crítico;
c) iniciar as negociações.

Em síntese: conter, isolar e negociar (muitos acreditam dominar o conteúdo da matéria ao citar o mnemônico CIN). Essas palavras tornaram-se sinônimo de gerenciamento, de tal sorte que qualquer um desejoso de mostrar familiaridade com a área citava os três verbos como se isso fosse uma síntese de toda a doutrina. Hoje, essa ideia pertence ao campo do conhecimento empírico. A sofisticação da teoria, entretanto, obriga a maiores detalhes.

No início de um evento crítico, é comum que os primeiros policiais a chegarem ao local sejam os do patrulhamento ostensivo. Nesse instante, se o PEC não estiver adotando posturas agressivas (que levem a um confronto inevitável), os policiais devem buscar a contenção do incidente, montando um perímetro dentro do qual o provocador se mantenha, protegendo eventuais curiosos. Os primeiros policiais a chegarem ao local devem buscar posições que permitam a observação e a vigilância mais ampla possível do ponto crítico, enquanto aguardam reforços.

O provocador deve ser impedido, se possível, de se movimentar livremente. É também relevante a localização de testemunhas que possam prestar informações acerca do evento.

Os quatro conceitos básicos que devem governar a resposta inicial são[26]:

a) **CONTER**: impedir a fuga do PEC, mantendo-o dentro do menor perímetro possível;

b) **CONTROLAR**: limitar a movimentação do PEC, assim como a movimentação e o acesso de pessoas não autorizadas ao ponto crítico;

c) **COMUNICAR**: estabelecer contato com o PEC o mais rápido que a situação permita, aguardando a chegada de profissionais habilitados a iniciar as negociações;

d) **COORDENAR**: organizar o posicionamento do pessoal disponível (destacando uma equipe para uma eventual ação de emergência), montagem e manutenção dos perímetros táticos e policiais responsáveis pela segurança do ponto crítico. A convocação de especialistas deve ser prioridade, especialmente negociadores e GT.

A ação de conter uma crise consiste em evitar que ela se alastre, isto é, impedir que os provocadores aumentem o número de capturados, ampliem a área sob seu controle, conquistem posições mais seguras ou mais bem guarnecidas, tenham acesso a mais armamento, etc.

A ação de controlar o ponto crítico, que se desenvolve praticamente ao mesmo tempo em que a de conter a crise, consiste em demarcar e limitar o local da ocorrência, interrompendo todo e qualquer contato dos captores e dos capturados (se houver) com o exterior. Esta ação tem como principal objetivo obter o total controle da situação pela Polícia, que assim agindo passa a ser o único veículo de comunicação entre os protagonistas do evento e o mundo exterior.

---

26 Thompson, 2001.

O isolamento da área materializa-se não apenas pela implantação dos perímetros táticos, mas também pela interrupção ou bloqueio das comunicações telefônicas do ponto crítico com o mundo exterior. A experiência tem demonstrado que quanto melhor for o isolamento do ponto crítico, mais fácil se torna o trabalho de gerenciamento.

A comunicação com o PEC é o passo essencial a ser dado pelo policial que primeiro tomou ciência da crise. Mesmo que esse policial não seja aquele que ficará encarregado do processo de gerenciamento, ou da negociação, é importante que ele dê início imediato a essas providências.

O clima de profunda tensão e incerteza vivido pelos provocadores nos primeiros momentos da crise pode levá-los a uma atitude de nervosa loquacidade, que poderá não se repetir no decorrer do processo, quando já tiverem obtido relativo controle da situação e passarem a disciplinar as suas palavras e emoções. Importantes dados e informações podem ser fornecidos pelos próprios provocadores nesses momentos iniciais de contato, facilitando uma posterior diagnose da real extensão do evento.

Adotadas as medidas iniciais, tem início o processo de instalação do teatro de operações.

O teatro de operações, ou cena de ação, fica sob a responsabilidade do gerente da crise (ou comandante da cena de ação[27]), geralmente um policial de alta hierarquia, com avançados conhecimentos de negociação e ações táticas.

A partir daí, toda e qualquer ação desenvolvida no âmbito da cena de ação dependerá da anuência expressa desse policial, que passa a ser a mais alta autoridade na área em torno do ponto crítico.

O gerente da crise pode até vir a ser substituído por outro policial, a critério do comitê de crise ou dos altos escalões da organização policial envolvida, mas a sua autoridade, ou a autoridade de quem venha a substituí-lo, não pode ser desrespeitada no âmbito da cena de ação. Toda e qualquer ordem, orientação ou decisão relativa ao evento crítico deverá, necessariamente, ser transmitida ao local do evento por intermédio desse policial.

Esse postulado doutrinário tem como objetivo óbvio trazer coesão e definição de autoridade no gerenciamento da crise, evitando-se a dispersão de comando, ou a ocorrência de cadeias de comando paralelas.

---

27 No original inglês, *on-scene commander*.

Essa prerrogativa do gerente da crise exige, como consequência, uma série de responsabilidades e encargos, desde a instalação do posto de comando (PC) até a solução final da crise. Essas atividades serão desempenhadas nas diversas fases da evolução do evento crítico, podendo apresentar uma grande diversificação, dependendo da complexidade e da duração da crise.

As tarefas do gerente de crises na resposta imediata

Na fase da resposta imediata, em que a organização policial toma conhecimento e reage ao evento crítico, o gerente da crise poderá ter, entre outras, as seguintes responsabilidades:

a) Verificar se a organização policial possui um plano de emergência para eventos críticos e, se for o caso, declará-lo acionado;

b) Montar o posto de comando (PC) em local seguro, próximo ao ponto crítico;

c) Providenciar especialistas para atendimento à ocorrência (negociadores, GT, peritos em explosivos, bombeiros, médicos para atendimento a feridos, pessoal de comunicação social para trato com a mídia e com os parentes das pessoas capturadas, etc.);

d) Isolar a área, estabelecendo os perímetros táticos e providenciando o patrulhamento ostensivo desses perímetros;

e) Determinar o posicionamento do pessoal do GT em pontos estratégicos da cena de ação;

f) Entrevistar ou interrogar pessoas que, de qualquer modo, escaparam do ponto crítico;

g) Providenciar o imediato início das negociações;

h) Dar ciência da crise aos escalões superiores da organização policial, fornecendo-lhes relatórios periódicos sobre a evolução dos acontecimentos;

i) Providenciar, se for o caso, fotografias, diagramas ou plantas baixas do ponto crítico, para uso do pessoal do GT;

j) Estabelecer uma rede de comunicação que cubra toda a cena de ação;

k) Estabelecer esquemas de controle do ingresso de pessoas na área isolada;

l) Autorizar a entrada de pessoas (médicos, peritos, técnicos, etc.) na área isolada;

m) Providenciar apoio técnico para providências que o exijam (interceptação ou interrupção das comunicações dos PEC, interrupção da energia elétrica);

n) Preparar escalas de pessoal, no caso de prolongamento da crise, não se esquecendo de também designar uma pessoa para substituí-lo no comando da cena de ação.

Na fase seguinte da crise, a da elaboração do plano específico, o gerente da crise poderá ter, entre outros, os seguintes encargos:

a) Participar de reuniões com o GN e com o GT, visando diagnosticar situações, traçar diretrizes e alternativas à solução da crise;

b) Participar de reuniões com os demais integrantes do GGC e demais autoridades encarregadas do gerenciamento da crise, oferecendo-lhes sugestões e informações para o processo decisório;

c) Analisar e discutir com o pessoal do GT as alternativas táticas;

d) Estabelecer claramente as missões de cada elemento que participar da execução do plano específico escolhido;

e) Difundir entre todos os participantes os detalhes do plano, a fim de que cada um conheça o seu papel no conjunto da ação a ser desencadeada;

f) Providenciar reforço de pessoal, caso haja necessidade, para o desencadeamento do plano;

g) Realizar, periodicamente, encontros com os representantes da mídia, informando-os acerca da evolução da crise, evitando revelar detalhes de natureza sensível e, principalmente, qualquer decisão ou plano referente ao uso da força letal;

h) Verificar a existência dos recursos materiais necessários à execução do plano específico, provendo-os, quando for o caso;

i) Providenciar alimentação para os capturados e PEC;

j) Providenciar o material necessário ao atendimento de exigências dos PEC, quando for o caso;

k) Providenciar, quando se tratar de uma situação de crise exótica, ou de natureza extraordinária, que possa desencadear alguma catástrofe, ou evento de elevado grau de risco para a comunidade, a presença, *in loco*, de representantes ou especialistas da área respectiva (meio ambiente, recursos hídricos, energia nuclear, aeronáutica, epidemiologia, corpo de bombeiros, etc.);

l) Providenciar ambulâncias, helicópteros e leitos em hospitais de emergência e prontos-atendimentos para o atendimento de feridos, caso o plano específico preveja o uso de força letal;

m) Verificar se o plano específico observa os critérios de ação (necessidade, aceitabilidade e validade do risco);

n) Providenciar, se possível, um ensaio detalhado do plano, corrigindo as deficiências e cronometrando as ações previstas;

o) Verificar se a ação tática escolhida está dentro da capacidade de desempenho dos policiais envolvidos;

p) Providenciar sempre que possível vigilância técnica do ponto crítico para coleta de informações;

q) Providenciar autoridades policiais e escrivães para a lavratura de autos de prisão em flagrante que porventura se façam necessários, quando do desenlace da crise;

r) Providenciar alimentação e alojamento para os policiais, no caso de crises que se prolonguem excessivamente;

s) Providenciar os seus próprios períodos de descanso, a fim de evitar que a fadiga afete a sua capacidade de decisão e lhe aumente o estresse;

t) No caso de transferência da crise, comunicar às autoridades policiais do local de destino, fornecendo-lhes as informações mais detalhadas e atuais possíveis sobre o evento crítico.

Na última fase da crise, a da resolução, quando o plano específico for posto em execução, o gerente da crise terá as seguintes responsabilidades:

a) Adaptar os perímetros táticos à dinâmica da ação tática escolhida, inclusive com relação à segurança dos elementos de patrulha, no caso de tiroteio;

b) Avisar a todos os policiais para se posicionarem em locais apontados como seguros pelo chefe do GT;

c) Tomar providências com vistas à perfeita identificação dos PEC e dos capturados, após o término do trabalho do GT;

d) Resguardar-se, colocando-se em local seguro, evitando assim prejudicar o desenrolar da resolução com a ocorrência de qualquer acidente com a sua pessoa;
e) Providenciar o imediato resgate dos feridos, dando prioridade aos capturados e aos policiais, cuidando para que aqueles em situação mais grave sejam socorridos em primeiro lugar;
f) Providenciar para que os provocadores sejam algemados e recolhidos a local seguro;
g) Providenciar para que sejam adotadas as medidas de Polícia judiciária cabíveis com relação aos provocadores.

Mesmo após a resolução, o gerente da crise ainda tem uma série de responsabilidades, tais como:

a) Providenciar o recolhimento e a devolução do material porventura cedido ao PC (cordas, binóculos, lanternas, equipamento de escuta técnica, estojos de primeiros socorros, etc.);
b) Elaborar relatórios porventura exigidos pelos seus superiores ou pelo comitê de gerenciamento;
c) Providenciar perícias de local com vistas a virtuais indenizações de terceiros cujo patrimônio tenha sido lesado em decorrência da crise;
d) Providenciar outras perícias;
e) Realizar, tão logo quanto possível, uma reunião com todos os policiais participantes do evento, com o objetivo de fazer a avaliação crítica dos resultados;
f) Efetuar uma última entrevista com os representantes da mídia, informando-os sobre os resultados da crise;
g) Providenciar o apoio psicológico necessário para os policiais porventura afetados por traumas resultantes do evento crítico.

A lista de encargos e tarefas supra relacionada tem um caráter meramente exemplificativo, mas serve para que se tenha uma ideia da imensa gama de atribuições que recai sobre os ombros do gerente da crise. A escolha do profissional encarregado dessa missão deve ser a mais criteriosa possível.

O comando horizontal

Os principais protagonistas do gerenciamento de crises são: o chefe do GGC, o chefe do grupo de negociação (GN) e o chefe do grupo tático (GT). A coordenação geral das ações que buscam a solução do evento crítico é, sem dúvida, do chefe do GGC; mas o que dificilmente se percebe no evento crítico (pois é matéria que deve ser absorvida academicamente, ao largo de paixões) é que em determinadas situações o comando das operações deve, automaticamente, transitar entre os coordenadores dos três grupos que integram o sistema de gerenciamento da crise (GGC, GT e GN).

Dessa forma, nos eventos que demandam ações táticas emergenciais, o comando das operações é imediatamente transferido ao chefe do GT, até o esgotamento das atribuições do grupo tático, quando então retorna o comando, também imediatamente, ao chefe do GGC. Essa categoria de eventos que demandam ações emergenciais precisa ter sido definida anteriormente à crise, e seus detalhes repassados minuciosamente a todos os integrantes do sistema de gerenciamento da crise, com eventuais correções e adendos devidos ao caráter diferenciado de cada evento crítico.

A lógica envolvida é facilmente perceptível: ações de emergência não podem aguardar posicionamentos nem entendimentos individuais de todos os integrantes do grupo: uma vez que determinadas atitudes do PEC forem definidas como potencialmente fatais contra quaisquer pessoas, capturadas ou ao seu alcance, o GT deve agir imediatamente, sob pena de perda do princípio da oportunidade.

O mesmo acontece com relação às atividades do negociador: durante as conversações com o PEC, nada acontece sem o seu aval, exceto ações emergenciais previamente definidas que se encaixem na descrição que fizemos acima. Durante o exercício de seu trabalho, o negociador precisa dispor de autonomia absoluta para resgatar pessoas capturadas, no instante em que se apresente a oportunidade para tanto, desde que isso não cause prejuízos à segurança dos demais envolvidos no evento crítico – e não são raras as situações em que capturados são liberados apenas como gesto de boa vontade do PEC. Qualquer outra atitude do negociador, que não seja a imediata aceitação de uma oferta dessa natureza, será um inaceitável entrave à sua missão primordial.

RELAÇÕES COM A IMPRENSA

Eventos críticos têm como particularidade atrair a imprensa. Assim, o gerenciador deve se preparar meticulosamente para interagir de maneira efetiva com a mídia. Na verdade, tanto a imprensa como a Polícia têm tarefas específicas a desempenhar – e em alguns casos o desempenho dessas tarefas é conflituoso[28]. É tarefa do gerenciador planejar a maneira pela qual a realização do seu trabalho se desenrolará de maneira a permitir também o trabalho da imprensa.

Usualmente, um policial ou outro servidor do órgão deverá receber o treinamento necessário a permitir que seja designado como encarregado da comunicação social (ECS) com a imprensa, reportando-se diretamente ao gerenciador da crise. Negociadores, de uma maneira geral, não devem se envolver com a mídia; entretanto, na vida real isso pode acontecer. Abaixo estão algumas diretrizes básicas para o trato com a imprensa:

a) O organismo deve designar um encarregado da comunicação social (ECS). Esse policial, embora deva reportar-se diretamente ao gerenciador, não precisa ser vinculado ao Grupo de Gerenciamento ou a qualquer dos elementos operacionais (GT ou GN);

b) Direcione todas as solicitações da imprensa ao ECS. Evite fornecer dados à imprensa sem que estes transitem por meio do ECS;

c) Estabeleça um local para os encontros com a imprensa e determine ao ECS que forneça todas as informações nesse ponto (esse local deve ser definido em reunião conjunta com o GT e o GN). Periodicamente, permita que se desloquem, em companhia do ECS, a pontos privilegiados de observação, para fotografias e filmagens. Avise-os com antecedência e cumpra sua promessa;

d) Se possível, mantenha água e refrigerantes nesse local, assim como lavatórios e banheiros;

e) Estabeleça horários para o fornecimento de informações e mantenha essa agenda;

f) Ao fornecer dados, relate apenas os dados de momento, evitando assim ter de recorrer à memória para se lembrar de coisas já ditas;

---

[28] Greenstone, 2005.

g) Produza notas escritas, curtas e bem revisadas;

h) Prepare-se para eventuais encontros com a mídia tendo em mente um plano do tipo "5x5": planeje as respostas para as cinco perguntas que você espera que a mídia faça e para as cinco perguntas que você não espera que façam;

i) Não permita o acesso da imprensa aos locais reservados ao GT e GN. Se necessário, mantenha policiais isolando esses locais. Explique os riscos advindos do posicionamento em local diferente daquele que foi designado;

j) Ao se dirigir à imprensa, procure sempre dizer o que você gostaria que eles soubessem!;

k) Não diga "nada a declarar". Se você não sabe a resposta, diga que não dispõe daquela informação no momento!;

l) Evite uma postura hostil;

m) Tenha cuidado com comentários "em *off*". Nunca diga a qualquer integrante da imprensa qualquer coisa que você não gostaria de ver publicado;

n) O ECS deve ser imediatamente cientificado caso alguém tenha problemas com qualquer integrante da mídia;

o) Não faça promessas de exclusividade. Trate todos de maneira consistentemente justa;

p) Transmita à imprensa a sensação de que o GGC tem o controle da situação. Em hipótese alguma permita que a imprensa controle os rumos do evento crítico;

q) Não permita a gravação ou filmagem de negociações em curso – isso pode dar aos provocadores a sensação de que não estão sendo levados a sério;

r) Ajude a imprensa na produção de suas tarefas. Insista para que a recíproca aconteça;

s) Não permita que integrantes da mídia participem do processo de gerenciamento – especialmente como negociadores!;

t) Não forneça nenhuma informação à imprensa a respeito de coisas que não devam chegar ao conhecimento dos capturados ou dos PEC. Se o ponto crítico dispõe de fontes de energia elétrica, considere a possibilidade de que seus ocupantes tenham acesso a TV ou rádio;

u) Se os telefones (convencionais ou celulares) ainda não foram interceptados, considere a possibilidade que os PEC ou capturados possam acessar diretamente a mídia;

v) Esteja aberto ao fato de que a imprensa pode dispor de informações relevantes à solução do evento crítico;

w) Caso sejam detectados sinais de grave ameaça à segurança pública, solicite à mídia que faça a divulgação. Os meios de comunicação apreciam a oportunidade de prestar esse tipo de serviço ao público;

x) Solicite à imprensa que não faça filmagens do posicionamento do GT. Caso isso seja inevitável, solicite que as imagens não sejam exibidas ao vivo. Em casos extremos, mude o posicionamento da imprensa e explique as razões para isso;

y) Declarações do gerenciador devem ser providenciadas em momento oportuno;

z) Após a resolução do evento, considere a possibilidade de levar a mídia ao epicentro da crise. Cuide para que o local não seja violado e lembre-se de que os peritos necessitam de um local íntegro para realizar seu trabalho;

aa) Se houver necessidade de entrevistar o negociador, isso deve ser feito voluntariamente, consultado o chefe do GN. A negociação é um esforço de grupo – por isso, todos os negociadores devem estar presentes na entrevista;

bb) Lembre-se de que a imprensa também tem prazos fatais. Faça o possível para ajudá-los a cumprir seus prazos;

cc) Não evite a imprensa. Não invente detalhes. Não exagere. Não seja embusteiro;

dd) Fale sempre pausadamente, em português claro. Evite gírias ou jargões policiais. Palavrões, obscenidades ou linguagem profana, NUNCA!;

ee) A maioria dos profissionais da imprensa busca levar informações fidedignas e relevantes aos seus consumidores. Não seja preconceituoso e exija a reciprocidade!

OPERAÇÃO E ORGANIZAÇÃO DO POSTO DE COMANDO

O Posto de Comando (PC) tem fundamental importância no curso do gerenciamento de uma crise. De sua organização e operacionalidade dependem o fluxo de decisões e o próprio êxito da ação policial durante o evento crítico. Sua instalação tem lugar durante a fase da resposta imediata e deve ser uma das primeiras preocupações do gerente da crise, tão logo seja estabilizada a situação.

DEFINIÇÕES

a) **Posto de Comando (PC):** É a central de atuação do gerente da crise.

b) **Centro de Operações Táticas:** Dependências destinadas ao chefe do GT. É também chamado de Posto de Comando Tático (PCT) e pode ser localizado no interior do perímetro interno ou junto com o próprio PC.

c) **Centro de Negociação:** Dependências destinadas à atuação do grupo de negociação. Deve ser facilmente acessível pelo chefe do GT.

d) **Centro de Operações de Emergência (COE):** Trata-se de um órgão geralmente localizado na sede da Organização Policial, destinado a atender situações de emergência.

DESCRIÇÃO DO PC

a) É uma organização de pessoas com cadeia de comando baseada na divisão de trabalhos e tarefas predeterminados.

b) Tem como finalidade desempenhar as seguintes funções:
- Colher informações.
- Processar informações (coleta, análise e difusão).
- Aplicar informações, mediante o planejamento e o auxílio à tomada de decisões.
- Agir e reagir, mediante a implementação de planos e decisões e a coordenação de ações.
- Apoiar todas as funções acima, por intermédio de um trabalho de logística e de administração.

c) É a sede de autoridade para as operações de campo. Nesta condição, o PC centraliza a autoridade e o controle na cena de ação. Também serve como ponto de tomada de decisão para os subordinados.

Quando é necessário instalar um PC?

A instalação de um PC é indispensável diante de uma das seguintes situações:

a) Quando o número de pessoas envolvidas numa operação de campo exceder a capacidade de controle do gerente da crise. Por capacidade de controle entende-se o número máximo de pessoas que um indivíduo pode pessoalmente dirigir e controlar, de uma maneira eficiente e eficaz. Essa capacidade pode ser reduzida pelo efeito do estresse.

b) Numa operação de campo que requeira coordenação entre várias unidades de uma mesma entidade policial, ou entre organizações policiais diferentes.

c) Numa operação de campo que exija atividades múltiplas.

Requisitos essenciais de um PC

a) **Comunicações:**
   - Rádio (da própria organização policial, das demais organizações participantes e rádio comercial);
   - Telefones (externo, com o ponto crítico, e interno para ligações internas do PC);
   - Monitores de TV (comercial e de circuito fechado, quando necessário);
   - Quadros de situação (QS/QI);
   - Computadores;
   - Mensageiros (para o caso de falha ou interrupção dos sistemas eletrônicos de comunicação).
   - Gravadores para registro das conversas telefônicas com os provocadores.

b) **Segurança (isolamento):**
   - De pessoas hostis;
   - Da mídia;
   - Do público;
   - De policiais curiosos, não participantes do evento.

c) **Acomodações e infraestrutura:**
   - Elementos operacionais:
     - Local em que possam realizar as comunicações;
     - Local para reuniões do GN;
     - Sala reservada e calma, para reuniões do pessoal de decisão, a fim de refletir e analisar as decisões a serem tomadas;
   - Áreas em que possam ser realizadas reuniões com todo o pessoal empenhado no evento;
   - Área para estacionamento de veículos;
   - Área para guarda e entrega de material utilizado no decorrer da crise;
   - Toaletes;
   - Área para atendimento de emergências médicas;
   - Heliponto, quando necessário;
   - Local para reunião com a mídia.

d) **Proximidade do ponto crítico:**
- O PC deve ficar próximo ao ponto crítico, o que facilita o processo de gerenciamento. Essa proximidade proporciona facilidade de decisão, dando ao gerente da crise uma visão imediata do local e também condições de rápido e direto acesso ao pessoal empenhado na cena de ação.
- A instalação do PC em ponto distante do epicentro da crise produz excessiva dependência de meios eletrônicos de comunicação.

e) **Acesso:**
- O pessoal participante do evento deve dispor de acesso fácil e seguro ao PC. Áreas perigosas, ou arriscadas, devem ser demarcadas e evitadas.

f) **Tranquilidade:**
- O PC, sempre que possível, deve ser instalado em ambiente com pouco ruído e sem aglomeração de pessoas.

g) **Isolamento:**
- O local de instalação do PC deve expor os tomadores de decisão a um mínimo de ruídos, de atividades desnecessárias ou acesso a dados supérfluos.

h) **Distribuição de tarefas:**
- O plano organizacional para eventos críticos deve especificar as tarefas de cada participante. Somente os policiais e funcionários cujas tarefas necessitem de acesso ao gerente da crise devem ter seu ingresso admitido no PC.

ELEMENTOS ESSENCIAIS NA ORGANIZAÇÃO DO PC

a) **Elemento de comando:** O gerente da crise.
b) **Elementos operacionais:** O grupo de negociação, o grupo tático e o grupo de vigilância técnica. Estes elementos operacionais costumam receber a denominação geral de Grupo de Ação Direta

(GAD) e, enquanto participarem do evento crítico, ficam sob a supervisão direta do gerente da crise. Suas atividades geralmente têm impacto imediato, de vida ou morte, no ponto crítico e dependem de comunicações rápidas e coerentes entre eles e o gerente da crise – a proximidade evita a existência de intermediários.

c) **Elementos de apoio e assessoria:** Aqui são incluídos todos os auxiliares do gerente ou dos elementos operacionais (médicos, especialistas em comportamento, engenheiros, bombeiros, apoio administrativo e outros).

TAREFAS E FUNÇÕES SUGERIDAS PARA OS ELEMENTOS ESSENCIAIS DO PC

Elemento de comando

O gerenciador da crise, como se disse, é o comandante da cena de ação. Ele tem as seguintes tarefas:

a) É a autoridade máxima para todas as ações no local da crise.

b) Determina a estratégia a ser adotada.

c) Revê e dá a última palavra em todos os planos que terão impacto sobre a área da crise, obedecendo aos três critérios de ação (necessidade, aceitabilidade e efetividade do risco).

d) Estabelece a cadeia de comando mantendo todo o pessoal cientificado sobre ela.

e) Autoriza todas as ações táticas, com exceção das chamadas ações emergenciais (ou reações de emergência), ocorridas quando de um súbito, violento e inesperado ataque dos provocadores contra os policiais ou capturados. O uso de qualquer recurso, inclusive de agentes químicos (granadas de efeito moral e de explosivos), somente pode ocorrer com a sua autorização.

f) Supervisiona e coordena as atividades do GAD.

g) Assegura a coordenação com o seu substituto (o comandante da cena de ação substituto ou gerente da crise substituto) na execução das suas tarefas, quando necessário.

As funções atribuídas ao substituto do gerente da crise podem ser, entre outras:

a) Coordenar e dirigir os elementos de apoio.
b) Assegurar ao gerente da crise e a outros usuários do PC informações pertinentes e oportunas.
c) Assegurar comunicação e coordenação eficientes entre o pessoal de inteligência e o GAD.
d) Substituir o gerente da crise em suas ausências.
e) Assegurar a manutenção de relações adequadas com a mídia.

Elementos operacionais

a) **Chefe do GT:** Na cena de ação, o GT está sempre sob as ordens do seu comandante, que tem as seguintes responsabilidades dentro do PC:
- Controle direto sobre todo o pessoal do GT no local da crise.
- Controle direto sobre a área do perímetro interno, em torno do ponto crítico.
- Determina as opções táticas viáveis e as recomenda ao gerente da crise.
- Formula planos táticos específicos, visando apoiar as estratégias concebidas pelo gerente da crise.
- Explica para o pessoal do GT a missão a ser executada e o plano a ser implementado, de acordo com a orientação do gerente da crise.
- Supervisiona o ensaio do plano.
- Supervisiona a inspeção do pessoal a ser empregado na ação.
- Dirige pessoalmente a implementação dos planos táticos autorizados pelo gerente da crise.
- Assegura a rápida difusão das informações obtidas pelos atiradores de precisão para os encarregados do processamento da inteligência.
- Assegura a coordenação de ações táticas com os demais integrantes do GAD, especialmente com o GN.
- Mantém estreito contato com o chefe do GN, para difusão e recebimento de inteligência e definição de estratégias conjuntas de atuação;

- Ordena a aplicação do plano de emergência, durante a resposta imediata, antes da chegada de autorização superior, em casos de extrema necessidade.

b) **Chefe do Grupo de Negociação:**
- Suas funções serão detalhadas à frente.

c) **Chefe do Grupo de Vigilância Técnica:**
- Determina as opções de vigilância técnica e as recomenda ao gerente da crise.
- Formula planos específicos de vigilância técnica para apoio da estratégia do gerente da crise e os apresenta, para aprovação.
- Dirige e coordena a instalação de equipamentos de vigilância técnica na área da crise.
- Assegura a coordenação de iniciativas de vigilância técnica com os demais integrantes do GAD.
- Envida esforços para que as informações obtidas por meio da vigilância técnica sejam difundidas aos usuários, especialmente ao pessoal de inteligência.

d) **Chefe da Equipe de Inteligência:**
- Coleta, processa, analisa e difunde inteligência atual e oportuna para todos os usuários.
- Desenvolve e assegura a consecução de diretrizes investigatórias, com vistas à coleta de inteligência.
- Mantém um quadro atualizado da situação da crise.
- Provê resumos de situação para o gerente da crise e, quando necessário, para os escalões superiores da organização policial.

Elementos de apoio

Os elementos de apoio consistem basicamente em um coordenador de apoio administrativo e um auxiliar, com essas funções:

- Coordenação de atividades de apoio com objetivo de assegurar recursos financeiros, administrativos e logísticos para um adequado gerenciamento da crise.

- Provimento de funcionários de apoio, para digitação de textos, estenografia, radiotransmissão, etc.
- Provimento de refeições e pagamento de bens e de serviços porventura utilizados no local da crise.
- Manutenção do fluxo normal de papéis ou de burocracia, necessários ao gerenciamento da crise.

Entre esses elementos de apoio, cuja variedade e natureza dependem de cada caso, pode-se mencionar, entre outros, os responsáveis pelos trâmites burocráticos necessários ao pagamento de indenizações de propriedades danificadas ou destruídas, em razão da ação policial durante a crise.

É importante que um determinado policial, ou funcionário, seja encarregado da logística. A esse funcionário caberia, entre outras, as seguintes funções:

- Prover e coordenar o sistema de transporte entre o local da crise e a repartição policial.
- Prover e coordenar os serviços de manutenção.
- Providenciar alimentação e alojamento para os integrantes do GAD.
- Providenciar a aquisição de materiais e equipamentos necessários à operação.
- Prover apoio médico e de enfermagem.
- Manter um completo inventário dos equipamentos e demais insumos utilizados no local da crise.

Elementos de assessoria

Às vezes, a complexidade e o grau de risco da crise exigem que o gerente da crise seja assessorado por especialistas que possam responder às suas dúvidas sobre assuntos de vital importância para o gerenciamento do evento.

Essa assessoria pode ser dada por especialistas nas seguintes áreas:

a) Ações táticas;
b) Negociação;
c) Vigilância técnica;

d) Mídia: esse assessor merece comentários mais detalhados, que já demos anteriormente;

e) Legal;

f) Quaisquer outras especialidades estranhas à atividade policial, como medicina, epidemiologia, meio ambiente, energia nuclear, etc.

A critério do gerente da crise, esses elementos de assessoria podem ou não ser incluídos na cadeia de comando.

Como se vê, a organização de um PC é complexa, e esse grau de complexidade varia de caso a caso. Crises mais complexas exigem um PC de maior complexidade, com mais detalhada distribuição de tarefas. Em crises mais simples, a estrutura do PC deverá ser proporcionalmente reduzida.

Contudo, uma regra essencial não deve ser esquecida: a de que o gerente da crise não pode, de modo algum, prescindir de um local onde goze de um mínimo de privacidade para reunião com os seus subordinados e para o atendimento de necessidades higiênicas básicas de todos, no curso de uma crise de longa duração.

OS ELEMENTOS OPERACIONAIS ESSENCIAIS

O GRUPO TÁTICO

Os elementos operacionais essenciais (ou atores principais do gerenciamento da crise) são: o gerente da crise, o grupo de negociação (GN) e o grupo tático (GT).

A atuação do gerente da crise foi já discutida. Sobre o GN falaremos à frente. O GT é internacionalmente conhecido como "SWAT", nome que é resultado da abreviatura da expressão inglesa *Special Weapons and Tactics* (armas e táticas especiais).

Conceito relativamente recente na história policial, teve origem nos princípios da década de 1960, em Los Angeles/EUA, com a denominação inicial de SWT (*Special Weapons Team*, isto é, "grupo de armas especiais"), como resultado da necessidade que, a partir daquela época, algumas organizações policiais norte-americanas passaram a ter de dispor de um grupo tático altamente treinado, capaz de enfrentar eventos de alto risco com rapidez e eficiência.

Essa necessidade surgiu principalmente em decorrência da frequência com que então ocorriam, em várias cidades americanas, episódios envolvendo ex-combatentes da Guerra do Vietnã que, sem qualquer razão aparente, empunhavam armas de fogo de alto poder letal e se encastelavam em bares, residências ou até campanários das igrejas, pondo-se a atirar a esmo em todas as pessoas que passavam.

As organizações policiais não dispunham, na maioria das vezes, de elementos suficientemente treinados e aptos para neutralizar aquele tipo específico de ameaça, de sorte que surgiu então a ideia de preparar pequenos grupos de policiais para enfrentar, de uma forma tática, aquelas inusitadas situações.

O conceito tático desses grupos baseava-se nos mesmos princípios dos chamados comandos, que as forças armadas de alguns dos países beligerantes na Segunda Guerra Mundial desenvolveram para missões especiais, tendo como ideia básica a concepção de que, para a realização de missões de alto risco, seria muito mais fácil e eficaz (e menos dispendioso) treinar e aprestar uma pequena parcela do efetivo de uma corporação do que todos os seus integrantes.

Inicialmente, as "SWATs" foram concebidas com um total de quinze homens. Depois, o conceito evoluiu para efetivos de cinco homens e, finalmente, chegou-se a uma concepção ideal de sete a dez homens.

Seja como for, o fato é que o conceito "SWAT" é hoje uma realidade em todo o mundo, sendo raras as organizações policiais que não dispõem de um grupo dessa natureza, estando já consolidada aquela máxima de que "quando a população tem problemas, chama a polícia, e quando a polícia tem problemas, chama a SWAT".

Alguns desses grupos são muito famosos e até lendários, como é o caso das "SWATs" das Polícias de Los Angeles e Miami; do HRT (*Hostage Rescue Team*), do FBI; do SAS (*Special Air Service*) da Inglaterra; do GSG-9 (*Grenzschutzgruppe-9*), da Alemanha; do GEO (*Grupo Especial de Operaciones*), da Espanha; e do GIGN (*Groupement d'Intervention de la Gendarmerie Nationale*),[29] da França.

Outros, como é o caso, no Brasil, do COT (Comando de Operações Táticas), do DPF, do GATE (Grupo de Ações Táticas Especiais), da Polícia Militar de São Paulo, do TIGRE (Táticos Integrados de Grupos de Repressão Especial), da Polícia Civil do Paraná, do COE (Comando de Operações Especiais)[30], da Polícia Militar do Paraná, do BOPE (Batalhão de Operações

---

29 Fundado em março de 1974, o GIGN já tomou parte em nada menos do que 650 missões, nas quais libertou 350 reféns e prendeu 500 terroristas. Ganhou fama mundial em 1976, quando libertou 30 meninos mantidos como reféns num ônibus em Djibuti (África), sem disparar um único tiro. Sua última façanha de repercussão internacional ocorreu no dia 26/12/1994, no Aeroporto de Marselha (França), quando, numa ação fulminante, invadiu um avião "Airbus", da Companhia Air France, e libertou 169 pessoas que eram mantidas como reféns há 52 horas por terroristas argelinos do Grupo Islâmico Armado (GIA).

30 Este é considerado como o GT mais antigo do Brasil.

Especiais), da Polícia Militar do Rio de Janeiro e do GER (Grupo Especial de Resgate), da Polícia Civil de São Paulo, embora sejam de criação relativamente recente, já gozam de prestígio e currículos de feitos respeitáveis.

COMPONENTES TÁTICOS DE UM GT

Um GT é integrado basicamente por dois componentes táticos: os atiradores de precisão (ou *snipers*) e os atacantes (*assaulters*), a quem é dada a missão de resgate propriamente dito.

Todo GT é comandado por um policial denominado chefe ou comandante do grupo tático, o qual não deve ser confundido com o gerente da crise.

FUNDAMENTOS DOUTRINÁRIOS

O conceito SWAT baseia-se nos seguintes fundamentos doutrinários:

a) Unidade paramilitar de pequeno porte (sete a dez homens em cada equipe);

b) Fundamenta-se na hierarquia, na disciplina e na lealdade;

c) O recrutamento é feito na base do voluntariado, sendo a escolha pautada na conduta, na coragem e na experiência do candidato em situações de crise;

d) O grupo é submetido a treinamentos constantes e tão assemelhados quanto possível à realidade;

e) Os seus integrantes trabalham em regime de dedicação exclusiva ao grupo;

f) Todos assumem o compromisso de matar (*commitment to kill*, no dizer dos norte-americanos).

Um exame desses fundamentos doutrinários permite verificar que um GT, além de eficiente e disciplinado, exerce ação extremamente violenta e perigosa, devendo a organização policial a que estão subordinados exercer sobre ele um rigoroso controle, evitando utilizá-lo em missões em que não seja necessário. Esse controle não deve, contudo, ser exercido a tal ponto de inibir sua atuação ou prejudicar-lhe a coesão interna.

Os policiais que integram tais grupos, por correrem elevados riscos e estarem sujeitos a assumir o compromisso de matar, necessitam ser recrutados voluntariamente e, ao passarem a integrar o grupo, deverão se submeter irrestritamente aos seus princípios, sob pena de imediata e sumária exclusão.

A organização policial, por seu turno, necessita dar a esses homens todo o apoio e a assistência, tanto no caso de acidentes como no caso de distúrbios emocionais ou psicológicos, pois toda ação tática tem que ser realizada com rapidez, surpresa e agressividade, sob pena de fracassar e causar perdas de vidas inocentes. Tal desempenho não pode vir a ser prejudicado por policiais que se encontrem com problemas emocionais.

Ninguém assume perante uma organização o compromisso de matar se constata a possibilidade de amanhã estar no banco dos réus, enfrentando um júri, por haver cumprido o dever.

Há quem discuta, no Brasil, os fundamentos legais e doutrinários do chamado compromisso de matar. A indagação surgiu durante o "Curso de Aperfeiçoamento de Magistrados"[31], promovido pela Associação dos Magistrados do Estado do Paraná, em setembro de 1990. Na oportunidade, um dos juízes presentes argumentou que, embora entendesse que a ação do GT estivesse legalmente albergada pelo instituto jurídico-penal da legítima defesa de terceiros, ele achava que havia uma contradição na doutrina de gerenciamento de crises, pois se ela tinha como objetivos básicos preservar vidas e aplicar a lei, não via o magistrado como encontrar justificativa, à luz daqueles dois objetivos, para o compromisso de matar, que era assumido pelos integrantes do grupo tático.

Entretanto, é justamente porque a preservação da vida é o primeiro e mais importante dos objetivos da doutrina de gerenciamento de crises que ela admite o compromisso de matar. Ao decidir pelo uso de força letal, o gerente da crise tem que se basear em dois pré-requisitos: o esgotamento de toda e qualquer possibilidade de negociação e o iminente risco de vida para os capturados, configurado quando houver uma deliberada ação dos provocadores para feri-los gravemente ou executá-los.

O grupo tático encarregado do resgate dos capturados ainda com vida não pode se dar ao luxo de tentar simplesmente ferir (ainda que gra-

---

[31] Do qual participou como palestrante o DPF Roberto Monteiro, que aqui relata sua experiência.

vemente) os provocadores, pois esta ação poderia não ser suficiente para neutralizá-los e impedi-los de, num gesto de ódio desesperado, matar reféns, frustrando o objetivo da missão. A única ação que elimina totalmente essa possibilidade é a execução, pura e simples, dos causadores da crise.

Ao ingressar num ponto crítico para promover um resgate, os homens do GT estão treinados e condicionados a imobilizar os provocadores e libertar os reféns incólumes. E, ao final do evento, não se pode deixar de admitir que o objetivo de preservar vidas foi atingido. Que o digam os reféns resgatados!

Após essas ponderações, um outro magistrado presente ao encontro aparteou, argumentando que a ideia de preservação de vidas, de acordo com a própria doutrina, inclui também a vida dos provocadores, podendo acontecer que estes, ao virem o ataque do grupo tático, resolvessem, num instante supremo, depor armas e se entregar. A existência do compromisso de matar tornaria esse gesto de arrependimento inteiramente ineficaz, o que, segundo o juiz, contrariava o princípio doutrinário da preservação da vida.

A esta pertinente indagação, responde-se que os integrantes dos grupos táticos são treinados e condicionados a atirar para matar, mas que esse condicionamento também engloba o ato de não atirar, quando houver uma inequívoca situação de rendição. Pode haver erros, não há dúvida nenhuma; mas esses erros (que geralmente resultam na morte do PEC que no último instante buscava a rendição) ficam configurados como erros escusáveis ou invencíveis, reconhecidos como excludentes da punibilidade, dentro das chamadas descriminantes putativas, pelo Direito Penal Brasileiro.

Os provocadores do evento crítico, de acordo com a doutrina de gerenciamento de crises, tiveram a sua oportunidade de negociar, de depor armas e de buscar uma saída honrosa e segura para o problema que eles próprios criaram. Extintas as negociações por ato unilateral deles, e iniciadas inequívocas ações contra as vidas dos capturados, não se pode esperar que um policial condicionado a atirar para matar vá interpretar com precisão, todas as vezes, um gesto desesperado de rendição como autêntico. Entretanto, se isso acontecer, a vida do PEC será preservada[32].

---

[32] Monteiro, 2001.

FUNDAMENTOS ÉTICOS

Sendo os GT dotados de tão delicados encargos e sujeitos aos riscos decorrentes dessa condição, impõe-se como inafastável princípio moral que eles sejam dotados de rígidos fundamentos éticos.

Os fundamentos éticos dos grupos táticos são os seguintes:

a) A responsabilidade coletiva;
b) A fidelidade aos objetivos doutrinários;
c) O voluntariado;
d) O dever de silêncio.

A responsabilidade coletiva implica que todos os integrantes do grupo são responsáveis solidariamente pelos atos praticados durante uma ação tática. Nessas condições, a responsabilidade de cada um dilui-se por todo o grupo. Para implementar este princípio, todo grupo tático possui um uniforme (geralmente negro), cujo uso é obrigatório durante qualquer missão. Além do uniforme, cada integrante do grupo utiliza uma espécie de máscara denominada balaclava[33], que oculta, como um capuz, toda a cabeça do policial, com exceção dos olhos. Tal vestimenta praticamente torna impossível identificar qualquer um dos policiais.

Nessas condições, se algum erro for cometido, nem mesmo os companheiros de ação serão capazes de identificar o responsável[34]. Entretanto,

---

[33] Trata-se de um neologismo. Essa palavra é registrada com a acepção acima descrita no dicionário americano WEBSTER, onde consta que tem origem russa, em razão do topônimo Balaclava, cidade onde se travou uma batalha, durante a Guerra da Crimeia, no século passado. Sobre o emprego específico desse termo para designar a vestimenta policial acima descrita, veja-se Thompson, 1985 (*apud* Monteiro, 2001).

[34] Num erro policial ocorrido em 1989, em que, pela inobservância dessa elementar cautela, um atirador de elite do grupo tático especial da Polícia Militar de São Paulo (o "GATE") foi levado ao banco dos réus. Durante uma crise ocorrida na capital paulista, um casal de assaltantes mantinha como reféns os membros da família CARINGE. A certa altura, o assaltante do sexo masculino veio até a janela da residência, trazendo consigo a jovem ADRIANA CARINGE, contra quem ele apontava um revólver. O cabo PM/SP MARCO ANTONIO FURLAN, integrante do referido grupo tático que se encontrava cercando o ponto crítico, disparou seu fuzil e simultaneamente matou o assaltante e a refém. Sem se entrar em considerações sobre se o tiro foi dado em virtude de ordem recebida ou por autodeliberação daquele cabo, e sem também se discutir se tal decisão atendia, ou não,

como única forma de individualizar ações, para fins de delimitação de responsabilidades e por exigência de nossa legislação, em alguns eventos os integrantes do GT são instruídos a permanecer ao lado dos provocadores por eles neutralizados, assim permitindo que as ações adotadas recebam o tratamento jurídico adequado a cada caso[35].

O segundo fundamento ético é a fidelidade aos princípios doutrinários. Um grupo tático especial somente deve ser empregado dentro da mais estrita e rigorosa observância dos princípios doutrinários do gerenciamento de crises.

Esta recomendação é dirigida especialmente para os altos executivos das organizações policiais. O acionamento do GT não deve ser uma atitude leviana. O GT não existe para fazer "blitz" policial; não existe para efetuar prisões de delinquentes, ainda que perigosos; não existe para dar demonstrações de força policial; nem para fazer segurança de dignitários. A finalidade precípua de um GT é agir em situações de crise, quando existe risco à vida de pessoas capturadas. Utilizá-los em outros eventos, ainda que arriscados e perigosos, é desvirtuar a finalidade doutrinária do grupo, submetendo-o a desnecessário desgaste.

O terceiro fundamento ético é o voluntariado. O voluntariado é também erigido à condição de um fundamento ético, o que significa que nenhum policial poderá ser coagido, pressionado ou induzido a permanecer no grupo tático. Não importa o quanto a organização policial tenha investido no seu treinamento; se ele quiser ser desligado, não deve impedi-lo.

O último fundamento ético é o dever de silêncio. Esse dever de silêncio é corolário do princípio da responsabilidade coletiva. Ainda que observe erros graves dos seus pares durante as operações, o integrante de um grupo tático especial não os deve divulgar nem revelar. Esse preceito ético de forma alguma pode ser utilizado como justificativa para violação da lei – ao contrário, cabe a cada integrante de um GT zelar para que o respeito à legislação seja uma constante no grupo.

---

aos critérios de ação preconizados pela doutrina, cumpre apenas aqui constatar, por ser oportuno, que o policial, ao disparar o malfadado tiro, tinha erradamente o rosto descoberto e estava diante das câmaras de televisão, de modo que todo o País assistiu estarrecido àquele ato (Monteiro, 2001).

35 Os detalhes de cada ação tática fogem ao escopo desse trabalho e devem ser tratados exclusivamente pelo GT.

A doutrina, dentro do princípio da lealdade, faculta-lhe o direito-
-dever de discutir e discordar dos erros cometidos, criticando-os durante
os frequentes *"briefings"* e reuniões do grupo, exigindo correções de rumo
e mudanças de atitude, mas veda-lhe qualquer direito de divulgação, sob
pena de exclusão.

O RECRUTAMENTO, A SELEÇÃO E O TREINAMENTO

A organização de um grupo tático requer cuidados especiais da instituição policial com o seu principal insumo: o homem. Esse cuidado vai
desde o recrutamento, passando pela seleção, pelo treinamento e continua por algum tempo, mesmo depois que o profissional tenha se desligado
daquele grupo especial.

Os parâmetros e modalidades de recrutamento e seleção podem variar
de país para país e de uma organização policial para outra, a depender das
necessidades conjunturais e das peculiaridades da região em que o grupo
irá habitualmente atuar.

Contudo, sejam quais forem os parâmetros utilizados, eles deverão
estar enquadrados dentro dos fundamentos doutrinários e éticos anteriormente abordados. Assim, por exemplo, é inadmissível um trabalho de
recrutamento que não seja baseado no voluntariado. Tampouco a seleção
pode recair em indivíduos que, por qualquer motivo, não possam estar
submetidos aos treinamentos constantes exigidos pelo grupo tático.

O acompanhamento psicológico dos integrantes do grupo (tanto os
novos como os antigos) deve ser intenso, para diagnosticar qualquer des-
vio de conduta ou de personalidade, providenciando-se a ajuda e as correções necessárias, procedendo-se inclusive a afastamentos provisórios
ou definitivos, quando for o caso.

A fidelidade aos princípios doutrinários é um postulado ético inafastável, porquanto se trata de um grupo destinado a atuar com toda
eficiência no salvamento de vidas humanas, e não de um esquadrão de
extermínio.

O treinamento, por sua vez, deve observar critérios de versatilidade
os mais amplos possíveis, levando o grupo a aprender a agir sob as mais
diversas condições de terreno (urbano, rural, campo aberto, montanha,
floresta, cursos d'água, etc.), de clima (frio, calor, chuva, umidade, etc.),

de horário (dia e noite) e de objetivos (casas, edifícios elevados, automóveis, barcos, aeronaves, etc.), sempre de acordo com as necessidades potenciais de atuação.

Não se deve também descuidar do homem que decide deixar o grupo. Além do indispensável acompanhamento psicológico, ajustando-o a novas funções, é recomendável que ele seja afastado, durante pelo menos um ano, de atividades policiais de risco e que possam exigir o emprego de armas. Essa cautela destina-se a evitar que o policial se envolva em incidentes, que poderão ser letais para terceiros, porquanto se trata de um profissional treinado para matar. O ideal seria que, logo após seu desligamento do grupo tático, o policial fosse designado para funções internas, de natureza burocrática.

O Comando de Operações Táticas do DPF

O Comando de Operações Táticas (COT) é a SWAT do DPF. O COT surgiu graças ao pioneirismo e à visão prospectiva do DPF Raimundo Cardoso da Costa Mariz, hoje aposentado. Em 13 de março de 1987, mediante a Ordem de Serviço nº 001/G/CCP, o DPF Mariz, então ocupando a função de coordenador central policial, criou o COT, com o objetivo de atuar em eventos críticos cujo gerenciamento competisse ao DPF.

Naquela época, a Polícia Federal brasileira não dispunha de nenhum grupamento tático e, nas poucas crises de competência federal até então ocorridas, o trabalho tático ficara confiado a equipes especiais das Forças Armadas.

No ano seguinte, por meio da Instrução Normativa nº 08/88-DG/DPF, do então diretor-geral do DPF, delegado Romeu Tuma, a Polícia Federal passou a ter a responsabilidade de assumir o comando das operações policiais, até solução final, nos casos de apoderamento ilícito de aeronaves, amoldando-se assim ao rol de competências conferidas pela Constituição Federal recentemente promulgada.

Entre 1988 e 1989, o COT, com os insuficientes recursos de que ainda dispunha, mas movido pela abnegação e pela força de vontade dos seus homens, realizou missões de resgate de aeronaves sob apoderamento, obtendo sucesso, o que veio a consolidar não somente o seu prestígio internacional, mas também a decisão política de mantê-lo como um órgão permanente, integrante da estrutura do DPF.

Em 15 de março de 1990, foi editado o Decreto n° 99.180/90, que reestruturou os órgãos da administração pública federal e fez incluir o COT na estrutura orgânica do Departamento de Polícia Federal. A Instrução Normativa 012/94-DG/DPF, de 29 de novembro de 1994, publicada no BS 233, de 12 de dezembro de 1994, disciplinou a organização e o funcionamento do Comando.

Mais tarde, em 1996, a Portaria n° 736/96-MJ elevou o COT à condição de Divisão de Comando de Operações Táticas, subordinada diretamente ao então denominado coordenador central de Polícia do DPF.

Com a Portaria n.° 213/99-MJ, de 17 de maio de 1999, que aprovou o Regimento Interno do Departamento de Polícia Federal, o COT – agora denominado Divisão de Comando de Operações Táticas – passou de forma definitiva a integrar a estrutura central do DPF, mantendo-se a sua subordinação direta ao coordenador-geral central de Polícia (CGCP).

No momento, a última disposição normativa é a Instrução Normativa 013/05-DG/DPF, de 15 de junho de 2005, que reestrutura o órgão operacional, agora designado Coordenação do Comando de Operações Táticas, incluindo em seu organograma o Serviço de Estratégias Táticas e o Serviço de Operações Táticas.

Desde a sua criação, e graças aos esforços dos seus integrantes, o nosso grupo tático cresceu em importância e prestígio, tanto no Brasil como no estrangeiro. Hoje conta com instalações, armas e equipamentos que não deixam nada a dever aos das SWATs de algumas Polícias norte-americanas e europeias.

Os integrantes do COT, sempre recrutados na base do voluntariado, da conduta profissional ilibada e do potencial individual para execução de tarefas de risco, são treinados e aprestados dentro do mais realístico treinamento possível, preconizado pela doutrina moderna, e "aprendem a desenvolver uma total confiança nas suas armas e habilidades"[36].

Para admissão ao quadro operacional do COT, os voluntários atendem a uma convocação da DIREX/DPF. Após parecer da DIP, são submetidos a um processo seletivo que envolve avaliação médica e psicológica e provas físicas. Uma vez aprovado nesta etapa inicial, o voluntário frequenta um extenuante curso de operações táticas, dividido em vários módulos. Se aprovado, poderá então vir a integrar o Comando de Operações Táticas,

---

[36] PLASTER, 1990.

em que ainda será avaliado diuturnamente por um ano. Somente depois de cumpridas todas essas exigências o policial é efetivado como integrante operacional do COT[37].

O DPF Daniel Gomes Sampaio, ex-chefe do Comando, afirma que "o COT não tem homens especiais, o que ele possui são homens com treinamento especial". Esses padrões de treinamento e de desempenho do COT garantem à Polícia Federal uma considerável segurança no trato com situações de crise, qualquer que seja a sua natureza ou grau de risco.

Desde a sua fundação, o Comando recebeu, das sucessivas administrações centrais do DPF, frequentes demonstrações de apoio ao trabalho de constante modernização e aprestamento daquele grupo tático, assegurando dessa forma a manutenção do seu atual nível de excelência.

---

[37] BETINI e TOMAZI, 2009, fazem em seu trabalho, minucioso levantamento histórico e descrição das rotinas do Comando. Não existe fonte mais fidedigna para obtenção de informações sobre o grupo tático do DPF.

OS PERÍMETROS TÁTICOS

A definição de características dos perímetros táticos (também chamados perímetros de segurança) é assunto de relativa simplicidade, mas de grande importância para o gerenciamento de crises.

Conforme se estudou anteriormente, a autoridade policial, ao tomar conhecimento de uma crise, deve adotar as medidas preliminares e essenciais (conter, controlar, comunicar, negociar).

O isolamento do ponto crítico executa-se por meio dos chamados perímetros táticos. É tão fundamental o estabelecimento dos perímetros táticos que é praticamente impossível uma crise ser gerenciada sem eles.[38]

A intervenção da mídia, a ação de curiosos e o tumulto de massa que são geralmente verificados em torno do local em que se desenrola a crise tornam absolutamente indispensável o estabelecimento desses perímetros.

A experiência tem demonstrado que quanto melhor for o isolamento do ponto crítico, mais fácil se torna o trabalho do gerenciamento da crise[39]. Entretanto, o que se verifica, no cotidiano, são casos e mais casos de isolamentos malfeitos e ineficientes[40].

---

[38] A propósito desse tema, recomenda-se a leitura do artigo "Isolamento do ponto crítico: fator do bom êxito no gerenciamento de crises", produzido pelo DPF Roberto Monteiro.

[39] Na crise ocorrida na Penitenciária Central do Estado do Paraná, em 1989, já mencionada, um dos pontos altos de todo o processo de gerenciamento foi o perfeito isolamento do ponto crítico promovido pela PM/PR. A mídia e os curiosos ficaram afastados a pelo menos uns 500 metros do local do evento, o que proporcionou uma cômoda e desenvolta atuação dos responsáveis pelo gerenciamento, livres que estavam de qualquer influência estranha. Infelizmente, essa não tem sido a regra verificada nas crises que recentemente assolaram o País.

[40] Como exemplo, basta lembrar o caso do atirador de precisão da PM/SP que matou a jovem ADRIANA CARINGE. O isolamento do ponto crítico naquela ocasião estava tão deficiente que, na hora do tiro fatal, o atirador dialogou com um repórter, manifestando o seu propósito de atirar, e uma câmera de televisão filmou o ponto de visada e o ângulo de tiro.

Os perímetros táticos são denominados perímetro tático interno e perímetro tático externo.

O perímetro tático interno é um cordão de isolamento que circunda o ponto crítico, formando o que se denomina de zona estéril. No seu interior, somente devem permanecer PEC, pessoas capturadas (se houver) e os policiais especialmente designados (policiais de qualquer posição hierárquica, sem função definida, devem ser mantidos afastados dessa área).

Esse perímetro interno deve ser patrulhado por policiais uniformizados, que tenham, de preferência, um temperamento alerta e agressivo, para afastar e afugentar os intrusos. Esse patrulhamento não deve ser feito pelo GT, que já tem missão específica na solução do evento crítico.

O perímetro tático externo é destinado a formar uma zona tampão entre o perímetro interno e o público. Nele ficam instalados o PC, do gerente da crise, o CN, dos negociadores, e o PCT, do chefe do GT.

No interior desse perímetro admite-se o trânsito e a permanência de policiais que não estejam diretamente envolvidos com o gerenciamento do evento crítico, pessoal médico, pessoal de apoio operacional (corpo de bombeiros, peritos criminais, motoristas de ambulâncias, etc.) e a mídia (mesmo assim, apenas quando da realização de *"briefings"* ou entrevistas – após, devem ser encaminhados a ponto especialmente designado e fora dos perímetros).

O patrulhamento desse perímetro deve também ser confiado a policiais uniformizados, mas já não se faz necessário que sejam do tipo agressivo, bastando apenas que sejam suficientemente alertas para não permitir o ingresso de pessoas não autorizadas na zona tampão.

Os dois perímetros são imprescindíveis, mas o seu tamanho, forma e abrangência vão variar de caso a caso, a critério do gerente da crise, sendo isso uma função cuja principal variável é o ponto crítico.

A conformação (e a abrangência) dos perímetros táticos dependerá da natureza, da localização e do grau de risco do ponto crítico. Não importam quais os óbices ou dificuldades, o isolamento do ponto crítico deve ser realizado – a todo custo –, sob pena de comprometer o êxito da missão de gerenciamento da crise.[41]

---

41 A PM/PR, em 24 de julho de 1998, com reconhecida eficiência, estabeleceu esses perímetros em pleno centro de Curitiba (exatamente na movimentadíssima confluência das avenidas Marechal Floriano e Marechal Deodoro), durante uma crise decorrente de um assalto a uma agência de turismo, localizada no 17º andar de um edifício situado na

Quanto mais amplos forem os perímetros, mais difícil se torna a sua manutenção, por exigir um maior número de policiais e causar mais transtornos na rotina das pessoas que vivem nas proximidades do ponto crítico, ou dele se utilizam.

São tantos os problemas que ocorrem nesses perímetros (especialmente no perímetro tático externo), que o gerente da crise, ao defini-los, deve encarregar um auxiliar para especificamente resolver os impasses que porventura surjam.

O isolamento do ponto crítico não deve se limitar apenas ao estabelecimento dos perímetros táticos. De nada adianta a implantação de perímetros táticos se os causadores do evento crítico continuam a dispor de telefones e outros equipamentos com que possam, a qualquer momento, se comunicar com o mundo exterior.

Dentro dessa ordem de ideias, uma das primeiras preocupações do gerente da crise, nas suas tarefas preliminares de isolamento do ponto crítico, deve ser a de interromper ou interceptar a comunicação dos provocadores com o mundo exterior.

A colaboração da companhia telefônica da localidade é providencial nesses casos. Não somente os telefones aptos a ligações externas devem ser interceptados: eventualmente, será necessária a interrupção dos serviços de televisão e mesmo de rádio. As medidas judiciais cabíveis devem ser buscadas.

O que de fundamental deve ser feito para evitar que os provocadores saibam o que se passa fora do ponto crítico é estabelecer uma linha de conduta correta no trato com a mídia, centralizando o fornecimento de informações e procedendo a uma seleção criteriosa de tudo aquilo que deve ser liberado para os órgãos de notícia e para os profissionais de informação.

---

primeira daquelas avenidas. O isolamento da área ocorreu justamente num horário de grande movimento de público (entre as 13h e as 16h) e somente foi levantado com o final do evento, que resultou com a fuga dos bandidos por meio de um prédio vizinho situado nos fundos daquele que figurava como ponto crítico. A propósito desta ocorrência, leia-se a edição de 26 de julho de 1998, do jornal curitibano "GAZETA DO POVO".

PLANEJAMENTO E DINÂMICA DE CONDUÇÃO

Dada a resposta imediata, com a contenção e o isolamento da ameaça e o início das negociações, principia-se a fase do plano específico, que é aquela em que o gerente da crise procura encontrar a solução do evento crítico.

Nesta fase, o papel das informações (inteligência) é preponderante. As informações colhidas e devidamente analisadas é que vão indicar qual a melhor solução para a crise.

Obrigatoriamente, inicia-se aqui o plano tático, opção que nunca deve ser descartada no processo de gerenciamento, valendo lembrar que a solução tática (emprego do GT) é sempre a menos desejada das opções, sendo seu uso aconselhado somente para casos terminais, quando toda e qualquer negociação se tornou inviável e o risco de vida das pessoas capturadas é grave e iminente.

Toda opção tática é baseada nos seguintes fundamentos teóricos: rapidez, surpresa e agressividade da ação. A ação deve intimidar e sobrepujar a tal ponto os provocadores que o instinto de sobrevivência faça com que sua atenção se desloque das pessoas capturadas para os policiais atacantes. Nesse breve momento de indecisão, os policiais atacantes, tendo teoricamente as vantagens do treinamento superior, da surpresa e do equipamento de proteção, serão capazes de neutralizar os provocadores e separá-los dos reféns.

Essa ação tática deve ser realizada por policiais que sejam eficientes nas habilidades de:

a) penetrar rápida e completamente;
b) mover-se rapidamente;
c) atirar com rapidez e precisão.

As opções táticas a serem empregadas pelo GT dependerão muito das condições de cada caso. Para a identificação dessas particularidades, o GGC deverá atentar para os conhecimentos já disponíveis e amealhados durante as fases anteriores da pré-confrontação, especialmente os dados de inteligência. Assim, serão analisados o objetivo (ponto crítico), as condições do terreno, as condições meteorológicas, o armamento de que dispõem os causadores do evento e as próprias condições de equipamento e de pessoal de que dispõe o GT para aquela ocasião.

Dentro desse raciocínio, o gerente da crise e o chefe do GT decidirão, por exemplo, se o ataque será tipo espalhado ou múltiplo, ou do tipo dinâmico.

O ataque espalhado ou múltiplo é aquele em que os policiais atacantes entram no ponto crítico por meio de diversos locais (portas, janelas, teto, porões, túneis, galerias, etc.)[42].

O ataque dinâmico é aquele em que os policiais ingressam no ponto crítico por meio de uma única entrada. Geralmente, esta situação ocorre naqueles pontos críticos em que existe apenas uma entrada ou local de acesso[43].

O gerente da crise e o chefe do GT deverão também decidir qual a opção tática a ser utilizada. A seguir, serão indicadas as principais opções táticas com a apresentação das suas respectivas vantagens e desvantagens:

a) **ASSALTO À BARRICADA (ÁREA CONFINADA)**: consiste num ataque planejado contra um local de crise confinado, geralmente um edifício, porém, pode incluir navios, trens e aeronaves.
   VANTAGENS:
   - Os provocadores estão confinados;
   - As negociações são geralmente viáveis;

---

[42] Um exemplo de ataque dessa natureza foi o caso do resgate de 72 reféns, ocorrido na residência do embaixador japonês em Lima/Peru, em 22 de abril de 1997. Os policiais peruanos ingressaram no ponto crítico pelo portão principal da residência e por meio de três túneis escavados por sob o quintal. Cada um desses túneis era direcionado a um determinado alvo, sendo que o primeiro desembocava no salão térreo em que os captores jogavam futebol todas as tardes, o segundo com saída para o quintal da residência e o terceiro com abertura para o interior de uma tenda armada para a festa de aniversário do imperador do Japão.

[43] Um exemplo foi dado pelos grupos táticos COE e TIGRE, da polícia paranaense, quando da invasão do quarto de uma residência em Marechal Cândido Rondon/PR, em 29 de abril de 1995, em que três bandidos mantinham três mulheres, dois meninos e um bebê como reféns.

- Permite concentrar o aparelhamento da coleta de informações num único alvo;
- Facilita o controle do ponto crítico, porquanto os parâmetros são definidos;
- O terreno e a situação podem permitir aos atacantes aproximarem-se bastante do ponto crítico, aumentando o fator surpresa.

DESVANTAGENS:
- As defesas preparadas pelos provocadores aumentam o risco;
- As vias normais de aproximação podem estar por eles bloqueadas;
- Os atacantes geralmente estão ingressando num terreno que não lhes é familiar;
- Os provocadores estão familiarizados com o terreno.

b) **INTERDIÇÃO EM CAMPO ABERTO:** os provocadores são neutralizados por atiradores ou por policiais atacantes, ou uma combinação simultânea de ambos, utilizando procedimentos de escolha concomitante de alvos, movendo-se em direção aos provocadores, numa área aberta. É a ação típica de quando os causadores da crise e capturados se deslocam do ponto em que se encontravam protegidos e se dirigem, em campo aberto, para apanhar uma viatura ou uma aeronave.

VANTAGENS:
- Não é necessária nenhuma penetração;
- Os grupos de atiradores podem se posicionar e se esconder com antecedência;
- Coloca os provocadores em terreno não familiar;
- Reduz a defensibilidade dos provocadores;
- Explora e aproveita a capacidade de alcance de tiro dos atiradores;
- Aumenta a concentração de fogo nos provocadores.

DESVANTAGENS:
- Controle difícil. Requer cronometragem e coordenação precisas;
- Depende da radiocomunicação;
- Risco de interferência do público ou da mídia;

- Aplicável somente quando houver um número reduzido de bandidos;
- Pode ser objeto de exploração pelo público e pela mídia.

c) **EMBOSCADA A VEÍCULO:** neutralização dos provocadores em trânsito, mediante a violenta obstrução, penetração e ataque do veículo que os conduz juntamente com os capturados.
VANTAGENS:
- Remove os provocadores de locais que lhes são familiares;
- Possibilita oportunidade para escolha da rota a ser seguida pelos PEC e do local da emboscada;
- Reduz as possibilidades de defesa dos provocadores;
- É a melhor maneira de reduzir a quantidade de reféns (os provocadores não poderão levar uma grande quantidade de pessoas nos veículos);
- Pode ser desenvolvida em localidades remotas;
- Permite uma grande quantidade de manobras táticas;
- Explora a vantagem da surpresa;
- Dificulta contra-ataques dos provocadores.
DESVANTAGENS:
- É altamente dependente de uma boa radiocomunicação, o que pode ser um problema se a ação for deflagrada em locais muito distantes;
- O controle pode ser difícil devido a súbitas mudanças de rota pelos provocadores. O plano de emboscada deve ser, portanto, simples e fácil de ajustar;
- Requer execução precisa.

d) **INFILTRAÇÃO SIGILOSA DO PONTO CRÍTICO:** inserção sigilosa de um grupo de policiais no ponto crítico, com a finalidade de dali iniciar ou apoiar um ataque. Foi a tática utilizada pelos ingleses do SAS para a invasão da Embaixada do Irã, em maio de 1980, ocupada por terroristas do Movimento Democrático Revolucionário para a Libertação do Arabistão.
VANTAGENS:
- Excelente fator surpresa e de impacto, porque os atacantes podem ter um contato rápido e direto com os provocadores;

- Excelentes informações sobre o ponto crítico, antes do ataque;
- Possibilita uma ótima cronometragem do ataque;
- Reduz a necessidade de uso de explosivos de efeito moral.

DESVANTAGENS:

- O equipamento de rádio não pode ser usado, dada a proximidade dos provocadores, que poderão escutá-lo;
- Fácil de ser detectado, devido à proximidade dos provocadores, requerendo a infiltração a prática de movimentos imperceptíveis por parte dos policiais.

e) **ATAQUE INTEGRADO:** consiste no uso combinado de atiradores e de policiais atacantes no sentido de se aproximarem do ponto crítico, neutralizando os provocadores com a ação coordenada dos atiradores de precisão e do grupo de ataque.

VANTAGENS:

- Aproveita concomitantemente o poder de fogo dos atiradores e do grupo de ataque;
- O uso de atiradores tem excelente efeito diversivo;
- Efeito de surpresa e de choque;
- Explora rotinas adquiridas pelos provocadores.

DESVANTAGENS:

- Se os atiradores falharem, o efeito surpresa ficará prejudicado;
- Requer controle preciso, sincronia e execução arrojada por parte dos atiradores;
- É difícil de controlar.

f) **ASSALTO DE EMERGÊNCIA:** consiste naquele ataque executado com o mínimo de dados de informações e de planejamento, justificado apenas em casos de iminente perigo de vida para os reféns. Essa possibilidade deve sempre ser encarada como viável pelo GT, até que exista um plano específico para a crise.

VANTAGENS:

- Elemento de surpresa;
- Reduz o tempo dos provocadores estabelecerem suas próprias defesas;
- Possibilita uma imediata opção de força.

DESVANTAGENS:
- Falta de planejamento deliberado;
- Limitado o exercício de ensaio;
- Limitada a análise das informações obtidas;
- Tempo de preparação individual é mínimo.

As opções são várias, e as acima descritas representam meros exemplos. Cada uma delas, seja qual for, apresenta vantagens e desvantagens, prós e contras, que deverão ser criteriosamente analisados pelo tomador da decisão de uso de força letal.

A decisão de uso de força letal, também denominada solução tática do evento crítico, nem sempre recai sobre o gerente da crise. Muitas vezes, fatores e injunções de ordem eminentemente política levam essa decisão aos integrantes do comitê de crises, que pode estar integrado por elementos dos mais altos escalões da organização policial envolvida ou também do próprio poder político do Estado ou do país[44].

A decisão de uso de força letal é irreversível; uma vez dada a ordem de ataque, e tendo ele sido iniciado, não há mais retorno: o GT executará sua missão dentro do plano previsto, num rápido movimento tático, que só terá termo com a imobilização (rendição ou morte) de todos os provocadores. Qualquer ação tática pode também provocar baixas entre os policiais atacantes e as pessoas capturadas.

Por essas razões, a doutrina de gerenciamento de crises recomenda como prioridade absoluta a solução negociada dos eventos críticos, somente utilizando-se a força letal em último e inevitável caso.

A solução do evento crítico por meio da negociação pode resultar numa rendição dos provocadores ou numa resiliência das forças policiais, concordando com as exigências feitas pelos primeiros.

Uma terceira saída seria a chamada transferência da crise, que ocorre quando os provocadores da crise e os reféns obtêm permissão para se deslocarem para um outro local, em que a crise será gerenciada. Essa alterna-

---

44 Na França, em 15 de maio de 1993, o próprio Ministro do Interior daquele país, CHARLES PASQUA, deu a ordem para matar um PEC armado de explosivos que mantinha seis meninas de jardim de infância e uma professora capturadas na "École Commandant Charcot", em Neuilly-Sur-Seine, na periferia de Paris. O captor, de nome Eric Schmitt, foi morto enquanto dormia, no interior da sala de aula em que se encontrava com as reféns, que saíram incólumes do episódio.

tiva somente é recomendável quando as condições de terreno e de equipamento do organismo policial não permitem a solução tática ou dificultam, de qualquer maneira, o gerenciamento eficiente da crise.

Essa opção também pode ser utilizada como artifício para o ganho de tempo, possibilitando um momentâneo relaxamento das tensões e uma maior segurança para os capturados por intermédio da evolução da Síndrome de Estocolmo.

A transferência da crise foi, historicamente, muito adotada nos casos de apoderamento ilícito de aeronaves por grupos terroristas, os quais, após alcançarem a desejada repercussão internacional com o incidente, geralmente exigem que o avião se desloque para algum país cujo governo seja neutro ou tenha uma postura mais simpática ou sensível à ideologia desses grupos[45]. Modernamente, os Estados mais organizados têm adotado uma política de buscar a solução da crise em seu próprio território, assim desestimulando novas ocorrências. No Brasil, os exemplos em que tal opção foi adotada demonstram que seu uso deve ser cercado de várias cautelas, pois, usualmente, o fornecimento de meios de transporte aos provocadores do evento crítico produz imensas dificuldades de controle.

Mesmo quando ocorre uma rendição dos provocadores ou uma resiliência policial, deverá ser traçado um plano específico, para que esse desenlace ocorra sem surpresas ou incidentes desagradáveis[46].

---

45 Em 24 de dezembro de 1999, um "Airbus" da Indian Airlines, com 161 pessoas a bordo, foi capturado por cinco integrantes do grupo guerrilheiro "Frente Islâmica de Salvação", da Cachemira, quando fazia um voo de Katmandu, no Nepal, para Nova Delhi, Índia. Depois de pousar no Aeroporto de Amritsar, na Índia, decolou sem abastecer para o Aeroporto de Lahore, ainda na Índia, sendo reabastecido. De lá voou para Kabul, no Afeganistão, não obtendo permissão para o pouso, sendo então levado a uma base militar em Dubai, Emirados Árabes, obtendo permissão para novo reabastecimento. Ali foram liberados 27 passageiros e o corpo de um jovem hindu que havia sido morto pelos terroristas. De Dubai, os provocadores fizeram o avião se deslocar para Kandahar, no Afeganistão, local controlado pela guerrilha talibã, simpática à causa dos captores. Em Kandahar a crise veio a ser finalmente resolvida, em 31 de dezembro de 1999, após o Governo da Índia ceder às exigências dos provocadores, autorizando a liberação de um líder dos guerrilheiros que se achava cumprindo pena numa prisão hindu de segurança máxima.

46 Em Matupá/MT, em 1992, três assaltantes tomaram uma residência daquela cidade e fizeram vários membros de uma família como reféns. A crise foi gerenciada ao mesmo tempo por integrantes das polícias civil e militar destacados naquela localidade e, após muitas horas de hábil negociação, os três assaltantes liberaram os reféns e se entregaram à polícia, sendo então levados para a delegacia local. Por absoluta falta de planejamento específico para aquela rendição, os três assaltantes foram arrebatados

Na elaboração do plano específico, tanto para a rendição como para a resiliência, o gerente da crise deverá priorizar o objetivo maior de preservar a vida de todos os envolvidos no evento crítico (inclusive provocadores), de sorte que cuidará para que o processo escolhido e decidido ocorra com toda a segurança possível.

Não se deve esquecer que o PEC poderá decidir se render antes que um plano específico para essa possibilidade tenha sido preparado pela polícia, o que pode tornar o processo muito perigoso, pois o indivíduo está saindo de uma posição barricada, em que possuía certa segurança e controle da situação, para se entregar ao controle dos policiais.

Qualquer movimento brusco ou atitude hostil – por parte da polícia ou de qualquer pessoa visível pelos PEC – poderá causar pânico no provocador, daí resultando uma reação desesperada ou a simples desistência da rendição.

Nessas condições, é recomendável toda cautela, clareza e transparência durante o processo, especialmente no que tange às instruções que devem ser dadas ao PEC: como se procederá a entrega das armas e da munição, quem sairá primeiro do ponto crítico (se ele ou os reféns), para que local ele e os reféns deverão se dirigir depois da rendição, etc.

A euforia que geralmente advém com a perspectiva da rendição é péssima conselheira e frequentemente contribui para o cometimento de erros que poderão até ser fatais. A calma e o rígido controle da situação são as melhores atitudes para o bom êxito de uma rendição.

---

da polícia e linchados pela população revoltada, que, numa demonstração de ódio e barbárie, embebeu em gasolina e ateou fogo às vestes dos três infelizes, que ainda se encontravam vivos. O resultado disso foi um espetáculo dantesco, em que a população, sem a presença da polícia, assistia sádica e passivamente à lenta e atroz agonia dos três linchados.

O PROCESSO DE NEGOCIAÇÃO

A NEGOCIAÇÃO: UMA COMPARAÇÃO E PERSPECTIVAS

Durante os últimos doze anos, ministrei cursos de Negociação a um número bastante significativo de policiais, oriundos das Polícias Militar e Civil dos Estados, Oficiais do Exército, da Marinha e da Aeronáutica do Brasil, além de policiais da Argentina, Paraguai, Uruguai e Chile. É sintomático que, dentre esses mais de 500 alunos, eu tenha tido notícias do envolvimento em atividades diretamente ligadas à Negociação em Crises de apenas um argentino, um uruguaio e quatro brasileiros.

A este dado particular soma-se outro bastante interessante, que dá boa mostra da percepção que têm nossas Polícias da resolução dos eventos críticos: estabeleceram, em várias unidades federativas, entidades formadas por instrutores oriundos das Polícias brasileiras e até de organizações policiais estrangeiras, dedicadas ao ensino e treinamento de policiais com especialização em atuação tática: *snipers*, assalto, operações rurais e urbanas.

Os instrutores são realmente elementos experientes e qualificados – o que pude constatar em cursos que fiz com alguns deles em seu país natal. Os catálogos dessas instituições apresentam ao menos 40 opções de cursos diferentes, de variada duração, cujo preço relativamente alto não impede incessante presença: as turmas estão sempre completas. Dentre os cursos oferecidos, apenas três, no momento, são voltados para a solução pacífica dos eventos críticos.

Certa feita, indaguei ao dirigente de uma dessas entidades o porquê dessa situação, principalmente em vista da procura que cursos de Negociação têm nos Estados Unidos da América – a resposta foi um primor de diplomacia e gentileza, mas escondia uma verdade constrangedora: não há mercado para cursos dessa natureza em nosso País.

É possível que o desconhecimento da complexidade do ato de negociar seja um dos componentes dessa rejeição. Tentarei, abaixo, situar essa atividade no contexto do gerenciamento e dar uma breve mostra de como vivenciamos a negociação, comparando nossa metodologia com a utilizada pelas Polícias americanas.

A NEGOCIAÇÃO E O SISTEMA DE GERENCIAMENTO DE CRISES

É um erro bastante comum, em nosso País, o de colocar a negociação como mero acessório do gerenciamento de crises. Visto como atividade nobre, porque de comando, o gerenciamento seria a ferramenta por meio da qual todos os problemas seriam resolvidos pela ação onipresente do chefe do GGC. A eterna e onipresente escassez de recursos que vitima todas as nossas organizações policiais produz, entre outros, um fenômeno interessante: grande parte dos eventos para os quais a Polícia é chamada é resolvida de forma parcial ou truncada, pois equipamentos, implementos e pessoal adequadamente treinado são meras expectativas de problemática realização. Assim, a presença de mais um profissional (o negociador) torna-se por vezes indesejada, mesmo sendo este o provável elemento de solução da crise.

Em meio a tantas distorções, emerge uma situação que dificulta não só a percepção global do evento crítico, quanto mais sua resolução: os profissionais envolvidos têm dificuldade em interpretar a crise como um todo, fixando-se em determinados aspectos dela e buscando a resolução desses aspectos particulares. A integração entre os profissionais envolvidos é problemática, o que se evidencia em função da virtual inexistência de sincronização de atitudes, principalmente entre negociadores e GT (isto quando há separação entre essas atividades). Embora dependentes do gerenciamento, esses fatores merecem ampla discussão, pois, em última análise, formam a base sobre a qual se fundamentam os trabalhos de negociação.

A visualização do evento crítico como um sistema vivo, no qual elementos (que formam subsistemas) interagem na busca de objetivos por vezes antagônicos, proporciona aos profissionais envolvidos, maior clareza na definição das estratégias de resolução da crise. Uma maneira bastante simples de mais bem identificar os sistemas e subsistemas envolvidos é a partir da definição dos perímetros táticos, quando então os principais atores ficam claramente visíveis: PEC, reféns e vítimas, forças de segurança e GT, negociadores, elementos de assessoria e apoio, GGC.

As atitudes das pessoas envolvidas no conflito contribuem para o sucesso ou o fracasso da negociação[47] – e enfatizo o fato de que o sucesso das negociações depende de todos os envolvidos, não apenas da habilidade dos negociadores e da flexibilidade do PEC. Dessa forma, o grupo de negociação precisa inserir-se, como sistema, nesse contexto, atuando de forma sincronizada, alimentando e sendo alimentado pelas demais entidades envolvidas, em busca do mesmo objetivo: a preservação das vidas em jogo e a aplicação das leis, nesta ordem[48].

Essa atuação sincronizada depende fundamentalmente de uma atitude rara em nossas Polícias: a flexibilidade de comando (por esta expressão quero designar a imediata e silenciosa passagem do comando das ações entre os responsáveis pelos três grupos que atuam no gerenciamento das situações críticas).

Esse posicionamento (especificamente em relação ao fato de que, em certos momentos, o comando das operações é do negociador) representa uma verdadeira heresia aos cânones vigentes nas nossas Polícias. Será motivo de críticas acerbadas e revoltadas, pois não se admite outra postura senão a de um comando central e único – posicionamento que reflete, contudo, apenas a dificuldade imensa de se adotarem procedimentos modernos e, principalmente, desmilitarizados.

A natureza e os resultados dos trabalhos desenvolvidos pelo autor no Departamento de Polícia Federal e como assessor em vários eventos críticos, cuja competência era das Polícias Estaduais, sendo tal metodologia aplicada com o resgate de 98 pessoas capturadas (entre as quais se incluíam reféns e vítimas), sem a perda de nenhuma vida, serve como indicativo da eficiência desse método[49].

---

[47] Ury, 1981.

[48] Monteiro, 2001.

[49] É forçoso, mas constrangedor, para esses profissionais, admitir que na realidade todas as providências adotadas no gerenciamento da crise buscam exatamente a produção de condições que permitam o desenvolvimento do processo de negociação – exatamente o oposto daquilo que é usualmente percebido pelos leigos.

EXISTE UMA MODALIDADE BRASILEIRA
DE NEGOCIAÇÃO EM CRISES?

Estudiosos de ciências sociais são capazes de identificar, desde longa data, certas características de nosso povo. Uma análise interessante, mas nem sempre lisonjeira[50], enumera, entre nossas características psicológicas, dentre outras: a superficialidade das faculdades inventivas, o desequilíbrio, a apatia, a imitação do estrangeiro, a desconfiança em relação às autoridades, o conservantismo.

Santiago Villaveces, doutor em Antropologia pela Universidade de Rice (Texas, EUA) e professor visitante da Universidade Federal do Rio de Janeiro, nota que "características apontadas como negativas no comportamento da PM (do Rio de Janeiro) são fatores da mentalidade brasileira, dificilmente questionados, como o autoritarismo, o racismo, o gosto pela burocracia e pelo corporativismo"[51]. É evidente que essas e outras características afetam profundamente o desempenho das instituições, mesmo daquelas que buscam de maneira razoavelmente intensa e eficiente o próprio aperfeiçoamento: não é pequeno o número de policiais que são mandados a fazer cursos no exterior, seja por meio de convênios governamentais ou iniciativas individuais de seus órgãos de origem, seja por meio de seus próprios esforços. Mesmo assim, os ensinamentos obtidos raramente resultam em iniciativas concretas, sendo um dos motivos a dificuldade que os policiais encontram no momento de obter o engajamento da sociedade em seus projetos.

É também notável a dificuldade em trazer disciplina aos eventos críticos: o desequilíbrio das forças policiais presentes, como um todo, é tão visível que faz saltar aos olhos um fato assustador: não se demonstra, no comportamento exibido pelos policiais, a aplicação de rotinas de treinamento.

A coordenação de esforços entre os vários elementos integrantes do sistema de gerenciamento de crises só é obtida em poucos eventos, e mesmo assim à custa de grandes esforços. O negociador, como profissional distinto e claramente identificado, simplesmente não existe nas forças policiais brasileiras, as poucas exceções apenas servindo para realçar a regra geral.

---

50 Leite, 1968.

51 Folha de S. Paulo, junho de 2000.

A negociação é usualmente realizada por policiais cuja patente ou grau hierárquico serve como justificativa única de sua atuação. Normalmente, acumulam o gerenciamento, o comando do GT ou da equipe de resposta à crise (faço a distinção exatamente para diferenciar aqueles profissionais que, minimamente, receberam equipamentos e formação diferenciados daqueles policiais que, corajosa, mas atabalhoadamente, costumam se acotovelar nos eventos críticos) e a própria negociação. Como resultado, não negociam apropriadamente e não conseguem, nas ocasiões em que isso é necessário, realizar ações táticas eficientes.

As comunicações com o PEC são realizadas, em número significativo de casos, por interlocutores não policiais. Esses interlocutores são escolhidos ou tomam a iniciativa em função de sua posição funcional e não de conhecimentos e práticas anteriores. Há enorme confusão com relação a preceitos doutrinários, e não são incomuns casos em que o GGC e o grupo de negociação se confundem num único grupo. Chefes de GT também são negociadores frequentes, dividindo essa atividade com o comando do grupo tático.

Em suma, nossos policiais, de modo geral, não sabem e não gostam de negociar, atividade que é vista como indigna e humilhante. A busca preferencial é pela solução tática do evento crítico.

Interessante também é a postura que nossas Polícias adotam com relação à difusão dos conhecimentos nesse campo, discussão que em breve completaremos. É pensamento bastante disseminado o de que a doutrina e as técnicas devem ser ocultas de todos, somente explanadas a pequeno grupo de iniciados, sob a argumentação de que, se livremente discutidas, os PEC usarão esses conhecimentos em seu próprio benefício – o que limita tremendamente a troca de conhecimentos e demonstra a inexistência de políticas claras de atuação dos negociadores. Este raciocínio tampouco funciona em outros países, em que negociadores experientes, pertencentes ou não aos quadros das Polícias, escrevem (e publicam) excelentes trabalhos sobre o tema, sem que haja prejuízo mensurável ao exercício da negociação como resultado da disseminação do conhecimento.

Interessante mostra de como agem nossas Polícias em eventos críticos é demonstrada num detalhado estudo de caso no qual se comentam as atitudes adotadas por ocasião de uma rebelião em importante presídio baiano[52]. Embora dispondo, em seus quadros, de experientes e conceituados profissionais, citados no referido trabalho, dentre os quais ao menos um tem experiência internacional e grande vivência prática, os autores insistentemente relatam a adoção de medidas de intimidação como estratégia de negociação: não se busca a diminuição do estresse, mas sim a exacerbação do medo como elemento de convencimento dos PEC. O evento crítico foi solucionado: os reféns foram liberados incólumes e ninguém foi morto, o que reforça, de certa maneira, a equivocada adoção dessa metodologia arcaica de limitado alcance, mas entusiasticamente exercida por nossos policiais[53].

Em cursos e palestras, tenho enfrentado situações constrangedoras ao debater esse assunto, pois muitos profissionais recusam-se a aceitar a limitação no uso da técnica, propugnando sua aplicação em todos os eventos críticos, como uma panaceia de ilimitada eficiência, sem examinar as características que definem o evento crítico específico e as eventuais repercussões que podem advir do uso equivocado da "intimidação".

COMO ATUAM AS AGÊNCIAS POLICIAIS
NORTE-AMERICANAS?

É impressionante o aparato destinado aos negociadores e montado pelas Polícias norte-americanas. A cultura policial dos americanos já absorveu, desde a década de 1970[54], a presença de negociadores em virtualmente todos os eventos de que participa a Polícia, ainda que na condição inicial de observadores, aguardando o desenvolvimento de situações potencialmente críticas.

Curiosamente, há uma espécie de encontro anual, realizado em San Marcos, Texas, EUA, no qual uma espécie de competição se realiza entre equipes de negociadores de todo o Estado e de outras localidades norte-

---

[52] Muniz Júnior e outros, 1998.

[53] A intimidação refere-se a um conjunto de atitudes tomadas pelos policiais na busca de atemorizar os PEC, forçando-os à rendição. Entre essas atitudes, tomadas pela Polícia, destacam-se movimentos realizados por pessoal e viaturas nas proximidades do ponto crítico, uso de sirenes e mesmo detonação de granadas de efeito moral. Já testemunhei, entre outros, disparos de tiros para o alto, insultos e ameaças gritados contra os PEC.

[54] Bolz, 1987.

-americanas. Observa-se, entre os competidores, equipes de 15 ou 20 elementos, cujo equipamento inclui duas ou mais *vans* e *trailers* que permitem a acomodação de todos os profissionais, com facilidades, como equipamento digital de rastreamento de telefones celulares, minicentrais de força e luz, equipes de técnicos para reparos emergenciais e outras mordomias inimagináveis para nós.

A par dos recursos materiais, a negociação é vista com uma seriedade que ainda não conhecemos. Não existem poucas associações de classe que reúnem os negociadores e divulgam conhecimentos, sedimentando um arcabouço doutrinário que é rigorosamente seguido pelos profissionais de toda a Polícia estadunidense, fazendo com que pouca ou nenhuma discrepância sobreviva na atuação dos diversos organismos que integram o sistema americano de segurança pública.

As agências policiais tendem a dispor, em sua estrutura, de grupos de negociação, mesmo as das cidades pequenas e médias. A Polícia contrata consultores de várias especialidades, que assessoram os negociadores e passam, em certos casos que rapidamente se tornam regra geral, a fazer parte integrante da equipe de negociadores.

O grupo de negociação é parte integrante do sistema de gerenciamento de crises e nenhuma manobra é sequer discutida sem a sua presença. As ações táticas são planejadas a partir dos dados fornecidos pelos negociadores e pelos atiradores de precisão, considerados os maiores produtores de Inteligência no evento crítico.

Inúmeras publicações dedicadas a assuntos de Polícia produzem artigos sobre o assunto, e pesquisa no *site* da Amazon Books[55] resultará na apresentação de dezenas de títulos – muitos de indiscutível qualidade.

O centro de excelência é a FBI Academy, de Quantico, Virginia, onde são formados os negociadores da Polícia Federal americana e que conta com organismos responsáveis por estudos avançados, que são difundidos a toda comunidade por meio da *FBI Law Enforcement Bulletin* – publicação dirigida a policiais, mas acessível a qualquer um, inclusive por meio de assinaturas[56].

---

[55] www.amazon.com

[56] Que pode ser obtida por meio de solicitação ao Superintendent of Documents, PO BOX 371954, Pittsburgh PA 15250-7954 USA.

O recrutamento dos profissionais que integram os grupos de negociadores é facilitado pela experiência gerada nos muitos anos de atuação: rotinas de avaliação estão disponíveis e permitem a escolha segura dentre policiais que almejam uma carreira respeitada.

Em suma, a figura do profissional negociador, nos quadros e no exercício profissional da atividade de Polícia, é já sedimentada e tradicional.

QUAL O "ESTADO DO CONHECIMENTO" SOBRE A MATÉRIA, NO MOMENTO ATUAL?

Eventos muito próximos no tempo e no espaço são suficientes para demonstrar o desafio que é a solução pacífica de eventos críticos[57]. O simples aparelhamento material dos organismos policiais não é o bastante para tornar mais eficiente seu desempenho, assim como o treinamento tático que muitos insistem ser a missão, por excelência, dos profissionais de Polícia. Infelizmente, dirigentes da Polícia e políticos falham em perceber que carros, armas e equipamentos de última geração são apenas instrumentos, ferramentas, de pouca ou nenhuma validade, se o homem que os usa não for meticulosa e exaustivamente preparado.

É facilmente observável que nossas entidades policiais têm sérias dificuldades em executar determinados tipos de preparação técnica e doutrinária. Os eternos problemas de orçamento, aliados a salários aviltados, produzem um policial cujo nível de exigência profissional é baixo: os poucos cursos oferecidos mudam pouco ou nada sua qualidade de vida, em termos pessoais e profissionais. Além disso, o acesso à aquisição de conhecimentos é deixado a poucos, sendo também problemática a aplicação prática do conhecimento obtido.

Assim, os avanços verificados nos estudos de negociação em crises normalmente estão inacessíveis à maioria dos nossos profissionais, inclusive em função da barreira da língua, pois os estudos que trazem as novidades imediatamente aplicáveis estão quase sempre em inglês.

---

57 Em 09 de agosto de 1995, a Polícia Militar de Rondônia cercou um acampamento do MST, cujos integrantes haviam invadido a Fazenda Santa Elina, no município de Corumbiara, ao sul do Estado. O conflito que sucedeu resultou na morte de nove sem-terra (inclusive uma criança de seis anos de idade), dois policiais militares, ferimentos em 104 invasores e em 27 policiais militares.

Dentro da nova visão que se apresenta, a negociação em crises rapidamente emerge como um campo da ciência comportamental aplicada[58]. Ao contrário do que acontecia nos anos anteriores a 1972, quando os eventos críticos eram resolvidos por meio de duas solitárias abordagens (a exigência pura e simples da rendição do provocador da crise em combinação com a utilização do GT), os profissionais atualizados (e bem equipados técnica e doutrinariamente) dispõem de uma gama considerável de recursos.

Recentemente, pesquisadores começaram a explorar a influência da comunicação na negociação em crises. Diferentemente dos que defendem uma aproximação cada vez maior entre a negociação e a psicologia comportamental, esses pesquisadores examinam a negociação em termos da dinâmica da comunicação entre o PEC e o negociador[59].

Infelizmente, no presente momento, não existem trabalhos compilando teoria, pesquisa e prática de negociações em termos globais. A maioria dos estudos tem alguma influência dos conhecimentos obtidos em eventos relacionados a fanatismo político ou religioso internacional – consequentemente, nenhum livro foi ainda publicado integrando as abordagens comportamentais e de comunicação, examinando, em conjunto, a negociação em crises; havendo, entretanto, trabalhos isolados que apontam em direção a essa interpretação[60].

A confirmação da necessidade de integração entre campos do conhecimento tão distantes dos nossos estudos cotidianos é dada por uma interessante pesquisa coordenada por William Donohue, da Universidade Estadual de Michigan, EUA[61], entre negociadores experientes, membros do Grupo de Resposta a Incidentes Críticos da Academia do FBI em Quantico, Virginia, EUA. Os resultados indicaram que os negociadores buscam, em ordem prioritária, conhecimentos e informações sobre:

a) estratégias de resolução e maiores habilidades nas comunicações com o PEC;
b) ansiedade e emotividade no PEC;

---

58 Rogan, Hammer e Van Zandt, 1997.

59 McMains e Mullins, 1996.

60 Rogan, Hammer e Van Zandt, 1997.

61 Rogan, Hammer e Van Zandt, 1997.

c) estratégias de construção do *rapport*[62];
d) identificação do perfil psicológico do PEC;
e) a diversidade cultural e suas influências na negociação.

A conclusão da pesquisa parece ser bastante clara e é expressa pelos autores em termos cristalinos: existe uma necessidade, definida na prática profissional, de maior integração dinâmica entre fenômenos psicológicos e de comunicação que influenciam a negociação em crises.

---

[62] *Rapport*, segundo Chaplin, 1981, é o nome que se dá a uma relação calorosa e próxima entre dois indivíduos numa situação psicológica.

OPERACIONALIZANDO A ATUAÇÃO DO NEGOCIADOR

A negociação não se inicia no momento em que o negociador se vê frente a frente com o PEC. Na verdade, há toda uma preparação que começa na conscientização das instituições com relação ao tema – e a Polícia não é, nem de longe, a principal envolvida nesta preparação.

É necessária uma contextualização da negociação, de forma que exista uma política de atuação que dirija o trabalho do negociador, presumindo, necessariamente, a existência de um sistema de gerenciamento de crises, permanente, fundamentado em lei e integrado por representantes do governo estadual ou federal, em suas várias instâncias, Ministério Público e Judiciário, além de outros organismos cujas atividades, ou gama de ação, sejam potencialmente relacionadas a eventos críticos.

São Paulo, Distrito Federal, Paraná, Goiás, Ceará, Rondônia, entre outros, possuem legislação que contempla essa possibilidade, mas em nenhum desses Estados, pioneiros no campo, existe uma orientação mínima, claramente expressa, que possa ser utilizada como definidora de políticas de negociação, o que obriga os profissionais da área a frequentemente improvisar e negociar não só com o PEC, mas também com os diversos organismos envolvidos no evento crítico.

Em nome de uma pretensa (e absolutamente infundada) intenção humanitária, nada se define: praticamente tudo se torna negociável desde que se vislumbre, pelas autoridades, a mera possibilidade de solução da crise, seja essa possibilidade realística ou não. Esse é o motivo de fugas de presídios terem sido permitidas, reféns terem sido levados por seus captores, armas terem sido entregues à PEC, enfim, os provocadores sabem que não há limite às suas exigências e, por tentativa e erro, "testam" a competência do GGC, obtendo, eventualmente, significativas vantagens estratégicas que tornam, muitas vezes, inviável a negociação eficiente[63].

Caso houvesse tal política de negociação, com instruções claras, específicas e amplamente divulgadas[64], haveria uma sólida base para diminuir as expectativas, frequentemente exageradas, dos PEC em relação às suas possibilidades de garantir vantagens como as expostas. Evidentemente, não se trata de pura e simplesmente exigir o respeito às leis, as quais, de resto, são contempladas na premissa inicial do gerenciamento de crises: salvar vidas e aplicar as leis, nesta ordem.

Infelizmente, a realização de tal política implicaria discussão de temas cujo consenso, se houvesse, seria penosamente obtido. Ainda estamos na fase de convencer a comunidade de que a Polícia não é órgão decisório, mas sim executor da vontade e dos anseios dessa comunidade, que deve tomar para si as decisões a respeito da amplitude da atuação da sua Polícia. Cabe aos policiais insistir, junto aos organismos que detêm o poder de decisão nos eventos críticos, por claras definições a respeito dessas dificuldades no momento mesmo da crise, de forma que as concessões sejam definidas não pelos policiais, mas sim pelo GGC, funcionando o negociador como assessor do grupo de gerenciamento em relação às possíveis evoluções do evento crítico em cada situação.

Infelizmente, essa postura leva a distorções que são, de forma relativamente frequente, erroneamente interpretadas pela sociedade e pela imprensa: a hesitação em usar o atirador de precisão pode levar a situação a graus surrealistas de violência; a troca de reféns desestabiliza o evento crítico, mas é alternativa constantemente contemplada.

É forçoso dizer que muitos desses equívocos são adotados devido ao pobre conteúdo doutrinário da maioria dos policiais encarregados da resposta à crise. Mas mesmo negociadores experientes e bem treinados ficarão à mercê de eventos cuja dinâmica é basicamente imprevisível, obriga-

---

63 É justo notar que essas falhas estão ocorrendo em número cada vez menor. O atual foco de problemas em gerenciamento de crises é visto em rebeliões em estabelecimentos prisionais e movimentos sociais, principalmente ocupações de terras.

64 Como exemplos: em nenhum caso será permitida negociação que envolva a fuga de presidiários (mesmo que reféns sejam capturados e ameaçados para tal fim) ou a entrega de armas a PEC; o GGC utilizará todos os meios para garantir a integridade física das pessoas capturadas, inclusive a força letal por meio dos GT e da integralidade de seus recursos, entre os quais, o *sniper*.

dos a assumir compromissos cuja evolução pode fugir ao seu controle e a convencer, no momento mesmo da crise, integrantes de GGC a respeito de questões doutrinárias, numa perda de tempo e de recursos cujos resultados serão normalmente desfavoráveis à solução eficaz da crise.

Eventualmente, a política de negociação contemplará mesmo a flexibilização de seus fundamentos em função da repercussão social, política e econômica dos eventos críticos, que não pode ser posta de lado em todas as ocasiões. Mas é preciso que haja um posicionamento.

A POSTURA DO NEGOCIADOR

A conjuntura que discutimos no início deste capítulo, quanto ao posicionamento dos policiais brasileiros em relação à negociação, pode servir como prenúncio das dificuldades em se exercitar a atividade. Voltados exclusivamente para o comando das operações, os policiais que têm acesso a cursos sobre gerenciamento ou negociação em crises evitam sistematicamente atuar como negociadores, antes preferindo o desempenho mais confortável de gerentes da crise, ou de integrantes do GT.

Em várias situações, a negociação fica distante da Polícia em função da presença, no ponto crítico, de elementos influentes que tomam para si o encargo – com o beneplácito dos policiais, normalmente arredios à função. Em outros casos, policiais de alta hierarquia ou patente encaram o desafio estando ou não preparados para tanto.

Tudo isso se transforma em óbice para o profissional negociador. Encarado como elemento coadjuvante no processo do gerenciamento, tende a ser tratado como um mero transmissor de recados entre o GGC e o PEC, não se admitindo sequer que estabeleça estratégias e táticas de condução do processo de negociação, que fica a cargo do humor do encarregado do GGC.

O autor já participou de eventos em que, antes mesmo de receber qualquer exigência do provocador, foi instruído a "dar a eles o que quer que peçam" – clara demonstração de completo desconhecimento a respeito de mínimos conteúdos do assunto. Isso ensina que o negociador tende a negociar, primeiramente, não com o PEC, mas sim com os integrantes dos GGC, muitas vezes para lhes ensinar técnicas e procedimentos que desconhecem. Em não poucas oportunidades, foi preciso também impor autoridade e exigir a participação ativa nos rumos do processo, ensinando, no próprio momento da crise, conceitos necessários a um mínimo entendimento do método a ser aplicado.

Evidentemente, esse posicionamento exige uma certa representatividade que nem sempre é permitida a todos, especialmente em organizações policiais fortemente influenciadas por preceitos de hierarquia. Há situações em que um superior hierárquico simplesmente ordena e não aceita contestações: a sobrevivência funcional pode determinar, neste instante, a simples obediência cega a ordens notoriamente estúpidas.

Pelo fato de ser integrante da Polícia Federal e exercer a negociação quase sempre em crises cuja responsabilidade de atuação é das Polícias estaduais, estive razoavelmente imune a tal situação, pois, em nome da manutenção do bom relacionamento entre instituições, consegui participação ativa e adesão às estratégias que tracei. Entretanto, esta é uma situação particular que não representa a média dos problemas enfrentados pelos policiais que desejam atuar tecnicamente como negociadores.

Uma necessidade imperiosa é a de estruturar grupos de negociação formalmente definidos e guiados por uma doutrina de atuação – o que pode ser conseguido mediante um (por vezes lento) trabalho de convencimento, em que se demonstre, inclusive, o caráter econômico da adoção de soluções negociadas dos eventos críticos. Devem ser esperadas resistências ferozes, pois a mentalidade reinante é a de que a ação tática é simplesmente indispensável – em todos os casos.

Indubitavelmente, os maiores problemas ocorrerão no momento do evento crítico. Os policiais responsáveis pelo GGC tendem a sequer imaginar uma situação em que o comando das operações lhes escape das mãos, e mesmo o GT, eventualmente, fica em situação realmente constrangedora, à mercê de gerentes de crise que imaginam poder controlar todos os detalhes de um evento crítico, desconhecendo o caráter de emergência de certas medidas que por si só exigem autonomia dos chefes dos GT[65] – o que nos leva a novamente reforçar a necessidade de se estabelecer uma política de atuação que defina claramente o papel de cada um dos atores presentes no sistema de gerenciamento de crises.

---

[65] Não confundir essa autonomia com os atos estabanados de policiais que decidem agir extemporânea e imprudentemente em determinadas crises, demonstrando a incompetência e inabilidade de seus superiores, incapazes de adotar padrões mínimos de efetividade e eficiência em seus grupos e expondo a inexistência de rotinas de treinamento e de planificação.

O negociador, por tudo isso, obriga-se a uma postura ética de afirmação profissional, por vezes aparentemente arrogante, mas que visa o exercício sério de uma atuação voltada para a finalidade maior de todos os presentes no evento crítico: salvar vidas. A firme recusa em compactuar com erros e a insistência em aplicar a doutrina e os conhecimentos deve ser sempre considerada e exercida vigorosamente. Os resultados poderão trazer algum desconforto momentâneo, mas serão certamente muito menos desagradáveis do que a perda de vidas que pode suceder a erros comumente observados.

O negociador precisa ser elemento de influência, e não coadjuvante obediente. Precisa se impor pelo conhecimento e pela coragem de efetivamente exercitar seu mister.

EQUIPAMENTOS

Muitos imaginam que a negociação é uma atividade que depende única e exclusivamente da capacidade dialética de seus executores. Própria do nosso posicionamento cultural, essa postura é responsável por uma das mais nefandas características das negociações que realizamos no Brasil: o desenrolar é caótico, registros não são feitos, demandas dos PEC são simplesmente esquecidas, estratégias de médio e longo prazos não são montadas, erros crassos são repetidos em eventos semelhantes que ocorrem no espaço de poucos dias.

O negociador deve partir do pressuposto de que seu trabalho depende em grande parte da interpretação de dados que são claramente expressos no decorrer dos eventos críticos. O registro e a correta leitura desses dados serão elementos fundamentais na condução da sua estratégia de trabalho.

O melhor instrumento para armazenamento e recuperação de dados é o computador. Desde há muito, o autor se habituou a levar o computador portátil a todos os lugares, por isso ele já faz parte do seu equipamento mínimo. Eu o faço acompanhar por diversos modelos de conectores para linhas telefônicas e filtros de linha, além de modem GSM, de modo a poder me conectar à internet em qualquer lugar em que existam condições para tanto. Mantenho um pequeno banco de dados com nomes e endereços de policiais de várias regiões do País, e sempre que isso se torna necessário eu lhes peço algum tipo de apoio. Para efeitos de segurança dos dados (*backup*), uma mídia de armazenamento de alta capacidade é recomendável. Material de limpeza apropriado e CDs ou DVDs[66] de reserva devem ser incluídos.

O evento deve ser documentado por meio do maior número de recursos que estejam disponíveis: fotografias, gravações de áudio, anotações escritas. O grupo de negociação deve realizar os registros de tal maneira que possam ser estudados não só pelo próprio grupo como também pelo GT, na preparação da ação tática. Dessa forma, alguns equipamentos podem ser já identificados.

Máquinas fotográficas e filmadoras, com lentes que permitam fotografias a longa distância e em condições adversas de iluminação, são essenciais. As imagens devem ser produzidas em caráter reservado pela equipe e nunca pelo negociador, pois poderão ser interpretadas pelo PEC como atitude hostil, prenunciadora de ações táticas.

Gravadores, do tipo utilizado pela imprensa, também são muito úteis não só na gravação dos diálogos com o PEC (mais uma vez recomendo que isso somente seja feito sem o conhecimento do provocador), mas também como recurso para notas que depois serão passadas para o papel. Dos elementos que participam do evento crítico, talvez seja o negociador o que mais escreve – o que indica a necessidade de se prever, no rol de equipamentos, canetas de diferentes cores, marcadores de texto, lapiseiras, borracha de apagar, blocos, pranchetas e material para a elaboração do QS/QI, que discutirei a seguir.

O grupo de negociação precisa estar em constante contato com todos os integrantes do GGC. Assim, na sala dedicada ao grupo de negociação, deve haver uma estação fixa capaz de transmitir e receber em todas as frequências utilizadas no evento crítico. O negociador deverá estar de posse de equipamento individual de comunicações, para imediato conhecimento das medidas em curso. Novamente, advirto para uma cautela essencial: esse equipamento individual não deverá ser levado aos contatos com o PEC, exceto se houver uma necessidade estratégica para tanto – a não observância deste preceito pode tornar o PEC conhecedor de detalhes não desejáveis. Baterias extras e carregadores em número suficiente devem estar incluídos.

---

[66] Todos os dados referentes à gravação devem ser entendidos num contexto em que a modernização impõe a flexibilidade: tanto computadores como filmadoras e câmaras fotográficas podem utilizar *pen drives* ou CDs e DVDs para gravação de seu conteúdo – é simplesmente impossível prever se uma nova mídia será criada nos próximos meses.

A base de trabalho do grupo de negociação deverá estar nas proximidades do GGC e ser especificamente destinada a essa finalidade. Idealmente, o local deverá dispor de facilidades como sanitários, mesas, cadeiras e duas linhas telefônicas, uma delas dedicada exclusivamente ao contato com o PEC; esta linha deverá estar interceptada por equipamento que permita a escuta ambiente e a gravação dos diálogos. Os trabalhos não devem ser interrompidos por falta de mídias de armazenamento de áudio, por isso o negociador deve sempre manter um estoque apropriado.

Filmagens servem como recurso de trabalho e como fonte de estudos, por isso todo evento crítico deve ser filmado. Este recurso possibilita a revisão dos comportamentos do negociador e do PEC, assim como a constatação eficiente da ocorrência da Síndrome de Estocolmo. A filmadora, dois gravadores (um deles exclusivamente dedicado às filmagens do evento e o outro para gravação de eventos jornalísticos de interesse) e dois aparelhos de televisão permitem também a gravação e o estudo das matérias apresentadas na imprensa sobre o caso, e que podem, eventualmente, determinar revisões na estratégia adotada. Baterias sobressalentes para a câmera de vídeo e ao menos seis unidades de mídia de armazenamento completam essa parte.

Binóculos são úteis para visualizar detalhes do ponto crítico: o posicionamento e maneirismos do PEC, características de seu armamento e seu comportamento em relação às pessoas cativas.

A realidade nacional obriga a que muito do trabalho de base seja feito pelo próprio negociador (instalação e pequenos ajustes em equipamentos elétricos ou eletrônicos e outros); por isso, ferramentas multiuso (como os *pliers* da Gerber e *Leatherman*[67]) e jogos de chave de fenda devem estar disponíveis.

Nossos policiais têm uma irritante tendência a descuidar-se de implementos destinados ao conforto e ao bem-estar pessoal. O estado de permanente prontidão exigido do negociador indica que uma bolsa ou mala, contendo produtos de higiene (sabonete, escova e pasta de dentes), mudas de roupa suficientes para pelo menos três dias e um par de tênis, deve estar sempre ao alcance das mãos. Além desses componentes, minha bolsa ainda guarda uma jaqueta, um lençol e toalhas – não poucas vezes fui chamado a trabalhar e tive de me deslocar até o aeroporto para longas viagens em

---

67 *Pliers* são aqueles alicates que escondem em seus cabos várias outras ferramentas.

prazos de menos de duas horas, o que simplesmente impede a montagem de uma mala mais bem elaborada.

Um veículo para transportar a equipe deve também ser adequado ao transporte do equipamento, exceto quando a sua organização tenha fundos suficientes para adquirir uma caminhonete exclusivamente para isso.

Existem equipamentos e sistemas exclusivamente desenvolvidos para o uso em negociação. Entretanto, foge ao nosso escopo a discussão acerca desse material.

Duas advertências importantes: os custos desses equipamentos são significativos e muitos policiais experientes tenderão a dizer que se trata de um exagero, pois se acostumaram a trabalhar em ambiente hostil e sem nenhum recurso técnico. Entretanto, para o desempenho profissional da tarefa em estudo, diminuindo-se a possibilidade de erros devidos ao estresse ou a interpretação equivocada de dados, há necessidade de algum suporte. Finalmente, nenhum equipamento suplanta o preparo técnico e doutrinário do negociador. Em boa parte dos casos em que atuei, pude dispor de nada mais que a lembrança dos estudos – foram solucionados, mas a cada momento senti falta de um ou outro recurso, entre os quais lápis, papel e uma mesa (ou seja, o mínimo indispensável).

NEGOCIAÇÃO E IMPRENSA

Uma das etapas mais críticas do gerenciamento de crises é aquela dedicada ao relacionamento com a imprensa. Dependendo da magnitude assumida pelo evento ou do interesse despertado pelos elementos que o compõem (sejam PEC, reféns ou vítimas ou até o ponto crítico), a mídia dedicará intensa cobertura e explorará todos os recursos disponíveis, na busca de material para suas reportagens.

O negociador precisa ficar alerta em relação aos rumos que toma a cobertura do evento crítico, inclusive exercitando a previsão de repercussões advindas de determinadas informações que possam estar sendo destinadas, pelo responsável pela assessoria de imprensa do GGC (que denominamos ECS), aos órgãos da imprensa. Qualquer dado capaz de revelar ou antecipar ações táticas ou estratégias de negociação deve ser cuidadosamente filtrado, pois os jornalistas não dispõem do treinamento necessário para fazer a distinção entre fatos que podem ou não causar prejuízo aos trabalhos – consequentemente, publicam tudo que lhes cai às mãos, não sendo raros casos de coberturas ao vivo de crises nas quais os PEC dispunham de facilidades de comunicação (rádios, aparelhos de televisão ou telefones) e acompanhavam em tempo real as matérias sobre o assunto[68].

A forma mais técnica de lidar com esses fatos é a montagem de uma assessoria de imprensa, cuja missão específica é manter os jornalistas bem informados. Atuando em estreita ligação com o GGC, essa assessoria seria responsável por um trabalho extremamente sensível, em que buscaria o equilíbrio entre a necessidade e a obrigação de informar[69] e os cuidados com a disseminação de informações potencialmente perigosas, capazes de colocar em risco a segurança das pessoas capturadas ou dos integrantes do sistema de gerenciamento de crises.

O negociador precisará estar presente nas reuniões do ECS com o GGC, destinadas à liberação de notas oficiais, que devem ser redigidas regularmente e são uma alternativa mais interessante do que as entrevistas, nas quais jornalistas bem treinados e experientes são capazes de extrair informações críticas mesmo de profissionais vividos.

---

68 Durante revolta ocorrida no estabelecimento prisional então denominado CEPAIGO, em Aparecida de Goiás/GO, reportagens ao vivo foram atentamente acompanhadas por reféns e PEC – inclusive uma matéria jornalística, amplamente divulgada, revelando que Leonardo Pareja, um dos revoltosos e interlocutor frequente entre o GN e o PEC, seria homossexual. No momento da divulgação desses dados, os amotinados ainda mantinham capturados de ambos os sexos e tinham rádios FM e AM, telefones celulares e aparelhos de TV. Recentemente, durante o sequestro do compositor Wellington de Camargo, parte da imprensa encampou a versão (falsa, mas intensamente dramática) de que familiares próximos estariam envolvidos no crime, provocando uma reação furiosa dos bandidos que redundou em bárbara mutilação do refém, supostamente no afã de demonstrar a seriedade de suas intenções, conforme mais tarde declarou um dos criminosos.

69 A imprensa é uma instituição *sui generis*: não existe histórico de liberdade de imprensa em países totalitários, os quais sistematicamente violam a liberdade de expressão e o direito dos cidadãos de se manterem informados. Ao contrário, nos países democráticos a imprensa é figura indispensável à manutenção do estado de direito. Entretanto, não só de forma pontual, por meio de um ou outro mau profissional como, por vezes, de maneira sistêmica, a imprensa presta-se a verdadeiros massacres de impossível reparação, como no caso dos proprietários e funcionários de uma escola de São Paulo, acusados de violência sexual contra alunos do estabelecimento. Indiretamente, eu mesmo fui acusado de prolongar o sofrimento do compositor Wellington de Camargo ao "insistir com a família pelo não pagamento do resgate". Na realidade, os criminosos exigiram um resgate impagável, distante das possibilidades de momento dos familiares do refém, dentre os quais cantores renomados, donos de considerável patrimônio que nunca sequer cogitaram em não atender exigências viáveis em troca da liberdade de Wellington.

A imprensa pode funcionar como valiosa fonte de colaboração, principalmente quando a política de atuação do GGC, por qualquer motivo, deva ser difundida ao PEC e não se possa fazê-lo pelas vias regulares: a opção pela resolução pacífica do evento ou a impossibilidade do atendimento de certas reivindicações são exemplos de dados que, se repassados à imprensa, podem chegar ao provocador de maneira mais suave e crível do que se transmitidos pelo negociador.

Uma estratégia interessante seria a de convidar repórteres especialmente receptivos para reuniões de trabalho, em que seriam tratadas estratégias de resolução de problemas anteriormente detectados. Outra medida relevante e cujos resultados certamente excederão as expectativas: convidar repórteres para simulações. Inverta os papéis: explique conceitos básicos de negociação em crises, coloque o repórter como gerenciador do evento e designe policiais para atuar como jornalistas.

O autor é favorável a uma estratégia de discrição cujos resultados têm sido satisfatórios: não aparecer para a mídia, deixando as luzes para o pessoal do GT ou do GGC, aliás, muito mais procurados pelos jornalistas. Qualquer manifestação do negociador é potencialmente perigosa, em virtude de sua posição de destaque no evento crítico: suas declarações, mesmo equivocadas, não poderão ser desmentidas por nenhum integrante do GGC, sob pena de desacreditar o profissional cujo desempenho se baseia também na credibilidade que adquire junto ao PEC, sendo então a única alternativa para a continuação dos trabalhos o seu afastamento, com todos os prejuízos que isso certamente causará.

NEGOCIAÇÃO E INTELIGÊNCIA

Ao nos referirmos a "inteligência", queremos fazê-lo na acepção dos organismos de segurança, para os quais esta é a palavra que indica a informação em estado interpretado, processada e pronta para consumo imediato de seus usuários[70].

---

[70] Fiz uma extensa abordagem das particularidades (e inúmeros problemas) da atividade de inteligência no DPF, em trabalho destinado para conclusão do XII Curso Superior de Polícia (Salignac, 1998). Infelizmente, não posso dizer que houve progressos na área desde então, malgrado o esforço de alguns dos profissionais que militam na área.

Lamentavelmente, ainda não nos liberamos dos tremendos malefícios causados pelos governos de exceção, que se valiam da então denominada Atividade de Informações como meio de controle político dos cidadãos e das instituições, num erro estratégico cujas repercussões ainda hoje prejudicam a atuação dos órgãos de segurança: viciados pelo uso indevido e equivocado, os profissionais de inteligência tornaram-se execrados nas Polícias, confundidos com delatores, alheios às necessidades cotidianas da Polícia, incapazes de atuar em conjunto com seus companheiros.

Efetivamente, muito lentamente e em função do esforço pessoal de alguns, em determinado momento os profissionais de Polícia perceberam que precisavam modernizar a atividade de inteligência, fazendo dela uma ferramenta em defesa de sua própria segurança e da comunidade, passando a utilizar metodologias modernas de processamento e recuperação de informações. Como resultado de décadas de distorções, somente agora as Polícias estão aprendendo a fazer inteligência voltada para o combate ao crime, e não exclusivamente dedicada ao conhecimento das preferências políticas dos cidadãos.

Assim, só recentemente a Polícia libertou-se da incômoda e inútil obrigação de fazer inteligência exclusivamente voltada para assuntos de ordem política e social – aliás, completamente inútil à sua missão legal. Como decorrência dessa mudança, sofisticadas quadrilhas de traficantes internacionais vêm sendo sistematicamente desbaratadas, após anos de cuidadoso trabalho de correlação de informações e com o uso intensivo de complexos equipamentos e cansativas investigações.

Os mesmos recursos devem ser utilizados em proveito da negociação. O conhecimento de determinadas particularidades do PEC representa inestimável vantagem para o negociador, que poderá traçar sua estratégia de trabalho de forma mais segura e eficiente. A obtenção de todo e qualquer fragmento de conhecimento sobre o PEC, reféns e vítimas deve ser imediatamente repassada ao grupo de negociação, antes mesmo de seu processamento pelos órgãos de inteligência da Polícia.

Sendo voraz consumidor de inteligência, o negociador é também importante produtor da matéria – inclusive pelo fato de que será o único elemento com contato direto com o PEC, podendo interagir com o GT na montagem da ação tática, que discutiremos mais tarde.

É relevante, entretanto, que o negociador seja também responsável pela difusão imediata, a todo o GGC, dos conhecimentos obtidos durante o evento crítico. Uma alternativa bastante prática será a seguir discutida.

Quadros de situação[71]

Os negociadores executam um número significativo de atividades durante o desenrolar da negociação em uma crise. Essencialmente, devem se comunicar com criminosos e indivíduos perturbados ou irracionais, ao mesmo tempo em que executam as diretrizes do GGC, retransmitindo-as e também anotando informações obtidas durante suas entrevistas com o PEC e, eventualmente, com as pessoas capturadas.

O resultado do gerenciamento da crise frequentemente depende do grau de sucesso do negociador em manipular e disseminar essas informações. Negociadores experientes reconhecem que coletar, armazenar e recuperar informações torna-se, por vezes, um empreendimento monumental: suas áreas de trabalho durante a crise são descritas como amontoados de notas, fichas e rascunhos que se avolumam em todas as superfícies disponíveis. Sem um processo sistemático e predefinido de recuperação, o negociador deverá procurar em massas incompreensíveis de material escrito para localizar, quando necessário, as informações relevantes.

Quadros de Situação ou Quadros de Incidente (QS/QI) são uma solução para este problema inevitável[72]. Os QS/QI são nada mais do que grandes folhas de papel (o papel pardo, facilmente encontrado, serve perfeitamente). Recortados e afixados nas paredes, nas proximidades ou à vista de todo o grupo de negociação, esses quadros fornecem acesso imediato a informações cruciais relativas ao incidente – ao mesmo tempo em que permitem, aos demais integrantes do GGC, visualização de informações no momento em que são processadas.

Ainda que importantes, os QS/QI de forma alguma eliminam a necessidade de se manter um roteiro atualizado dos eventos que ocorrem durante o incidente crítico: ao contrário, devem funcionar como um instrumento de recuperação imediata de dados. Adicionalmente, um QS/QI permite aos integrantes do GGC que eventualmente chegam ao local do incidente crí-

---

[71] Veja-se, a esse respeito, o notável artigo de Duffy, 1997.

[72] Desenvolvido pelos negociadores do FBI, esse método rapidamente transformou-se em padrão (Duffy, 1997).

tico o conhecimento dos detalhes amplos do caso, sem que precisem para isso interromper as atividades dos demais.

Cada QS/QI deve ser dedicado a uma única categoria de dados. Na medida em que avancem as negociações, um membro do grupo de negociação anota, de forma legível e no quadro apropriado, os registros adequados. Escrever em letras grandes com marcador preto para papel facilita a legibilidade a distancia.

Como resultado de sua experiência na atuação em eventos críticos, os negociadores do FBI identificaram vários tópicos que podem ser usados como cabeçalhos dos QS/QI: PEC, refém/vítima, armas, prontuário médico, exigências, prazos finais, ações positivas e/ou negativas da Polícia, plano de entrega, local, interlocutores não policiais, plano de rendição, plano de fuga, coisas a saber, coisas a evitar, telefones importantes. Como cada crise tem aspectos particulares que as tornam profundamente diferentes entre si, o tipo e a quantidade de informações ditam o número e a característica dos tópicos dos QS/QI.

No campo PEC, deve-se anotar o nome, descrição física, vestimentas, objetivos, vínculos com os reféns ou vítimas, estado de saúde, prontuário criminal, perfil psicológico (inclusive avaliação atual) e armas. As armas eventualmente em poder do PEC representam uma preocupação óbvia do GGC. Assim, o tipo de arma, quem a detém e sua localização no local da crise, além de indicação de quem a identificou, são dados que devem constar de uma referência cruzada deste campo com o quadro Armas.

As informações sobre reféns ou vítimas incluem nomes, descrição física, vestimentas[73], vínculos com os captores, estado de saúde e prontuário médico, além de qualquer outro dado que possa ser obtido pelos Policiais e capaz de auxiliar na resolução da crise (relevante inclusive à caracterização dos capturados como reféns ou vítimas, com QS/QI individualizados para cada categoria). Na realidade, os Negociadores precisam saber o máximo possível, tanto sobre PEC como sobre os capturados, e os QS/QI permitem visualizar de pronto os dados obtidos.

A montagem de um QS/QI para História Médica e/ou Medicações Prescritas dá ao grupo de negociação acesso imediato aos problemas médicos

---

73 É mister enfatizar que nenhuma ação tática deve se basear na vestimenta utilizada por captores e capturados. Parece óbvio, mas há eventos críticos em que operações relativamente simples frustraram-se em virtude de troca de roupas entre captores e capturados.

conhecidos, o que pode ser utilizado para liberar um capturado ou para proceder ao encaminhamento de medicamentos eventualmente necessários. Além disso, os negociadores podem usar os problemas médicos para viabilizar a liberação de enfermos, antes que sua condição se deteriore a ponto do risco de morte.

O QS/QI Exigências registra todas as demandas do PEC, os horários em que foram feitas, as providências adotadas pelo gerenciador da crise e o tempo decorrido entre cada uma delas. Ao mesmo tempo, devem ser anotados, em quadro à parte, os Prazos Finais dados pelo(s) PEC. Este quadro mostrará o horário e a data de cada Prazo Final, o nome ou identificação do PEC que o deu e a resposta dada pelo GGC. Idealmente, os prazos são fornecidos pelo PEC ao negociador e imediatamente anotados no quadro específico.

As Ações Positivas Adotadas pela Polícia são vitais para a resolução do evento crítico. Essas ações apenas indicam as atitudes positivas ou mesmo simplesmente não hostis tomadas pela Polícia em relação ao PEC. Assim, o QS/QI sobre o tema deve conter a data e o horário de cada entrega de alimentos ou medicamentos, eventuais movimentações do GT em atenção a pedidos do provocador, assim como todos os contatos com o PEC feitos pelos negociadores ou por qualquer intermediário.

Outros comentários podem também podem ser anotados no QS/QI Ações Positivas Adotadas pela Polícia: nenhuma arma apontada para o PEC; GT não foi acionado. Evidentemente, policiais não pertencentes aos grupos de negociação ou ao GGC tendem a não interpretar positivamente esta aparente falta de ação – mas o PEC sim, pois seu maior temor é a ação tática, estando constantemente atentos a essa opção da Polícia.

O número de QS/QI usados para registrar informações relativas à entrega de itens ao local da crise reflete sua importância para o grupo de gerenciamento. Em primeiro lugar, entregas de medicamentos ou alimentos são consideradas ações positivas da Polícia. Essas informações são também cruzadas com outras referentes à entrega de roupas ou meios de comunicação a serem utilizados entre negociador e captor[74]. Intitulado de

---

[74] O FBI preconiza contatos indiretos entre negociador e captor(es), com utilização de linhas telefônicas privadas ou rádios criptografados, não admitindo o contato face a face. Há certa controvérsia em relação a este tópico, e particularmente creio que em não poucas situações as vantagens advindas da distância física existente entre o negociador e seu interlocutor diluem-se na maior dificuldade em se estabelecer um vínculo entre

plano de entregas, este quadro serve como esboço do plano de entregas. O detalhamento do plano não só assegura a coordenação entre os negociadores e GT, mas pode, ao mesmo tempo, revelar eventuais fraquezas no posicionamento do PEC.

O QS/QI Entrega de Itens ao Local da Crise também lista data e horário das entregas, itens entregues e quem os recebeu. Finalmente, ao fazer as entregas, os integrantes do GT obtêm dados de inteligência sobre o provocador, situação e características do ponto crítico, entre outras. Podem perceber, por exemplo, que seus calçados produzem ruídos no contato com o solo, com prejuízos para uma eventual ação tática. Essa informação, por sua vez, deve ser anotada num quadro à parte.

Outro QS/QI descreve o Local da Crise em termos táticos. Ou seja, membros do GT atribuem a cada lado do prédio uma cor, cada andar recebe uma letra e cada abertura (janela ou porta), um número. Normalmente, a frente do prédio é chamada lado branco, a parte de trás é denominada lado preto, a esquerda é denominada lado verde e a direita lado vermelho[75]. Os andares devem ser designados de baixo para cima, iniciando com o segundo caractere do código fonético (bravo). Da esquerda para a direita, cada janela e porta receberão um número, iniciando com 1. Exemplo: a terceira abertura, no segundo andar, lado da frente de um edifício denomina-se branco/charlie/3 (ou, como é mais comum, BC3).

Se existe a possibilidade de se utilizarem intermediários ou interlocutores, deve-se montar o QS/QI Interlocutores, dedicado a registrar a lista de nomes e números telefônicos para contatá-los. O grupo de negociação pode, então, entrevistar os elementos com potencial e constatar sua utilidade na resolução da crise.

Tão logo quanto possível, após o início das negociações, o GT encaminha ao grupo de negociação um plano de rendição (que discutiremos à frente), a ser utilizado caso os captores resolvam se entregar. Um mem-

---

as partes. Há também um componente sociocultural nessa medida: nós, os brasileiros, valorizamos sobremaneira o contato face a face, o diálogo, os gestos. Dependendo também de fatores outros (grau de instrução, distúrbios físicos ou psicológicos), a utilização de tais artifícios também sai prejudicada. Mas é inegável a necessidade de se examinar, ao menos, a hipótese do contato à distância.

75 O referencial para estas anotações é usualmente fornecido pelos *snipers*, cujas funções, vitais no grupo de assalto e mesmo no planejamento da negociação, são por demais extensas para serem aqui debatidas.

bro do grupo deverá listar, num QS/QI Plano de Rendição, a mecânica do plano. Pode ser embaraçoso para a Polícia e potencialmente desastroso para toda a operação se alguém desejar se render e ninguém souber o que fazer: para onde levar o PEC? Para onde conduzir os reféns ou as vítimas? Como identificar cada um? Em que lugares e por quem? Eventualmente, a rendição pode ser prejudicada e o captor desistir de seus intentos, caso não exista tal planejamento.

Como regra geral, os negociadores buscam advertir os reféns ou vítimas sobre os riscos de uma tentativa de fuga. Mas se perceberem que eles estão planejando escapar, os negociadores e o GT vão desenvolver um QS/QI denominado Plano de Fuga. Sua preocupação primária reside na segurança dos capturados, que podem se ferir se cometerem erros na tentativa de fuga. O QS/QI Plano de Fuga permite ao grupo definir o método e as vias de escape, o número de capturados que fugirão e uma descrição de suas vestimentas. Como precaução, o GT deve tratá-los com as cautelas que adotaria no caso de detenção de captores, até que suas verdadeiras identidades sejam definidas.

Os negociadores também podem usar os QS/QI para registrar fatos que precisam saber e coisas específicas que devem ser evitadas. No quadro Necessário Saber, o negociador deve anotar as questões que o grupo deve resolver para solucionar a crise, o que pode variar sobre o desejo do PEC de saber notícias sobre seus familiares que necessitem de algum tipo de auxílio até como o provocador conseguiu dominar o ponto crítico. No quadro Coisas a Evitar, devem ser listados os tópicos que os negociadores não devem discutir em nenhuma hipótese, sendo exemplos um doloroso divórcio enfrentado pelo PEC ou sua recente demissão do trabalho.

Os policiais do grupo de investigação deverão buscar esses conhecimentos em investigações paralelas, que ocorrem durante o desenrolar da crise. Este quadro também deve incluir Ações a Serem Evitadas: o provocador pode ter exigido dos negociadores a retirada do GT das proximidades de onde está. Se o gerenciador da crise concordou e determinou a retirada do GT, isso deve ser anotado no quadro Ações a Evitar (presença do GT), com uma referência cruzada no quadro Ações Positivas da Polícia.

Finalmente, um quadro para Números Telefônicos Importantes dá ao negociador imediato acesso a pessoal e fornecedores de equipamentos. Devem ser incluídos números comerciais, residenciais, fax, celulares.

Nenhum negociador deseja trabalhar numa crise dispondo apenas de informações fragmentadas. O tempo despendido na localização de um dado em particular pode resultar em sérias consequências para toda a operação. Ao mesmo tempo, a resolução bem-sucedida de qualquer crise reside na habilidade, dos negociadores e membros do GT, de se obterem e difundirem, com presteza, informações.

Fáceis de serem montados e mantidos, os QS/QI permitem aos envolvidos na solução do evento crítico localizar informações vitais quase instantaneamente. Isso pode ser decisivo quando vidas estão em jogo e cada segundo conta.

APÓS O EVENTO CRÍTICO

O desenlace de um evento crítico representa um imenso alívio para o negociador, qualquer que tenha sido o resultado final de seu trabalho. Entretanto, este resultado pode trazer sentimentos conflitantes, caso o saldo tenha sido negativo em qualquer aspecto: o alívio pelo término da situação se somará à intensa frustração e culpa em caso de perda de vidas, mesmo que não diretamente relacionadas a falhas da negociação.

Paradoxalmente, o estresse não termina no momento em que se resolve a crise com sucesso. A intensa carga de emoções presente durante a negociação produz resultados notáveis mesmo em profissionais experientes, que vão de distúrbios do sono e do apetite, irritabilidade até fadiga, necessidade de isolamento e outros[76].

O grupo de negociação deve, num último esforço, ultrapassar essas dificuldades e produzir, no menor prazo de tempo possível, um completo estudo do caso com o maior detalhamento que permitam as fontes disponíveis: coleta de notícias publicadas pela imprensa local e nacional, vídeos de notícias relacionadas ao evento, fotografias e fitas produzidas pelo pessoal do sistema de gerenciamento de crises e todo o material produzido pelos negociadores e demais integrantes do GGC, inclusive os relatórios do GT.

O objetivo é a formação de um dossiê contendo o estudo de todos os eventos relacionados à crise em questão, permitindo a visualização de erros e falhas eventualmente cometidos e sugerindo, inclusive, as medidas

---

[76] McMains e Mullins, 1996.

corretivas que impeçam, no futuro, sua repetição. Esse dossiê deve estar disponível a todo o grupo de negociação e ser acessível pelo GT.

Tão importante quanto a montagem desse documento é a possibilidade de recuperar seu conteúdo. A informatização eficiente deve ser contemplada, de tal sorte que possibilite a pesquisa por campos como tipo de evento (sequestro, rebelião em presídio, conflito agrário), nome do PEC, características dos capturados (reféns ou vítimas), patologias e comportamentos do PEC, local e período da crise, negociador principal, chefe do GT e do GGC e outros dados.

A SITUAÇÃO

Um evento crítico, mesmo os de natureza relativamente simples (na percepção dos policiais experientes, claro), carrega consigo uma tremenda carga emocional. As pressões exercidas pelos provocadores tendem a ser sempre vistas como ameaças que inevitavelmente se concretizarão, e somente profissionais com vivência percebem que qualquer que seja a exigência inicial, deve-se ter em mente que não é incomum a aceitação de um acordo que implique modificações desta[77].

A correta interpretação da viabilidade do uso das diferentes opções disponíveis no gerenciamento da crise permite a visualização das melhores alternativas, e a necessidade da atuação sistêmica dos grupos envolvidos na solução da crise se demonstra de per si. Uma cautela fundamental é quanto à adoção das soluções táticas, pois é virtualmente impossível a retomada da negociação após uma tentativa frustrada de assalto.

A interpretação dos dados que a crise nos passa é fundamental – o próprio evento crítico é, por si só, definidor da atuação dos policiais envolvidos. A seguir, definirei alguns parâmetros indispensáveis.

OPÇÕES DE ATUAÇÃO EM EVENTOS CRÍTICOS

Diversos autores indicam as alternativas possíveis numa situação crítica, cada uma apresentando vantagens e desvantagens particulares[78]:

---

[77] Fuselier, 1981.

[78] Fuselier, 1981, anota uma quinta possibilidade: conter e exigir a rendição. Considero que esta opção pode muito bem ser englobada na opção que indico na letra c), pois uma das alternativas da negociação pode ser a de simplesmente demonstrar a impossibilidade do PEC agir de outra forma, trazendo-o à realidade e exigindo sua rendição.

a) **Utilizar o GT**: opção indicada para os eventos não negociáveis (que discutiremos a seguir); tem a vantagem de resolver rapidamente uma situação potencialmente perigosa. Sua maior desvantagem são os altos riscos envolvidos, para todos. Estatísticas indicam que 78% das pessoas capturadas e mortas perdem suas vidas durante a ação tática, sendo também comum, entre os americanos, a organização de equipes com pelo menos dois integrantes a mais, pois espera-se que os dois primeiros da equipe de entrada serão imobilizados (e eventualmente mortos) pelos provocadores[79];

b) **Utilizar atiradores de precisão para neutralizar o criminoso**: outra opção de alto risco. Existe grande resistência à utilização de *snipers* em nosso meio; mesmo em países cuja tradição de uso desse profissional é sedimentada, ele somente atua em casos especialíssimos. A vantagem é a rápida solução do evento crítico, se o provocador for imobilizado sem danos à pessoa capturada. Pouquíssimas Polícias brasileiras possuem *snipers* em suas equipes e menor ainda é o número daquelas que possuem condições materiais de equipar e treinar adequadamente esses especializados policiais;

c) **Usar agentes químicos para forçar a rendição**: usualmente aplicada em conjunto com a primeira opção, esta modalidade de atuação pode não ser absolutamente efetiva, pois elementos experientes podem dominar recursos que minimizam os efeitos dos agentes químicos mais utilizados (gás lacrimogêneo dos tipos CS, CN ou pimenta), além de indicar claramente as intenções táticas da Polícia, podendo provocar retaliação do PEC contra as pessoas capturadas. Eventualmente, pessoas capturadas podem sofrer severas consequências (principalmente asmáticos);

d) **Negociar**: opção cuja maior e principal vantagem é a de salvar vidas, projetar uma imagem de eficiência e modernidade e proteger os policiais dos riscos da atuação tática. As desvantagens são, por vezes, o excessivo consumo de tempo, a enorme quantidade de trabalho que exige e o treinamento necessário.

---

[79] Strentz, 1979, *apud* McMains e Mullins, 1996.

A decisão de negociar, ou não, é complicada. Em primeiro lugar, é necessário que exista o profissional habilitado a exercer a tarefa; o evento precisa encaixar-se em determinados requisitos, deve haver condições técnicas, políticas e econômicas que possibilitem a viabilidade da opção[80]. A seguir, verificaremos essas alternativas.

---

[80] Fuselier, 1981.

AS ESTRATÉGIAS TÉCNICAS E TÁTICAS DA NEGOCIAÇÃO

EVENTOS NEGOCIÁVEIS E NÃO NEGOCIÁVEIS

Nem todo incidente crítico é negociável[81]. Em um número significativo de vezes, o PEC não se interessa por uma solução pacífica – na realidade, seu objetivo é a eliminação física da pessoa capturada e, portanto, o negociador necessita de parâmetros que indiquem a possibilidade, ou não, de negociar com o PEC, sendo parte de suas tarefas a verificação dos limites das exigências do captor: esses limites definirão, em última análise, as decisões dos chefes do GGC e do GT no planejamento de ações táticas emergenciais ou mediatas.

A Polícia Federal norte-americana aponta oito características necessárias à definição de um evento crítico como negociável:

a) O PEC deve desejar manter-se vivo;
b) Deve haver ameaça do uso de força pelas autoridades;
c) O PEC deve ter feito exigências realísticas;
d) O negociador deve ter sido percebido pelo PEC como uma fonte potencial de ameaça, mas que deseja ajudá-lo;
e) Deve haver tempo disponível para a negociação;
f) Um canal de comunicações confiável deve ter sido estabelecido entre o PEC e o negociador;

---

[81] McMains e Mullins, 1996.

g) Tanto a localização do incidente crítico como as comunicações entre PEC e negociador devem estar claramente delimitadas e restringidas;

h) O negociador deve ser capaz de identificar e de atuar em conjunto com o PEC que é responsável pela tomada de decisões.

No primeiro aspecto, todo o trabalho de negociação se perde se o PEC não tem o desejo de continuar vivo, pois este desejo é prioritário em relação a todas as outras necessidades humanas básicas[82]. Assim, pessoas que decidiram pela morte não se atemorizarão com essa perspectiva – a possibilidade de eventuais ações táticas não motiva seu desejo de negociar.

A ameaça do uso de força pelas autoridades funciona como poderoso motivador, sendo esta opção limitada apenas pelas condições estressantes do evento crítico em relação às percepções do PEC: o uso exagerado desse motivador pode determinar atitudes extremadas do provocador, levando-o a exacerbar a violência contra os capturados em função apenas do medo da ação tática. Este tópico apenas reforça a necessidade do sincronismo entre o trabalho do negociador e do GT, pois deve haver credibilidade, por parte do PEC, quanto ao uso da força e do poder do negociador de desencadear essa possibilidade.

As exigências do PEC também indicam a possibilidade, ou não, da negociação no evento crítico, pois sem exigências não há campo de trabalho para o negociador. As exigências são usadas pelo negociador como alternativas para o ganho de tempo – o tempo proporciona ao negociador a demonstração do seu desejo de ajudar, o que não se realiza na ausência de exigências significativas, palpáveis, pelo provocador do evento crítico. Em certos casos, entretanto, algumas habilidades do negociador podem suplantar essa dificuldade: elementos acometidos por depressão podem não ter outra exigência exceto a de serem deixados sozinhos – o uso de técnicas de atenção ativa, de estabelecimento de *rapport* e de aproximação poderá representar a chance para a possível solução.

Ao contrário do que normalmente se pensa, o negociador precisa ser percebido pelo PEC como potencialmente ameaçador. Ao utilizar o contraste entre a possibilidade do uso da força letal e o desejo genuíno de ajudar, o negociador passa a ser visto como um poderoso aliado pelo PEC.

---

[82] Maslow, 1954.

A negociação exige tempo. Esse tempo é utilizado na estruturação do relacionamento entre PEC e negociador, na busca de conhecimento que se tornará inteligência, na busca de alternativas para a solução de problemas. Se qualquer dos lados (negociador e PEC) não consegue flexibilizar o tempo para as negociações, elas simplesmente não se realizam. É importante notar que, por exemplo, se um provocador exige que dez prisioneiros sejam liberados e dois aviões lhes sejam fornecidos para uma fuga em cinco minutos, não apenas estará demonstrando pouco senso de realidade como também estará inviabilizando a negociação.

As comunicações entre PEC e negociador devem ser consistentes para ambos os lados. A mesma língua e o mesmo dialeto devem ser falados por ambas as partes, as gírias que o PEC usa devem ser conhecidas pelo negociador. Isso vale também para os equipamentos utilizados nas comunicações: seu uso deve ser possível por ambas as partes: de nada vale um sofisticado sistema impossível de ser eficientemente utilizado pelo PEC. Aqui reside uma das dificuldades do uso de interlocutores: é extremamente difícil controlar adequadamente as mensagens expressas pelo interlocutor, o que indica a premente necessidade de o negociador, sempre que possível, dirigir-se diretamente, sem intermediários, ao PEC.

Finalmente, é preciso reconhecer que, quanto maior a quantidade de pessoas envolvidas no processo de comunicação, maiores as chances de distorção: o negociador deve buscar contatos com o menor número possível de provocadores, e sempre com aquele que é o responsável pela tomada de decisões.

Um erro muito comum é o de proporcionar, aos provocadores, acesso a comunicações com o mundo exterior, seja por meio do fornecimento de celulares, seja pela manutenção das facilidades existentes. Isso limita as negociações, pois o provocador buscará apoio, logístico inclusive, em outras fontes ao seu dispor, sendo especialmente danoso o uso que faz da eterna sede de notícias da imprensa: uma das primeiras atitudes do PEC é contatar emissoras de televisão ou rádio e conceder animadas entrevistas, sempre criticando as forças policiais e declarando seu desejo de resolver pacificamente o evento, desde que lhes sejam fornecidos determinados meios (normalmente fuga e dinheiro).

A negociação somente se viabiliza por meio dos contatos do negociador com o PEC, por isso o GGC deve tornar isso possível com a imediata limitação das comunicações entre esses dois atores do evento crítico, inclusive com o bloqueio das linhas telefônicas eventualmente acessíveis pelo provocador[83]. A ausência dessas condições não implica, necessariamente, impossibilidade, mas sim óbices significativos ao desenrolar das negociações.

Evidentemente, se um evento é definido como não negociável, o GGC deve tomar as providências necessárias à solução tática do evento crítico. Nesse momento, a própria negociação deve adquirir características próprias como forma de apoio a essa solução – afinal, continua valendo a norma pela qual todos os recursos possíveis devem ser utilizados, sincronizada e sistemicamente, pelas autoridades envolvidas na solução da crise.

NEGOCIAÇÃO TÉCNICA E NEGOCIAÇÃO TÁTICA

O negociador, por definição, busca sempre, como primeira alternativa, a resolução do evento crítico por meio da aplicação de seus conhecimentos doutrinários e técnicos. Entretanto, nos eventos não negociáveis, outra atitude deverá ser posta em prática: o negociador deverá usar suas habilidades na busca de condições para a solução tática da crise, fornecendo ao GT dados que permitam sua atuação.

Desenvolvi (e acompanhei o desenvolvimento de várias adaptações não creditadas), para facilitar a percepção dessas duas visões distintas da negociação, os conceitos de Negociação Técnica e Negociação Tática, sendo o primeiro relativo à busca da solução com o uso de recursos técnicos e doutrinários pelo negociador, que os aplica quando define como negociável o evento crítico.

A Negociação Tática implica busca de dados de interesse do GT, o que discutiremos mais à frente. Será adotada quando o negociador identificar a opção do PEC pelo confronto com a Polícia ou pela violência contra a pessoa capturada (vítima e não refém, como será discutido a seguir).

A adoção de uma dentre essas duas modalidades de negociação influencia de maneira decisiva a condução do processo de gerenciamento da crise, determinando, entre outras coisas, a escolha do negociador principal: preferencialmente, deverá atuar aquele profissional mais bem capacitado a identificar as necessidades do GT, caso o evento tenha sido definido como não negociável.

---

[83] Salignac, 1997.

REFÉNS E VÍTIMAS: A DEFINIÇÃO DA ESTRATÉGIA

A estratégia do gerenciamento, em casos de eventos críticos, é definida basicamente pela necessidade imediata, ou não, da ação tática, na qual fica implícita a decisão do uso de força letal.

Abordar as diferenças no tratamento entre casos em que o uso da força letal é imperioso e aqueles em que se verifica a possibilidade da resolução pacífica significa, em última análise, optar por estratégias completamente diferentes entre si, tanto no aspecto logístico (postura e posicionamento do GT e escolha do negociador, que deverá ser o mais habilitado possível em táticas de assalto e balística, entre outros assuntos) como na ampla discussão de detalhes que vão da viabilidade política da ação até a previsão das repercussões, na opinião pública, das medidas adotadas.

O negociador é o profissional mais bem habilitado a propor a definição primária da adoção da ação tática, ao identificar as motivações e potencial de letalidade do PEC, não se admitindo, neste caso, o dimensionamento a maior ou a menor dessas características, sob pena e risco de ações táticas extemporâneas, resultando em mortes desnecessárias.

O primeiro passo é a clara percepção das motivações do PEC em relação à captura. Em que condições ela se realizou? Por quanto tempo o PEC mantém a pessoa cativa? Qual o seu relacionamento com a pessoa capturada? O estado mental do PEC está alterado, com sinais de disfunção grave? Qual o comportamento da pessoa capturada? Tentará ou não escapar ou reagir violentamente? Qual o comportamento do PEC em relação à pessoa capturada? Trata-a com desprezo, agride e faz ameaças de morte? As respostas a essas perguntas poderão indicar, ou não, alta possibilidade de violência do PEC contra a pessoa capturada, obrigando o negociador a adotar cautelas que incluem opção pela negociação tática com a consequente previsão de acionamento do GT.

Assim, e para efeito de mais bem orientar a conduta do negociador, pode-se conceituar duas situações em que a pessoa capturada se enquadra[84]: será refém ou vítima. No primeiro caso, a pessoa capturada tem valor real para o PEC, que dela se valerá para a obtenção de algum tipo

---

[84] Salignac, 1997.

de vantagem ou benefício real, palpável, claramente expresso e, muitas vezes, quantificável.

Os exemplos abaixo podem clarificar a questão:

a) O PEC foi surpreendido pela Polícia no momento da prática de um delito (como um assalto a banco); como forma de garantir sua sobrevivência física e uma fuga eventual, captura pessoas e tenta trocá-las por veículos. Não existe nenhuma intenção clara do PEC em cometer violências contra os capturados, na verdade tal atitude lhe será prejudicial – esta é, claramente, uma situação em que a pessoa capturada é refém.

b) O PEC foi surpreendido pela Polícia em meio a um ritual bizarro, no qual se prepara a execução de uma criança. O PEC alega que somente o sacrifício humano apaziguará sua divindade, que com ele mantém incessantes diálogos. Avisa aos policiais que a mera interrupção do ritual provocará tragédias imensas que atingirão toda a humanidade, e prepara-se para degolar a criança. Esta criança é uma vítima, pois não apresenta nenhum valor para o PEC, exceto o de possibilitar a consecução de seus objetivos, que incluem necessariamente a sua morte. O desequilíbrio mental do PEC é evidente, e a ação tática é inevitável.

Esta definição, aparentemente simples, poderá revestir-se de grande complexidade em eventos críticos em que o número de PEC e de pessoas capturadas é grande. Situações em presídios são extremamente complicadas, em função dessa dificuldade em se identificarem quais as pessoas capturadas são ou não significativas para seus captores, tornando-se muito difícil diferenciar eventuais reféns ou vítimas, mormente quando outros prisioneiros são capturados.

Uma negociação de sucesso começa, necessariamente, por esta etapa: a identificação das pessoas capturadas que merecem especial atenção. A definição de quem é refém ou vítima proporciona uma clara delimitação do trabalho inicial do negociador.

OS PRINCIPAIS TIPOS DE PEC

O profissional de Polícia que se dedica à negociação deverá encontrar, no decorrer de sua carreira, um número de pessoas que provocam eventos críticos. Uma constatação interessante é a de que nem todos serão homicidas, assassinos, ladrões, enfim, criminosos. A estratégia em cada caso deve ser adaptada à condição do PEC, em conformidade com a definição de certos parâmetros: trata-se de uma pessoa mentalmente equilibrada e sadia[85]? Sua motivação é política ou visa à consecução de metas eminentemente pessoais? Existem objetivos claramente definidos em seu comportamento? O PEC valoriza a própria vida?

Discutirei brevemente os principais tipos de provocadores de eventos críticos[86] e farei recomendações de procedimentos em cada caso. Lembro que lidamos com comportamento humano – não se pode, em nenhuma hipótese, esquematizar a atuação das pessoas e, em determinados casos, o negociador terá frente a si casos absolutamente atípicos e não contemplados na literatura.

Um bom exemplo para reflexão é, infelizmente, oriundo dos nossos estabelecimentos prisionais, em que criminosos contumazes e cidadãos que eventualmente praticaram algum tipo de delito amontoam-se com desequilibrados de variada ordem. Rebeliões nesse tipo de caldo de cultura são um desafio para o negociador, que terá de lidar, ao mesmo tempo, com necessidades completamente diferentes, oriundas de pessoas cujo vínculo com a realidade é, para dizer pouco, amplamente variável.

---

[85] Os americanos relatam que cerca de 50% dos eventos críticos são provocados por uma pessoa com distúrbios emocionais ou comportamentais (Rogan, Hammer e Van Zandt, 1997).

[86] Uso, em minhas aulas e palestras, uma apostila do tipo "faça-não faça" com um resumo desse assunto (Salignac, 1997).

INDIVÍDUOS COM PROBLEMAS MENTAIS
OU COMPORTAMENTAIS

A negociação com pessoas portadoras de distúrbios mentais ou comportamentais[87] exige, além do domínio da técnica, doses extras de paciência e percepção dos limites da negociação, pois não é incomum, nesses casos, a imperiosa necessidade da atuação tática.

Cada um dos grupos que estudaremos[88] mostra sinais bastante evidentes de distúrbios emocionais, requerendo, consequentemente, modificação ou adaptação dos princípios básicos da negociação. As pessoas com essas patologias têm sensibilidades particulares que devem estar sempre em exame pelo negociador – o qual, de outra forma, poderá ser percebido como uma ameaça pelo PEC[89].

Paranoicos/esquizofrênicos[90]

A pessoa que apresenta esta característica percebe, de maneira intensa e irrealística, ameaça proveniente dos outros. Seu pensamento distorcido indica que os outros o perseguem e não são dignos de confiança. Os sinais mais visíveis incluem escutar ou ver coisas que na realidade não existem, sistema de crenças sem amparo na realidade, captura de pessoas buscando realizar um "grande plano" ou obedecendo a ordens de alguma "pessoa superior". Dão exagerada ênfase à sua própria autonomia e sua identidade sexual. São refratários a qualquer tentativa de controle e a intimidade com pessoas do mesmo sexo, buscando a segurança por meio do distanciamento,

---

[87] Uma advertência: foge ao escopo deste trabalho o detalhamento de conhecimentos pertencentes ao âmbito da psicopatologia. Referências bastante atualizadas e precisas podem ser obtidas em Range, 1998. A terminologia também é questionável, por isso, quando em dúvida, optei por traduzir livremente as denominações da *American Psychiatric Association*, conforme expressas nos DSM III R e DSM IV (1988 e 1994, respectivamente).

[88] Os grupos foram definidos por Fuselier (1981), em elegante classificação que ainda hoje é utilizada.

[89] Particularidades interessantes do comportamento desejado em eventos críticos provocados por sujeitos em crise pessoal são definidos por Gilliland e James, 1997, e por Greenstone e Levington, 1993.

[90] Mohandie e Duffy, 1999, apresentam um estudo preciso e extremamente prático sobre a esquizofrenia paranoica.

não só físico como emocional. Sua necessidade de espaço pessoal[91] é três vezes maior que a dos demais indivíduos.

O negociador deve evitar o uso de títulos ou outros indicativos de posição funcional ou simbolismos de autoridade, pois nesses casos está presente uma duradoura ambivalência (medo e ódio) em relação à figura da autoridade. Essa ambivalência pode provocar o aumento da tensão e o uso, pelo PEC, de seus recursos mentais contaminados. Além disso, deve evitar discussões com o provocador, principalmente aquelas que envolvem a argumentação lógica ou racional de suas percepções alteradas: aceite como verdadeiras (para o provocador) suas ilusões ou alucinações e não busque a empatia por meio de negação, ou mesmo de concordância com essas ilusões ou alucinações.

Provocadores com essas características mantêm uma insuspeita capacidade de manipular pessoas e arregimentar asseclas e podem já ter experiências desagradáveis com a Polícia, por isso o negociador não deve se iludir: o uso de truques e mentiras pode ocasionar resultados imprevisíveis e violentos.

Algumas sugestões são abaixo listadas:

a) Comece as conversações de modo lógico e factual: mantenha um tom de voz calmo e constante e peça ao PEC que esclareça a situação em que se encontra;

b) Use as técnicas de atenção ativa, especialmente a paráfrase: Não comente ou critique o que ouvir;

c) Espere rejeição e ódio: Tente clarificar o que ouvir por meio da paráfrase e certifique-se de que o PEC entenda que você não é um policial comum, mas sim um negociador que busca a segurança e o bem-estar do provocador;

d) Permaneça neutro em relação a conteúdos emocionais: Aproximar-se demais, rápido demais, representa uma ameaça para o PEC;

e) Permita a verbalização dos sentimentos do PEC, se isso reduzir sua fúria e medo: Se isso não reduzir a intensidade emocional do PEC, mude o tema dos diálogos;

---

91 Há um certo "espaço" do qual necessitamos. Contingências sociais e culturais modificam essa necessidade, mas, de um modo geral, nós nos sentimos incomodados se outras pessoas invadem esse espaço (um exemplo é a distância a que nos colocamos de nossos interlocutores cotidianos – cerca de 40 a 60 centímetros).

f) Mostre respeito e interesse pelo PEC;

g) Não argumente a respeito das ilusões e alucinações do PEC: Discuta temas baseados na realidade e nos fatos;

h) Desenvolva uma atmosfera de segurança, assegurando ao PEC seu desejo de ajudar e trocando gradualmente a linguagem (do "eu" pela do "nós");

i) Insista na solução de problemas sem manifestação de críticas: Os indivíduos portadores dessa patologia são capazes de raciocínios inteligentes – mantenha a discussão no "aqui" e "agora"[92].

Depressão

Discutiremos aqui não só os casos de depressão como as desordens de ajustamento e as desordens de humor (cujos portadores eram anteriormente citados na literatura sobre negociação como maníacos-depressivos). Embora haja diferenças entre cada uma das patologias, o sentimento básico é a profunda depressão que impulsiona todos os demais comportamentos[93].

O humor depressivo manifesta-se pela perda de interesse por atividades que eram, anteriormente, fonte de prazer[94]. Os sintomas variam de pessoa a pessoa, mas englobam um padrão de sentimentos e pensamentos de culpa, dúvida, baixa autoestima, desesperança, abandono. Suas vivências lhes indicam que nada podem fazer contra as injustiças do mundo, nada do que façam afetará positivamente suas vidas.

Outra característica marcante é a adesão a outros indivíduos que representem poder e força: o sujeito acredita-se incapaz de realizar atos marcantes, assim, associa-se a outros que julga mais poderosos ou dispostos.

Eventualmente, a depressão é tão intensa que provoca episódios de perda de contato com a realidade: o indivíduo pode se considerar não merecedor de continuar vivendo, sentir culpa por eventos ou pecados passados, existentes ou não, e sente-se culpado pelos pecados do mundo[95]. O potencial para o suicídio é alto e deve ser considerado como provável, assim como a possibilidade de violência ou assassinato de pessoas capturadas.

---

92 McMains e Mullins, 1996.

93 McMains e Mullins, 1996.

94 McMains e Mullins, 1996.

95 Salignac, 1997.

As pessoas capturadas são, muitas vezes, membros da família ou conhecidos do sequestrador, que acredita estar lhes fazendo um favor ao matá-los, livrando-os de algo que ele próprio percebe como um "mundo cão".

Muitas das crises depressivas com as quais a Polícia lida são passageiras, desencadeadas por um evento isolado e facilmente identificável, como a perda de um parente próximo, ou o fim de um relacionamento, mas há também as de caráter crônico.

No caso das desordens de ajustamento, estamos diante de uma pessoa que reage a uma dada circunstância específica de modo inadequado, reação que perdura apenas enquanto existe o desconforto desencadeado por aquela circunstância específica. É usualmente uma reação a fatos estressantes que interferem na vida social, no trabalho e na vida familiar e caracteriza-se por humor depressivo, cujos sinais e sintomas incluem distúrbios do sono (dormir acima ou abaixo do usual); fadiga crônica; decréscimo na eficiência, atividade ou produtividade profissional; abandono da vida social; fala e movimentos "lentos"; emotividade exagerada e crises de choro; irritabilidade, letargia; pessimismo acerca do futuro, pensamentos suicidas recorrentes, desesperança.

As desordens de humor são caracterizadas por sentimentos de desesperança que interferem no funcionamento normal da pessoa. O diferencial é a alternância com fases de marcada energia, em que o sujeito se apresenta hiperativo e impulsivo. São indivíduos que usualmente tiveram contatos com os órgãos de segurança e com o judiciário e cuja patologia é tratada por meio de medicamentos – que eles muitas vezes deixam de ingerir, o que produz o surto.

A estratégia de negociação deve contemplar, prioritariamente, o estabelecimento do *rapport*. Como a mais frequente motivação dessas pessoas é a diminuição da dor provocada por uma perda significativa, atitudes de respeito, preocupação e compreensão são bem-vindas. O negociador deve ter em mente que a capacidade de processamento de informações poderá estar diminuída pela depressão – assim, precisa atentar para o ritmo dos diálogos, dando tempo ao PEC para apreender suas falas. Esteja pronto para longas pausas e faça questões abertas, que exijam respostas diferentes de "sim" e "não" (uma abordagem mais objetiva deve ser tentada caso o sujeito não responda ou não entenda essas questões). Como a depressão geralmente mascara dor e sofrimento intensos, o negociador deve utilizar a atenção ativa para refletir esses sentimentos de volta ao PEC, mostrando a capacidade de perceber e ajudar a solucionar esses problemas.

Procure identificar o momento pelo qual passa o captor: na excitação existe o perigo real de violências contra as pessoas capturadas, enquanto na fase depressiva o suicídio é uma hipótese viável. Ressalte, constante e frequentemente, o valor do PEC. Convença-o a falar sobre interesses, *hobbies* ou qualquer outra coisa positiva, relacionando-as com as potencialidades do provocador.

Fique atento a declarações espontâneas do tipo "tudo bem – acho que já sei o que vou fazer!", que podem indicar ideias suicidas. Não se incomode em discutir com o captor a respeito de suicídio – essa discussão pode auxiliar o PEC na percepção de alternativas antes não examinadas. A captura é comumente um "grito por socorro", a manifestação distorcida de um pedido de ajuda. É também possível que o negociador enfrente um caso em que a pessoa efetivamente deseja morrer, mas não por suas próprias mãos – o suicídio provocado, que será discutido adiante.

O negociador deve também ficar alerta para súbitas mudanças de comportamento, especialmente quando o sujeito demonstra repentina calma e frieza após um período de intensa agitação – esse pode ser o sinal de que uma decisão foi tomada, geralmente na direção do suicídio. Ao perceber esse tipo de comportamento, o negociador deve indagar diretamente ao PEC se existe a intenção do suicídio, o que não provocará o exacerbamento do desejo, mas sim a possibilidade da discussão realística do assunto e suas alternativas.

Após o estabelecimento do *rapport*, seja mais direto e use frases como: "Ei, fulano, acho que agora você já sabe que pode confiar em mim. Eu gostaria que você saísse e se encontrasse comigo. Eu posso te ajudar".

Personalidade antissocial

Pessoas com esta patologia são conhecidas dos policiais, pelo seu frequente envolvimento em delitos os mais variados. Historicamente denominados "personalidade psicopática" ou "psicopatas", apresentam ausência de qualquer sentimento de culpa ou de consciência (não incorporam valores e moral da sociedade em que vivem), são incapazes de planejar a médio e longo prazos, são impulsivos e exigem satisfação imediata de seus desejos.

Seu histórico mostra precocidade no cometimento de delitos ou irregularidades (antes dos quinze anos); são pessoas nas quais não se pode confiar: mentem costumeiramente, usam nomes falsos ou apelidos e aplicam golpes visando lucros pessoais em detrimento dos outros. Irritáveis e agressivos, constantemente envolvem-se em violências, especialmente quando as coisas não funcionam de acordo com sua vontade. Seu desprezo pela segurança e bem-estar dos outros é ostensivo e facilmente reconhecível: racionaliza com facilidade os prejuízos que provoca e mesmo as violências que pratica. É irresponsável, o que se manifesta pelo padrão constante de não pagamento de dívidas ou por falhar em se manter empregado[96].

Pode exibir excelente aparência, ser bem falante, e os capturados o verão como "um jovem agradável que as autoridades perseguem". Busca manipular os outros com vistas a algum ganho material para si próprio. Desconfiado, ele espera que você tente enganá-lo. É provavelmente esperto e tem experiência com policiais

Durante a negociação, lembre-se que este indivíduo é egoisticamente voltado para si mesmo: ele tentará manipular as coisas a seu favor (o que indica dificuldades no estabelecimento da Síndrome de Estocolmo). Assim, não faça promessas impossíveis de serem cumpridas. Particularmente treinadas na vida das ruas, essas pessoas usarão suas habilidades na negociação, o que facilitará o trabalho do negociador: o PEC reconhecerá sua posição desvantajosa e tentará retirar o maior lucro possível da situação em que se envolveu. Uma abordagem eficiente é a de clarificar as desvantagens advindas de agressões a pessoas capturadas e as vantagens da rendição.

Esse tipo de provocador necessita de frequente estimulação: se o negociador não a der, ele se voltará contra os capturados. Por isso, evite prolongados lapsos de tempo sem atividade para o captor[97].

Personalidade desajustada ou dependente

Muito embora a categoria "personalidade desajustada" tenha sido descartada dos guias diagnósticos de personalidade desde 1988[98], a experiência cotidiana mostra que há provocadores que funcionam dessa

---

[96] Salignac, 1997.

[97] Fuselier, 1981.

[98] *American Psychiatric Association*, 1988, *American Psychiatric Association*, 1994. Presentemente existe a categoria "personalidade dependente".

maneira: elementos que mostram, no decorrer de suas vidas, respostas ineficientes ou inadequadas às situações de estresse físico, emocional ou social. São pessoas que buscam desesperadamente a aceitação, pelos outros, de seu próprio valor, pois tendem a se ver como perdedores contumazes. Seu histórico profissional tende a ser de seguidas demissões por insuficiência de desempenho. Evitam a todo custo situações de estresse mínimo, perfeitamente suportadas pelas demais pessoas.

O evento crítico pode ser sua última tentativa de provar a alguém que pode obter sucesso em alguma empreitada, por isso não traga ao ponto crítico pais, amigos, esposa, namorada, parentes, etc., exceto depois de cuidadoso exame da inteligência disponível, pois a pessoa trazida pode ser a responsável pelo desencadear da crise: trazendo-a ao local, o negociador estará formando o palco perfeito para um suicídio ou homicídio (uma reação imprevisível, do tipo "vou mostrar a eles que sou capaz de fazer algo realmente grande").

O PEC pode ser facilmente identificado por usar frases como "vou mostrar a eles que realmente posso fazer alguma coisa!", ou "vou mostrar a todo mundo que não sou mais aquele otário".

A personalidade dependente mostra inadequação à independência: são pessoas que, muito cedo, decidem ou aprendem que não podem ou não conseguem agir sozinhos. Caracterizam-se por manifestar dificuldade ou mesmo impossibilidade de tomar decisões cotidianas e simples sem o auxílio e conselhos dos outros; necessidade que outros assumam a responsabilidade por sua vida pessoal, econômica e profissional; dificuldade em expressar desaprovação por medo de perda de suporte dos outros; dificuldade em iniciar projetos ou atividades por falta de confiança; busca exagerada de suporte e apoio dos outros; sentimento de desconforto e inadequação à solidão em virtude de exagerado medo de não conseguir cuidar de si próprio; busca desesperada de suporte e apoio ao fim de relacionamentos sentimentais; medo exagerado de ser deixado sozinho e não conseguir se manter.

Essas pessoas envolvem-se em eventos críticos em, basicamente, duas situações: são o membro mais fraco de uma quadrilha, em que o líder apresenta sintomas de personalidade antissocial, ou envolvem-se em relacionamentos que eventualmente fracassam, o que os leva ao suicídio ou a capturar seu parceiro (como refém ou vítima)[99].

A negociação é viável, pois o PEC apresenta pensamento claro (tem vínculo com a realidade) e pode entender as consequências de seus atos. Ofereça compreensão e aceitação – um meio de "sair dessa" sem "falhar novamente".

No caso de suicidas, a própria dependência pode ser utilizada pelo negociador como estratégia de negociação. Esses provocadores buscam alguém que lhes diga o que e como fazer – ao demonstrar atenção, compreensão e respeito, o negociador toma o lugar da pessoa ou pessoas nas quais o PEC buscou (e não obteve) apoio.

A abordagem deve ser um pouco diferente com sujeitos que se envolvem em crimes: a pessoa de quem dependem poderá estar envolvida no evento crítico, seja como parceiro, seja como refém. Nesses casos, a melhor opção é dirigir a negociação a esta pessoa – na realidade, a única fonte da confiança do PEC.

A baixa autoestima dessas pessoas contraindica críticas e julgamentos pelo negociador, que deve reforçar os comportamentos, atitudes e pensamentos adequados emitidos pelo PEC.

Negociando com suicidas

Não é correto dizer que todo suicida é, necessariamente, portador de algum tipo de patologia comportamental. O motivo de discutirmos aqui este PEC é o de que, basicamente, a abordagem do negociador estará fundamentada na aplicação das técnicas de atenção ativa[100] – novamente exigindo conhecimentos que nós, policiais, temos enorme dificuldade em compreender e aplicar: a dinâmica das emoções e suas influências no comportamento das pessoas.

Os eventos críticos com potencial para o suicídio são em número significativo[101], havendo várias características comuns aos suicidas:

a) Os suicidas têm necessidades psicológicas frustradas: frequentemente, sofreram perdas recentes e extremamente dolorosas

---

99 McMains e Mullins, 1996.

100 Ver "Atenção Ativa", mais à frente.

101 16% dos casos têm esse potencial, segundo McMains e Mullins, 1996.

(empregos, um relacionamento, *status* social ou mesmo seu patrimônio). Qualquer que seja a natureza da perda, é essencial que o negociador perceba que o PEC a considera insustentável;

b) Sofrimento psicológico intolerável: a perda leva ao sofrimento psicológico que o indivíduo percebe como intolerável. Ele não quer ou não pode sobreviver com a dor que sente;

c) Busca de solução para a dor: o suicídio é percebido como uma solução para o problema da dor. O PEC prefere dar fim à própria existência a seguir adiante com sua dor;

d) Fim da consciência e alívio da ambivalência: a ambivalência envolve o desejo de viver e a crença de que a vida consiste na continuação do sofrimento. A morte é vista como um fim para esse sofrimento e para a confusão entre sentimentos que se opõem;

e) A desesperança e o abandono, a solidão, o medo da perda do controle;

f) O pensamento é focalizado na dor e na ideia de viver com a dor, ou morrer, e dela se liberar: os suicidas comumente percebem apenas essas duas opções;

g) Metas interpessoais semelhantes: manipulação e controle dos outros, expressão de ódio ou fuga de relacionamentos que provocam angústia. Frequentemente, o evento que precipita a crise é a perda ou ameaça de perda de um relacionamento (separação entre cônjuges, divórcio ou morte). O suicídio pode ser uma forma de controlar o outro, forçando-o a sentimentos de culpa e a mudança de planos;

h) Uma história comum, anterior ao suicídio, de duradouro padrão de fuga e baixa resistência à frustração.

Uma modalidade de crise bastante conhecida nos Estados Unidos da América, mas pouco descrita em nosso País, é aquela conhecida como *"suicide by cop"*, expressão que poderíamos traduzir como "suicídio por meio da polícia": o suicida simula (ou até executa) algum tipo grave de violência contra um suposto refém ou vítima, ou mesmo contra policiais presentes no evento[102], buscando ser por eles eliminado. O uso de armas descarregadas ou de brinquedo tem sido relatado.

---

102 Rogan, Hammer e Van Zandt, 1997.

A identificação deste PEC é possível por meio da observação do foco de sua agressividade, que muda radicalmente com a chegada da Polícia: nesse momento, ele tende a diminuir a intensidade de suas agressões contra a pessoa capturada e expor-se exageradamente, algumas vezes verbalizando expressamente a premente necessidade de ser morto, caso contrário cometerá o homicídio contra a pessoa capturada ou contra os policiais. A aproximação física desse tipo de provocador é crítica, pois tende a ser agressivo – inclusive como forma de obter a consumação do seu objetivo.

A possibilidade de ocorrência desses eventos pode ser mensurada por meio dos seguintes comportamentos ou características do PEC[103]:

a) Recusa-se a negociar com as autoridades;
b) Exige que as autoridades o matem;
c) Estabelece um prazo para que as autoridades o matem;
d) Recebeu, recentemente, a notícia de que sofre de alguma doença incurável;
e) Oferece-se pessoalmente para se render ao encarregado do gerenciamento da crise;
f) Verbaliza sua intenção de "sair dessa em grande estilo";
g) Não faz nenhuma exigência de fuga ou liberdade;
h) Pertence a baixos estratos socioeconômicos;
i) Dá ultimatos ao negociador;
j) Parece estar buscando um jeito "macho" de sair da situação;
k) Recentemente vendeu ou doou seu dinheiro ou propriedades;
l) Tem histórico criminal que inclui comportamento criminoso;
m) Tem histórico recente de duas ou mais perdas traumáticas (parentes ou entes queridos);
n) Expressa sentimentos de desesperança e abandono.

A meta do negociador no tratamento desse tipo de crises deve ser o estabelecimento de *rapport* com o PEC (para que se sinta menos isolado e solitário), verificar a seriedade da ameaça e o potencial para a violência e induzi-lo à esperança.

O *rapport* pode ser buscado por meio das técnicas de atenção ativa e de uma cuidadosa aproximação (no sentido psicológico) da pessoa em

---

103 McMains e Mullins, 1996.

crise. A expressão, pelo negociador, de preocupação e cuidado é produtiva, ao contrário de julgamentos e críticas, inclusive de cunho religioso ou filosófico, que podem levar a um agravamento da crise. Uma abordagem do tipo "sei que você está sofrendo muito, fulano. Tudo bem, eu sei que você pode e é capaz de tirar sua vida, se é isso que você realmente quer. Eu só gostaria de ter uma chance de te ajudar a explorar todas as opções antes que você tome uma decisão" pode ter grande efeito.

O sentimento de solidão e isolamento pode ser diminuído pela percepção de que o negociador é capaz de avaliar e compreender o sofrimento do PEC ("olha, fulano, sei que você deve mesmo estar sofrendo muito com a partida de sua esposa") – o que indica que o negociador não apenas percebe a dimensão da perda, como também a medida do seu desespero.

Muitos acreditam que a simples menção ao suicídio pode desencadear esse comportamento – apenas mais uma lenda devida ao desconhecimento do tema. Assim, a seriedade da ameaça pode ser mensurada pelo simples expediente de ouvir do PEC suas intenções, o que servirá também como forma de extravasar sentimentos angustiantes que, de outra maneira, permaneceriam obscuros.

DELINQUENTES SURPREENDIDOS
DURANTE A AÇÃO CRIMINOSA

Os eventos críticos que se enquadram nesta categoria são os de mais fácil resolução pelo negociador competente. Grande número de policiais que militam nas ruas já se deparou com algo semelhante e, muito mais do que se imagina e usando apenas os recursos do senso comum e da prática cotidiana, resolveram com sucesso crises potencialmente desastrosas.

A primeira tarefa do negociador é determinar se o captor é ou não portador de algum tipo de distúrbio mental, por meio do exame de sua coerência verbal e, claro, das condições em que se deu a captura das pessoas, se isso aconteceu (eventualmente o delinquente poderá entrincheirar-se sozinho num ambiente fechado e recusar-se a sair).

Se o contato com a realidade é duvidoso, o negociador deve montar uma estratégia baseada nas características do PEC, conforme descrito acima. A negociação tática é a solução adequada na maioria dos casos dessa natureza, com a consequente atuação do GT.

Caso sejam identificadas características de normalidade, esteja alerta para o fato de que o provocador sabe o que esperar da Polícia, mas também sabe do que precisa para sair vivo da situação.

Oriente a negociação para um reconhecimento dos fatos adjacentes à situação geral: o captor terá garantida sua sobrevivência física se liberar os reféns. Exigências de fuga e ameaças aos reféns são comuns, assim como pressão para limitação do tempo disponível para atendimento das exigências. A tensão ambiente é usualmente alta, pois é grande a probabilidade de ter havido confronto com a Polícia durante a fuga, ou no próprio cerco: um importante cuidado inicial é o de verificar as condições físicas tanto do PEC quanto dos reféns, pois pode haver feridos. A tarefa mais importante é estabilizar a situação e diminuir a tensão, contendo não só os provocadores como os policiais presentes, normalmente ansiosos por resolver a situação por meio do confronto com o PEC e excitados pela movimentação.

O isolamento da área é fundamental, assim afastando curiosos (que podem ser confundidos pelo provocador com policiais) e imprensa, que buscará notícias em primeira mão. O ganho de tempo produzirá resultados não só na diminuição das expectativas do provocador como no estabelecimento do bom relacionamento com o negociador.

PRISIONEIROS EM REVOLTA[104]

É surpreendente a semelhança entre as situações de rebelião em estabelecimentos prisionais. Em significativo número de casos, as negociações dizem respeito a:

a) **Melhoria das condições de vida na prisão**: a situação nas cadeias brasileiras é, no momento da elaboração deste trabalho, insustentável[105]. A percepção dessa simples verdade não é possível por meio da mera descrição do regime de terror que impera nas prisões. As condições de higiene são mínimas, os cuidados médi-

---

104 Van Zandt, Fuselier e Lanceley, 1989, publicaram excelente artigo a respeito da confirmação da base doutrinária da negociação em ambiente essencialmente operacional. Todos os métodos preconizados pela doutrina foram aplicados com sucesso.

105 Para uma convincente descrição da vida nos presídios, Varella, 1999, tem obra interessante e reveladora.

cos inexistem, quadrilhas formam-se e dominam os demais, a corrupção é frequentemente denunciada e poucas vezes punida. Os limites de tolerância são muitas vezes atingidos, assim desencadeando a revolta;

b) **Melhoria na qualidade das refeições**: presenciei uma revolta cujo principal tópico nas negociações era uma exigência dos presos concernente ao fornecimento de refeições que incluiriam, obrigatoriamente, café da manhã com pão e café, almoço e jantar com arroz e feijão. Fiquei surpreso ao ser questionado a respeito do atendimento ou não dessa exigência;

c) **Maior flexibilidade nos horários de visita**: especialmente no caso de visitas íntimas;

d) **Protesto contra maus-tratos**: há um entendimento reinante a respeito do qual aos elementos presos nenhum direito subsiste. Muitos se esquecem de que a pena é privativa da liberdade, não de todos os demais direitos e garantias individuais;

e) **Corrupção dos administradores ou carcereiros**: costuma haver um preço para tudo e não é incomum a extorsão exagerada a presos ou seus familiares;

f) **Cumprimento de medidas jurídicas em favor dos prisioneiros**: a desorganização que impera não permite a conclusão em prazo eficiente de todas as formalidades burocráticas que podem levar à libertação de número significativo de presos. Como resultado, muitos permanecem nos estabelecimentos tempos depois de cumpridas as suas penas.

Por vezes, esses fatores combinam-se e produzem um ambiente propício à revolta, que se agrava pela formação de grupos que se estruturam em torno do objetivo de fugir, ou de conseguir vantagens e facilidades. É claro que muitas dessas alegações não têm base real, sendo apenas utilizadas para justificar eventuais violências.

A revolta dá aos detentos maior poder de barganha e grande destaque nos meios de comunicação. Como muitos dos capturados são ligados à Polícia ou à administração do presídio, há grande aumento nas probabilidades de violência ou homicídio contra os capturados.

Essa é a hora do acerto de contas entre os presos. A violência contra outros detentos deve ser encarada como adjacente à negociação que envolve os demais capturados, pois dificilmente haverá possibilidade de estabelecimento da Síndrome de Estocolmo entre presos que já se odeiam mutuamente.

Este evento exige negociadores experientes e com excelente trânsito junto à administração do estabelecimento prisional. Várias medidas administrativas devem ser implementadas, entre elas, a retirada para outro local do maior número de presos que se consiga (assim isolando os rebelados) e a substituição de toda a equipe de funcionários que tenha tido contato anterior com os detentos, substituindo essas pessoas por servidores de outro estabelecimento ou, preferencialmente, por policiais, pelo tempo que durar a revolta. Isso tem por objetivo isolar os revoltosos, impedindo por todos os meios seu contato com o exterior, diminuindo a possibilidade, inclusive da obtenção de coisas que, de outro modo, somente conseguiriam por meio do negociador.

Se uma ação tática eficiente que interrompa a revolta não for possível, tente a mesma abordagem do caso de criminosos surpreendidos no momento da ação criminosa.

Os revoltosos exercerão grande pressão e a mídia dará grande repercussão e visibilidade ao evento. Assim, as falhas na condução da crise serão amplificadas, comprometendo a negociação. Aliás, o gerenciamento costuma ser extremamente deficiente nesses eventos, materializando-se com mais força a necessidade da política de atuação norteadora das ações do sistema de gerenciamento de crises.

Exigências de contato com a imprensa e com interlocutores particulares (repórteres, juízes, religiosos e outros) deverão ser criteriosamente examinados pelo negociador, pois muitos desses interlocutores facilmente se contaminarão com os efeitos danosos da Síndrome de Estocolmo, passando mais a defender os presos que buscar, em conjunto com a Polícia, uma solução para o evento crítico.

Merece destaque o estabelecimento das Penitenciárias Federais. No momento, estão ativas unidades localizadas nas cidades de Mossoró, no Rio Grande do Norte; Porto Velho, em Rondônia; Campo Grande, no Mato Grosso do Sul; e Catanduvas, no Paraná. São estabelecimentos cuja estrutura é diferenciada em relação aos demais do cenário nacional, dispondo de equipamentos modernos e pessoal efetivamente treinado e recrutado de maneira extremamente cuidadosa. As penitenciárias federais, desde sua criação até o momento em que este trabalho é elaborado, jamais passaram por qualquer tipo de evento crítico minimamente semelhante a uma rebelião, não apenas em função da excelência de sua estrutura física, como também pela competência profissional dos agentes penitenciários federais que lá militam, servidores que aplicam diligentemente procedimentos que são desconhecidos na maioria dos estabelecimentos penais dos estados.

FANÁTICOS POLÍTICOS OU RELIGIOSOS

O fanatismo político é mais comum do que pensamos, e algumas características culturais de nosso povo impedem o aparecimento explícito do fanatismo religioso[106], o que não impede a discussão dessas duas vertentes no mesmo espaço. Usualmente associado a grupos estrangeiros, o extremismo político em maior ou menor medida, ocorre também em nosso País, muito embora contingências políticas busquem a todo custo mascarar sobre outros nomes os eventos que caberiam nessa classificação.

Eventos dessa natureza acontecem provocados por pessoas ou grupos que querem mudanças sociais com ameaça ou uso de violência. A busca da visibilidade é tentada por meio de ações ousadas e levadas a cabo em ações organizadas que demandam grande logística, sendo a publicidade um dos alvos prioritários (e a captura de pessoas garante imediata repercussão e acesso à mídia).

Os alvos das ações são escolhidos em virtude de:

a) **Seu valor simbólico**: um ativista que destrói ou profana um símbolo querido pelos fiéis de outra religião frente às câmaras de televisão estará provocando intensa celeuma;

b) **Valor propagandístico**: a ameaça de invasão das terras de um político influente e poderoso poderá atiçar o debate sobre a causa;

c) **Possibilidades de êxito da ação**: o evento crítico somente será desencadeado após cuidadoso estudo e planejamento;

d) **Vulnerabilidade do alvo**: o objetivo da ação tende a ser dirigido contra elementos cuja segurança é falha ou inexistente.

---

[106] Leite, 1968.

As exigências desses provocadores normalmente não são passíveis de atendimento pelos governos locais, exigindo interferência de autoridades federais. Essas exigências usualmente incluem o contato com altas autoridades ou o fornecimento de benesses cujo valor impõe discussões inviáveis, exceto em esferas muito distantes do local em que ocorre a crise. Dessa maneira, demonstram ao público a ineficiência dos mecanismos governamentais, seja daqueles relativos ao atendimento de necessidades sociais básicas, seja dos de proteção do cidadão (com uma mensagem adicional: nós somos mais poderosos que o governo).

Dessa maneira, as autoridades governamentais são obrigadas a tomar medidas drásticas que afetam significativas parcelas da população, aumentando o desconforto e a revolta contra o governo.

A possibilidade de violência ou homicídio contra capturados tende a ser significativa, principalmente nos eventos registrados longe das grandes cidades, em que o controle social se torna menos efetivo.

A determinação do grau de dedicação à causa serve como parâmetro de previsão de atitudes do provocador, assim como as características do movimento a que pertence: a pessoa ou pessoas que provocam a crise têm apoio dos companheiros? Qual a ideologia do movimento a que pertencem? Quais as bandeiras desses movimentos? Possuem manifestos escritos?

Uma abordagem eficiente para a negociação baseia-se no convencimento dos captores de que já houve suficiente destaque para sua causa, suas exigências foram ouvidas por todos e a violência contra os capturados provocará descrédito ou revolta na opinião pública. A tentativa de discussão das particularidades ideológicas com o PEC produz resultados inconsistentes, pois são usualmente treinados exaustivamente no conhecimento de suas doutrinas, não admitindo sua contestação e reagindo com violência a qualquer tentativa de negação dessas doutrinas.

Em movimentos dessa natureza, os sectários tendem a repetir insistentemente coisas como "a gente morre, mas não sai daqui". Eventualmente, uma vítima produzida pela Polícia repercutirá intensamente na mídia – a Polícia precisa ficar atenta para as provocações que sofrerá, e o negociador deve advertir os policiais a respeito dessas provocações.

O comportamento da mídia deve ser examinado minuciosamente durante toda a crise. Dependendo do alcance do movimento cujos provocadores se envolveram na crise, poderá ser feita uma previsão do comportamento desses grupos – em não poucos casos, um evento crítico é provocado num local para a observação de seus efeitos e repercussões em outro ponto.

SEQUESTRADORES

Aqui estão incluídos os casos que envolvem a tentativa de extorsão mediante sequestro, em que criminosos mantêm cativo um refém, buscando algum tipo de vantagem – normalmente dinheiro.

Algumas variáveis são típicas: a Síndrome de Estocolmo dificilmente poderá ser estabelecida pelo negociador, pois este delito é, usualmente, praticado de forma bastante organizada. Um grupo se encarrega do sequestro propriamente dito e outro leva o refém até um cativeiro, onde este é mantido por um carcereiro. Muitas vezes terceirizados, com quadrilhas especializadas em cada etapa da operação, os captores mantêm pouquíssimo contato com a pessoa capturada, e as "negociações" são realizadas por um elemento que, por sua vez, não tem qualquer ligação com o refém.

Os contatos com os familiares do refém são feitos usualmente por via telefônica e bilhetes deixados em pontos determinados de localidades próximas à residência do capturado ou de seus familiares. Os sequestradores adotam um tom fortemente ameaçador nos contatos telefônicos e exigem intermediação direta de pais, filhos, marido ou esposa do refém, para maior efeito de pressão, proibindo contatos com a Polícia ou com a imprensa. Eventualmente, reproduzem fitas cassete com mensagens dramáticas do refém, não raro submetido a violências e maus-tratos[107].

Os familiares das vítimas desse tipo de delito usualmente obedecem cegamente aos provocadores e recusam-se a colaborar com a Polícia, antes preferindo o auxílio de parentes, amigos, advogados ou profissionais que vivem desse tipo de assessoria que, na maioria das vezes, são amadores que se limitam a aceitar todas as imposições dos bandidos, cobrando comissões astronômicas da família do sequestrado – o que não permite supor elevado empenho em diminuir os valores do resgate (utilizado como indexador de sua remuneração).

Em não poucas oportunidades, a Polícia é acusada, clara ou veladamente, de exigir comissões em função do sucesso no resgate do seques-

---

[107] Uma matéria reveladora foi produzida pela Folha de S. Paulo em junho de 2000.

trado. Parece haver algum preconceito embutido nessas acusações, pois não tenho registro de queixas contra os tais "assessores", muitos dos quais se autodenominam "negociadores". Nas negociações dos sequestros dos quais participei, integrando-me a grupos de negociadores das Polícias estaduais, jamais aceitei a participação desse tipo de profissional, cujas origens e métodos não permitem serena confiabilidade.

A primeira e mais difícil missão do negociador é conquistar a confiança e o respeito da família. Honestidade e sinceridade são vitais: promessas vãs, ou incompetência, provocarão imediato afastamento da Polícia, com prejuízos para as investigações e levando os familiares a buscar ajuda externa (o que frequentemente aumenta os problemas da Polícia). O negociador deve estabelecer um contrato definindo objetivamente suas funções e o método a ser utilizado e indicando, claramente, quem será o interlocutor nos contatos com os bandidos, quem será o encarregado dos contatos com a imprensa e qual o comportamento mais adequado.

Deve ser elaborado um planejamento que inclua a presença do negociador junto ao interlocutor no momento dos contatos. Tenho testemunhado residências que se transformam em verdadeiras centrais de operações, com equipamentos por todos os lados e policiais entrando e saindo como se estivessem numa repartição policial; o negociador deve, em acréscimo aos seus já numerosos afazeres, adicionar alguma preocupação no sentido de tornar a vida dos residentes o mais próxima possível da realidade[108]. Se for realmente necessário que policiais realizem tarefas na casa da pessoa sequestrada, que seu número seja reduzido ao absolutamente indispensável.

A utilização de interlocutores, integrantes da família ou mesmo pessoas de sua confiança, para os contatos com os bandidos, não é fator de risco para a negociação, desde que o negociador policial acompanhe, passo a passo, minuciosamente, todas as conversações, prevendo sua evolução e ensaiando exaustivamente, com o interlocutor, as alternativas de diálogos. Uso o expediente de ouvir as gravações das conversas com o interlocutor

---

108 Algo que me provoca intenso mal-estar é o costume que algumas Polícias têm de novamente sequestrar a pessoa no momento de sua liberação do cativeiro, vestindo-a com blusas ou bonés que estampam o símbolo de suas unidades e exibindo a pessoa assim fantasiada aos fotógrafos da imprensa. Este costume ridículo representa uma violência contra alguém que já passou por uma enorme carga de sofrimentos angustiantes e revela uma imensa e fútil vaidade, que só se manifesta naqueles que detêm pouquíssimo senso profissional.

e com os familiares mais próximos, indicando os pontos em que a tensão, ou a falta de prática, levaram a frases indevidas ou aceitação prematura de exigências descabidas.

A função do negociador é estabilizar as conversações e verificar a possibilidade de riscos à integridade física ou homicídio contra a pessoa capturada, buscando a diminuição realística das quantias exigidas. O histórico de brutais violências e até assassinato do refém, mesmo depois de pago o resgate, é comum, assim como o "repique", em que os captores aceitam uma redução do valor do resgate, simulam a formalização da sua aceitação e, após apoderar-se do dinheiro, recusam-se a liberar o refém, exigindo mais dinheiro.

O negociador deve, ainda, de forma firme, mas humana, esclarecer os familiares a respeito de uma dura realidade: nada se pode garantir num evento como esse. É costume que se indague se são "profissionais", ou não, os bandidos envolvidos, pois "profissionais" tenderiam a oferecer menores riscos ao capturado, pois seu objetivo primário é o dinheiro do resgate. Esta assertiva não encontra respaldo na prática corrente: muitos sequestradores contumazes podem simplesmente eliminar o sequestrado tendo ou não recebido os valores do resgate.

NEGOCIANDO EM GRANDES EVENTOS

O País viveu, recentemente, uma onda de movimentos de grande impacto, sejam ocupações de órgãos públicos por funcionários em greve, sejam invasões de terras por integrantes do MST[109], assim como revoltas de populares em virtude de supostas violências cometidas por policiais contra membros de suas comunidades e greves de caminhoneiros.

As características políticas de tais movimentos não são relevantes para a negociação, exceto no que diz respeito à orientação que é dada pelas respectivas lideranças ao PEC.

A tarefa inicial do negociador é identificar os líderes no local e com eles se comunicar. Essa comunicação é crítica, pois os grupos organizados muitas vezes recusam-se a se encontrar com policiais, e os populares em revolta já têm problemas com a Polícia e não a aceitam como interlocutor por descrença.

---

109 Sigla para o Movimento dos Trabalhadores Rurais Sem Terra

Nas invasões de prédios públicos, seja por movimentos sociais constituídos (por exemplo, o Movimento dos Trabalhadores Rurais Sem Terra, o MST), seja por funcionários em greve, não existe registro de grave violência contra os capturados (algum constrangimento é comumente aplicado a dirigentes e servidores que se recusam a participar dos movimentos). As históricas rivalidades entre caminhoneiros e Policiais, com os primeiros se queixando de corrupção e perseguições, e a Polícia reclamando da truculência e da arrogância que motoristas demonstram ao interromper o fluxo de veículos nas estradas, aliadas ao despreparo doutrinário dos policiais, têm contribuído para alguns confrontos que poderiam ser facilmente evitados ao se adotar uma postura mais técnica e menos política.

A negociação não deve ser feita como um recurso oficial de controle do movimento grevista – esta é função dos políticos e da Justiça. Ao negociador cabe a busca do entendimento entre as partes, com o objetivo de evitar o choque que leve à interrupção do relacionamento.

Assim, o negociador precisa adotar uma postura equidistante, abstendo-se de politizar a questão: trata-se de cidadãos em busca de seus direitos, quer seja essa busca exacerbada ou não. A interpretação ou a apuração de eventuais abusos deve ser feita por outras instâncias da comunidade.

Em virtude do número de pessoas envolvidas e do notório sectarismo que se tem demonstrado, o negociador deve cercar-se de alguns cuidados. O mais evidente é o de não aceitar negociar nos acampamentos ou sindicatos dos PEC (há histórico de constrangimentos e ameaças a policiais que se aventuraram a comparecer a acampamentos: fardas foram rasgadas, documentos oficiais atirados ao solo).

A melhor alternativa de atuação é participar como assessor nos encontros entre as lideranças e interlocutores eventualmente escolhidos, devendo-se atentar para a definição do evento crítico como negociável ou não. O Ministério Público tem sido de grande utilidade, pela aura de confiabilidade e juventude que vem adquirindo junto a diversos setores da sociedade, sendo seus integrantes comumente aceitos como interlocutores confiáveis para ambas as partes. A identificação dos pontos mais tensos e a diferenciação das exigências reais, palpáveis, daquelas cujo sentido é meramente político também auxiliam na busca da resolução.

DROGAS, ÁLCOOL E A NEGOCIAÇÃO [110]

O negociador profissional fatalmente entrará em contato com usuários de uma variedade de drogas, sendo o álcool o problema mais frequente – mas, de maneira alguma, o único.

Os efeitos dessas drogas são intensos e não podem ser ignorados no processo da negociação. Existem várias fontes de informações sobre essas substâncias, mas a consolidação de conhecimentos dedicados à atuação do negociador é uma contribuição notável de Frederick Lanceley (2003), que passamos a discutir.

O efeito das drogas nas pessoas é assunto tremendamente complexo. Muito embora as diretrizes abaixo sejam esclarecedoras, é importante lembrar que usuários misturam drogas de todas as formas que se possam imaginar. Podem estar sob influência de estimulantes e depressivos – por isso, assessoria médica é indispensável no auxílio à interpretação e previsão do comportamento do PEC usuário de drogas. Abaixo, alguns dados relevantes:

a) **Razões ou propósitos para o uso de drogas:**
   1) Modificar o humor do usuário;
   2) Alterar a autopercepção;
   3) Incrementar a habilidade de desempenhar certos comportamentos;
   4) Facilitar a integração num determinado grupo social.

b) **Os padrões de dependência das drogas dependem de:**
   1) Necessidades emocionais do usuário;
   2) Efeitos de cada droga específica;

---

[110] Lanceley, 2003.

3) Drogas atualmente utilizadas pelo usuário;
4) Disponibilidade da droga.

Para se determinarem corretamente os padrões de uso, deve-se saber quais as drogas utilizadas e seu esquema de uso.

c) **Padrões usuais de consumo de drogas:**
1) Somente álcool;
2) Álcool e maconha;
3) Heroína com barbitúricos e anfetaminas;
4) Anfetaminas e benzodiazepinas;

d) **Padrões de uso incluem:**
1) Tamanho da dose;
2) Frequência do uso;
3) Forma de administração ou ingestão.

e) **Classificação das drogas:** cada droga é situada em grupos específicos.

f) **Critério de inclusão das drogas em cada grupo:**
1) Ponto anatômico da ação (e.g., neurotransmissores);
2) Efeito produzido (e.g., estimulantes);
3) Mecanismo de ação (e.g., enzimas);
4) Indicação terapêutica de uso (e.g. deficiência vitamínica);
5) Estrutura química (e.g., metal pesado).
Os aspectos farmacológicos da dependência são similares para todas as drogas de um dado grupo. Em outras palavras, uma pessoa sob influência de um certo narcótico será afetada de maneira bastante similar a uma pessoa sob influência de um outro narcótico.

g) **Grupos de drogas:**
1) Inibidores do sistema nervoso central;
2) Estimulantes do sistema nervoso central;
3) Alucinógenos;
4) Cânabis;
5) Álcool.

h) **Esquemas de drogas:**
  1) Esquema 1:
      i) Alto potencial de dependência;
      ii) Drogas sem uso médico aceitável[111];
      iii) Ausência de padrões aceitáveis de segurança para o uso da droga, mesmo sob supervisão médica;
      iv) Algumas das substâncias deste esquema: heroína, LSD, maconha, metaqualona.

  2) Esquema 2:
      i) Alto potencial de dependência;
      ii) Drogas com uso médico aceitável em tratamentos de saúde, mesmo com severas restrições;
      iii) O uso abusivo dessas substâncias pode levar à severa dependência física e/ou psicológica;
      iv) Algumas substâncias deste esquema: morfina, PCP, cocaína, metadona, metanfetaminas.

  3) Esquema 3:
      i) Potencial de dependência menor que o das drogas dos esquemas 1 e 2;
      ii) Droga tem uso médico aceito em tratamentos de saúde;
      iii) O uso abusivo de drogas deste esquema pode levar à dependência física leve ou moderada, ou alta dependência psicológica;
      iv) Algumas substâncias deste esquema: esteroides anabolizantes, codeína, hidroconal com aspirina ou Tylenol®, assim como alguns barbitúricos.

  4) Esquema 4:
      i) Droga com baixo potencial de dependência;
      ii) Uso médico aceito em alguns tratamentos de saúde;

---

[111] Dados nesse campo, em todos os esquemas, válidos para os Estados Unidos da América (Lanceley, 2003).

iii) Uso abusivo dessas drogas provoca limitada dependência física, ou dependência psicológica, em relação às drogas do esquema 3;

iv) Algumas substâncias deste esquema: Darvon®, Talwin®, Equanil®, Valium®, Xanax®.

5) Esquema 5:
   i) Droga com baixo potencial de dependência;
   ii) Uso médico aceito em alguns tratamentos de saúde;
   iii) Uso abusivo dessas drogas provoca limitada dependência física, ou dependência psicológica, em relação às drogas do esquema 4;
   iv) Vários antitussígenos contendo codeína estão inseridos neste esquema.

i) **Fontes de informação sobre os dependentes químicos:**
   1) Integrantes do grupo familiar;
   2) Bares das proximidades (da residência ou dos locais que frequenta);
   3) Usuários de drogas ou álcool das proximidades (da residência ou dos locais que frequenta);
   4) Médico pessoal;
   5) Vizinhos, conhecidos ou frequentadores dos locais em que o sujeito é visto;
   6) Clínicas de tratamento de dependentes das proximidades (da residência ou dos locais que frequenta);
   7) Registros policiais;
   8) Local de trabalho;
   9) O próprio usuário.

j) **Informações relevantes para o negociador:**
   1) Qual a droga preferida pelo PEC?;
   2) O PEC é usuário ou dependente de múltiplas drogas?;
   3) Quais os meios de ingestão da droga preferidos pelo PEC?;
   4) O PEC é usuário ocasional ou dependente?;
   5) Quais os comportamentos ou atitudes usuais do PEC quando sob os efeitos da droga? Violento? Depressivo?;

6) O PEC está frequentando algum tipo de instituição para tratamento (Alcoólicos Anônimos, e.g.);
7) Qual a dosagem usual ingerida pelo PEC?;
8) Qual o estilo de vida do PEC?

k) **O negociador deve também obter dados sobre:**
1) Tipo de substância alucinógena usualmente consumida pelo PEC;
2) Categoria de uso na qual o dependente se insere;
3) Extensão em que o modo de vida do PEC foi alterado em função do uso da droga.

l) **Diretrizes gerais para a negociação:**
1) Tente obter informações sobre o histórico de dependência do PEC, incluindo:
   i) Dosagem;
   ii) Grau de pureza da substância usualmente ingerida;
   iii) Em que momentos o PEC prefere o uso da droga?;
   iv) Qual a frequência do uso?;
   v) Comportamentos usuais durante o período de influência da droga ou durante o período de perda dos efeitos;
   vi) História de vida do sujeito, o mais detalhado possível.

2) O GN deve dispor de fontes de informações detalhadas sobre os efeitos da droga, propósito de seu uso, efeitos da superdosagem, efeitos colaterais e outros dados farmacológicos[112]. Embora a literatura forneça esses dados, a assessoria médica é indispensável e fundamental nesses casos.

m) **Categorias de usuários:**[113]
1) <u>Categoria I</u>:
   i) Frequência de uso: experimentador. Usa a droga apenas esporadicamente;

---

112 Um sítio interessante da internet é o www.webmd.com, que trata do assunto de forma bastante eficiente.

113 Evidentemente, a literatura técnica referente ao assunto utiliza linguagem específica, que deve ser consultada. O presente trabalho é apenas um esforço de esclarecimento que é, pelo seu próprio escopo, limitado ao básico.

ii) Estilo de vida:

    (1) Estilo de vida normal. Pode ser estudante ou ter um trabalho regular. Não se envolve em delitos relacionados à droga, e seus familiares não sofrem os impactos de seu uso. Pouco envolvimento com usuários de drogas ou alcoólatras. Pode experimentar uma variedade de drogas ou combiná-las com álcool.

    (2) Este usuário pode ser bastante imprevisível, pois tem pouca experiência com os efeitos das drogas.

    (3) Usualmente, não existe a tendência à automedicação.

2) Categoria II:

    i) Frequência de uso: usuário recreativo. Usuário utiliza a droga esporádica ou socialmente. Seus conhecidos o descrevem como um bebedor ou usuário de drogas ocasional.

    ii) Estilo de vida:

        (1) Estilo de vida normal. Tem emprego e/ou frequenta escola. Envolve-se em delitos não diretamente ligados às drogas, e suas relações familiares não sofrem impactos com isso. Tende à socialização com outros usuários de sua categoria, e considera o uso da droga como parte aceitável de sua vida. Frequentemente é usuário de múltiplas drogas e de álcool.

        (2) Alguma tendência à automedicação.

3) Categoria III:

    i) Frequência de uso: dependente. Utiliza a droga frequente e regularmente e é conhecido e descrito explicitamente como alcoólatra e dependente de drogas.

    ii) Estilo de vida:

        (1) Seu modo de vida é afetado pela dependência. Frequentemente tem uma bebida alcoólica ou droga de sua preferência. Desajustes familiares são comuns. Seu emprego, se tiver algum, é prejudicado pela dependência e seu estilo de vida inclui a criminalidade.

        (2) Dependências de curta duração e automedicação são padrões comuns.

4) Categoria IV:
   i) Frequência de uso: dependentes de drogas ou alcoólatras dessa categoria estão constantemente sob influência da substância.
   ii) Estilo de vida:
      (1) Todos os aspectos da vida dominados pela dependência. Tem um drinque ou droga de sua preferência. Desajustes familiares e criminalidade relacionada à dependência são comuns. Permanecer drogado é a prioridade do sujeito. Estes usuários temem a retirada da droga, por conhecerem os efeitos da síndrome de abstinência.
      (2) Padrões de automedicação presentes.

n) **Características dos efeitos:**
   1) Narcóticos:

GRUPO: NARCÓTICOS	EFEITOS DURAM
Ópio, morfina, codeína, heroína, demerol	3 a 6 horas
Metadona	12 a 72 horas
Outras drogas do grupo	variável

   (a) Dependência: alta dependência física e psicológica.
   (b) Possíveis efeitos: euforia, sonolência, relaxamento das inibições, desorientação, dificuldades respiratórias, pupilas contraídas, náusea, baixo limiar de tolerância à dor, flutuações do humor.
   (c) Sintomas da abstinência severos e podem incluir: desconforto, náusea, vômitos, perda de apetite, tremores, pânico, dores musculares, lacrimejamento, coriza, suores, diarreia, bocejos, arrepios, febre, insônia.
   (d) Procedimentos e características da negociação:
      (i) Negociador deve tomar a iniciativa dos diálogos;
      (ii) Variar as modulações da voz para manter a tensão do PEC;

(iii) Mudar o foco da atenção do PEC dos problemas pessoais para a situação presente da crise requer tenacidade e paciência;

(iv) Evite julgamentos a respeito da dependência;

(v) Policiais, centros de tratamento de saúde mental e familiares podem ser fontes de estresse para o PEC;

(vi) Busque a empatia, evitando apoiar o papel de "vítima" do PEC;

(vii) Fique alerta para o fato de que o PEC pode entrar em pânico em virtude dos efeitos da abstinência;

(viii) Fique atento para a pressão do tempo! A chegada dos efeitos da abstinência pode ser um incentivo para a aceitação de socorro médico oferecido pelo negociador;

(ix) Não discuta nem polemize. Evite contato "olho no olho";

(x) Enfatize sua capacidade de prover apoio para a solução dos problemas do PEC;

2) <u>Depressores</u>:

GRUPO: INIBIDORES	EFEITOS DURAM
Barbitúricos	1 a 16 horas
Benzodiazepinas e outros do grupo	4 a 8 horas

(a) Dependência: a maioria produz moderada a alta dependência física e psicológica. As benzodiazepinas, ao contrário, produzem baixos níveis de dependência física e/ou psicológica;

(b) Possíveis efeitos: fala pastosa, relaxamento das inibições, desorientação. Usuário comporta-se como se estivesse sob efeitos de álcool (embriagado), ausência de medo, alto limiar de tolerância à dor, flutuações do humor;

(c) Sintomas da abstinência severos e podem incluir: suores, ansiedade, pulsação alta, tremores nas mãos, delírios, convulsões, insônia, náusea, vômitos, alucinações ou ilusões táteis, visuais e auditivas, agitação e possibilidade de óbito.

(d) Procedimentos e características da negociação:
   (i) Não desafiar ou ameaçar o PEC;
   (ii) Solicite ao PEC que forneça alternativas para solução da crise;
   (iii) Tente reduzir as suspeitas do PEC;
   (iv) Pânico causado pelo temor da abstinência aumenta a agressividade do PEC;
   (v) Respostas do PEC podem ser lentas ou repetitivas;
   (vi) Tente conter as ações do PEC, pois será difícil produzir modificações de humor enquanto ele estiver sob os efeitos da droga.

3) Estimulantes:

GRUPO: ESTIMULANTES	EFEITOS DURAM
Cocaína, *crack*	1 a 2 horas
Anfetaminas, metanfetaminas e outros do grupo	2 a 4 horas

(a) Dependência: a dependência física é possível e a dependência psicológica é alta.
(b) Possíveis efeitos: estado de vigilância intensa, excitação, euforia, pulso e pressão altos, insônia, paranoia, flutuações intensas de humor, perda de apetite.
(c) Sintomas da abstinência: apatia, irritabilidade, depressão, desorientação, mau-humor e um ou mais dos seguintes sintomas: fadiga; sonhos intensos, vívidos e desagradáveis; insônia; sonolência extrema; fome intensa; agitação; apatia.
(d) Procedimentos e características da negociação:
   (i) Mantenha uma conversação lenta, reconfortante, de baixa intensidade.
   (ii) Escute atentamente. Isso facilita o *rapport* e diminui os medos do PEC;
   (iii) A sensibilidade tátil do PEC aumenta a sua paranoia;
   (iv) Respeite a necessidade amplificada de espaço que o PEC sente;

(v) Permita ao PEC dominar a conversa enquanto forem manifestos os efeitos da droga. À medida que os efeitos forem passando, torne-se mais atuante;

(vi) Mantenha o PEC ativo e ocupado;

(vii) O PEC será tremendamente resistente à fadiga!

4) Alucinógenos:

GRUPO: ALUCINÓGENOS	EFEITOS DURAM
LSD, mescalina, peiote, PCP e outros	8 a 12 horas

(a) Dependência: nenhuma ou desconhecida. PCP e análogos provocam alta dependência psicológica;

(b) Possíveis efeitos: ilusões, alucinações, pânico, percepção alterada de tempo e espaço, sentimentos de invulnerabilidade;

(c) Sintomas da abstinência: desconhecidos;

(d) Procedimentos e características da negociação:

(i) Para controlar o pânico do PEC, tente explicar que as alucinações vão desaparecer em breve. Não discuta o conteúdo ou a realidade dessas alucinações ou ilusões (lembre-se: vale o ponto de vista do PEC!);

(ii) Mantenha uma conversação reconfortante, lenta;

(iii) Evite temas que deprimam o PEC;

(iv) Sensibilidade tátil do PEC pode produzir pânico;

(v) O PEC pode tornar-se altamente sugestionável;

(vi) Essas drogas são frequentemente utilizadas em conjunto com estimulantes;

(vii) Respeite a necessidade amplificada de espaço que o PEC sente;

(viii) O papel de "salvador" pode produzir bons resultados com esse PEC.

5) Cânabis:

GRUPO: CÂNABIS	EFEITOS DURAM
Maconha, haxixe, óleo de haxixe	1 a 4 horas

(a) Dependência psicológica moderada;
(b) Possíveis efeitos: euforia, relaxamento das inibições, desorientação. Sintomas físicos variam bastante, de sonolência e calma à hiperatividade e excitação. Fome e sede estão presentes em muitos usuários;
(c) Sintomas da abstinência: insônia, hiperatividade, falta de apetite;
(d) Procedimentos e características da negociação:
  (i) Escute atentamente para facilitar o estabelecimento do *rapport* e confiança;
  (ii) Faça várias perguntas, apenas para obrigar o PEC a falar;
  (iii) Ofereça comida e água ou refrigerantes;
  (iv) Tente focar os diálogos em problemas cotidianos, familiares ao PEC;
  (v) Fique alerta para o fato de que usuários dessas drogas frequentemente fazem uso de outras!;
  (vi) Grande possibilidade do PEC estar de posse de maconha, que vai continuar usando durante o incidente;
  (vii) Sentimentos de exclusão e papel de "vítima" desempenhado pelo PEC facilitam o estabelecimento de empatia;
  (viii) Fique alerta para traços de personalidade do PEC que são "amplificados" pelos efeitos da droga (se o PEC é irritadiço em seu estado normal, pode se tornar violento quando drogado).

6) Álcool:

GRUPO: ÁLCOOL	EFEITOS DURAM
Cerveja, vinho, uísque, conhaque, etc.	2 a 8 horas

(a) Dependência: física e psicológica;

(b) Possíveis efeitos: euforia, relaxamento das inibições, desorientação, alto limiar de tolerância à dor, destemor, falta de coordenação motora. Percepção de tempo e distância é alterada e a interpretação da própria situação e das consequências da crise é prejudicada;

(c) Sintomas da abstinência: podem ser graves, especialmente caso o PEC sofra *delirium tremens*. Usualmente, nestes casos, os sintomas incluem sudorese, pulsação alterada a maior, tremores das mãos, insônia, náuseas, alucinações ou ilusões táteis ou auditivas, vômitos, agitação;

(d) Procedimentos e características da negociação:

    (i) Nunca ameace ou desafie alguém sob influência de álcool;

    (ii) Tente convencer o PEC a adiar suas intenções, especialmente aquelas de consequências graves. Modificações positivas do humor são improváveis enquanto durarem os efeitos do álcool;

    (iii) Não discuta ou contrarie a perspectiva do provocador;

    (iv) Ofereça comida e refrigerantes;

    (v) Sensibilidade tátil do PEC pode amplificar a sensação de fúria;

    (vi) A diminuição dos efeitos do álcool pode aumentar a beligerância do PEC;

    (vii) Usuários de álcool são potenciais usuários de outras drogas;

    (viii) Mantenha o PEC numa perspectiva de "aqui e agora";

    (ix) Exclua familiares (principalmente os mais próximos) do processo de negociação.

O QUE SE PODE ESPERAR
DO CAPTURADO

As pessoas reagem de forma imprevisível aos eventos críticos. Mesmo o pessoal preparado, como policiais ou militares, pode reagir de forma atípica, esquecendo seu treinamento e entregando-se a comportamentos inesperados. Alguns fenômenos ocorrem nas situações de captura, uns intensos e duradouros, outros de pequena monta e brevemente passageiros. O entendimento de alguns desses fenômenos possibilita ao negociador a condução do processo de maneira a facilitar o entendimento entre os componentes de um sistema que se forma, compreendendo captores e capturados.

NA CAPTURA

O momento mais perigoso de um evento crítico está limitado aos seus primeiros minutos. Os autores não são acordes na delimitação desse período, que pode variar entre o início até passados 10 ou 20 minutos e do início até a primeira hora. A prática indica que não existe uma cronologia firmemente definida, sendo o potencial de risco definido por alguns fatores, os principais: o equilíbrio emocional do captor, o estresse envolvido na ação, a postura do capturado (submete-se prudentemente ou busca a fuga?) e dos policiais eventualmente presentes no momento. A pessoa capturada viverá um dilema entre resistir ou não e perceberá, nos momentos subsequentes, um sentimento de abandono que se misturará a várias outras emoções.

APÓS A LIBERAÇÃO

Longe de significar apenas alívio e alegria, o momento da liberação desencadeia um turbilhão de sentimentos: desorientação, depressão, fadiga, confusão – usualmente presentes na síndrome do estresse pós-traumático.

É medida recomendável que os capturados sejam encaminhados a aconselhamento psicológico, mesmo que não aparentem notável sofrimento, pois são relatados casos em que os efeitos manifestam-se dias depois da liberação. Particularmente significativos são os eventos em que a liberação de reféns acontece de forma intercalada – os vínculos que se formam no ambiente crítico provocam grande angústia nos que são libertados, os quais experimentam sentimentos de culpa em virtude de sua "sorte", não compartilhada pelos que ficaram no cativeiro[114].

Um fenômeno interessante refere-se aos comentários de muitos reféns no momento da sua liberação: elogiam emocionadamente seus captores, fazem queixas do tipo "o bandido me tratou melhor do que a Polícia!" e outras do gênero. Os profissionais entendem perfeitamente, mas grande parcela do público revolta-se com essa inversão, assim como muitos policiais desinformados. A explicação para isso é relevante e será dada abaixo.

A SÍNDROME DE ESTOCOLMO

A Síndrome de Estocolmo é um evento muito mais mencionado que conhecido. As coisas ditas a respeito por muitos policiais experientes revelam uma surpreendente ignorância a respeito desta que é, sem nenhuma dúvida, uma das mais importantes ferramentas disponíveis ao negociador no processo da negociação.

O nome é originário de um evento ocorrido em 1973, quando Jan-Erik Olsson e Clark Olofsson tentaram assaltar o Sveriges Kreditbank, em Estocolmo, Suécia. Os assaltantes foram denunciados à Polícia, que cercou o local e iniciou um processo de negociação, que durou 130 horas. Quando finalmente os provocadores resolveram se render, as autoridades se surpreenderam com as demonstrações de simpatia em favor dos assal-

---

[114] Fuselier e Noesner, 1990; Bolz, 1987.

tantes e a grande hostilidade demonstrada contra os Policiais pelos reféns que, mesmo depois do evento crítico, continuaram a apoiar os bandidos, recusaram-se a depor em juízo e organizaram coleta de dinheiro para sua defesa. Meses depois, uma das reféns, funcionária do banco, casou-se com Olsson[115]. As características básicas da Síndrome eram já conhecidas anos antes desse evento, mas o nome consagrou-se e tornou-se definitivo.

Basicamente, a Síndrome é uma reação emocional manifestada pelas pessoas capturadas, inicialmente na busca da sobrevivência física. No decorrer do evento crítico, a Síndrome evolui para empatia e identificação, persistindo seus efeitos, em variada forma, mesmo após a resolução da crise.

A mais visível demonstração de desconhecimento dos policiais se manifesta na intensa revolta que exprimem quando reféns liberados expressam sentimentos ternos em relação a bandidos que, momentos antes, os ameaçavam de morte. Adicionalmente, desconheço eventos críticos em que policiais tenham, conscientemente, aplicado alguma metodologia visando a implantação da Síndrome para facilitar o processo de negociação.

Componentes da Síndrome

A Síndrome de Estocolmo é facilmente percebida por meio da identificação dos seguintes comportamentos[116]:

a) Capturados desenvolvem sentimentos positivos e afeição pelos captores;
b) Capturados desenvolvem sentimentos negativos e hostilidade em relação às autoridades que atuam no caso;
c) Captores desenvolvem sentimentos positivos em relação aos capturados.

Alguns autores somam um quarto componente: após a liberação, as pessoas capturadas mantêm um sentimento de compaixão e empatia para com os capturados[117].

Inicialmente, as pessoas capturadas sentem gratidão pela manutenção de suas vidas: acreditam ter um débito para com os captores por terem permi-

---

115 McMains e Mullins, 1996.

116 Rogan, Hammer e Van Zandt, 1997.

117 McMains e Mullins, 1996.

tido que continuem vivendo. No desenrolar do evento crítico, os capturados imaginam que serão rapidamente liberados pela Polícia e buscam não cometer nenhum ato de antagonismo contra os captores, atuando de modo dócil e obediente – o que funciona, em relação ao captor, como poderoso incentivo ao desenvolvimento de atitudes positivas, como a diminuição do estresse. Com a ansiedade diminuindo para níveis suportáveis, inicia-se a interação[118].

A continuidade do evento possibilita aos capturados a percepção de que seus captores são igualmente humanos e não monstros, com os mesmos desejos e necessidades, possivelmente vítimas das circunstâncias. Se uma oportunidade se apresentar, os capturados tentarão, inclusive, interceder junto à Polícia em favor de seus captores.

Forma-se um pequeno sistema entre captores e capturados. Alianças e vínculos são formados, a individualidade é posta de lado e o grupo sobressai, o que pode ser verificado por uma tendência à mudança constante ou indecisão em relação às exigências, substituição, nos diálogos com o negociador, do líder dos captores por grupos que incluem até capturados[119]. Esta situação é verificada de forma mais intensa em rebeliões de estabelecimentos prisionais – os prisioneiros são, mesmo antes do evento crítico, um grupo bem estruturado pela longa convivência.

Fatores que impedem o desenvolvimento da Síndrome

A Síndrome de Estocolmo nem sempre se desenvolve e pode ser impedida por alguns fatores, a saber:

a) Violência injustificada ou tortura contra capturados;
b) Isolamento do capturado;
c) Exiguidade de tempo;
d) Barreira da língua;
e) Conhecimento de fenômenos psicológicos pelo capturado ou pelo captor;
f) Valores culturais conflitantes entre capturados e captores;
g) Estereótipos preexistentes.

---

[118] Bolz, 1987.

[119] Nesse momento, o negociador precisará redirecionar o fluxo dos diálogos e fortalecer a liderança do captor, para facilitar o processo de comunicação, sob pena de perda do controle da situação.

Os fatores mencionados devem ser de alguma forma contornados pelo negociador, sob pena de não estabelecimento da Síndrome. Referem-se, genericamente, a dificuldades de comunicação entre captores e capturados e podem, sob certos limites, sofrer intervenção do negociador, dependendo do tempo que se disponha e de sua facilidade em manipular comportamentos do captor, principalmente os referentes à cessação de hostilidades e ao estabelecimento de bom relacionamento com os capturados.

Aspectos positivos da Síndrome

A mais importante vantagem do estabelecimento da Síndrome é que, quanto mais evidente a exteriorização de suas características pelos captores e seus reféns, tanto menores as possibilidades de violência contra os capturados.

É evidente que alguns desenvolvimentos da situação crítica podem alterar este quadro, mas se o sistema como um todo não sofrer significativas descompensações, seja pela introdução de novos elementos[120], seja por interferências externas ao seu equilíbrio (atuação equivocada do negociador ou do GT, por exemplo), maiores problemas não deverão ocorrer.

Aspectos negativos

Curiosamente, alguns autores não mencionam os aspectos críticos da Síndrome de Estocolmo[121], enquanto outros insistem em que deve haver alguma preocupação com esta. Alguns desses aspectos críticos são:

a) Informações transmitidas pelos capturados tornam-se não confiáveis: os reféns tenderão a exagerar as percepções a respeito de seus captores;

b) Capturados, consciente ou inconscientemente, dão falsas informações sobre as armas ou potencial dos captores: os captores serão descritos como fortemente armados, decididos aos maiores massacres, mesmo que não tenham feito muito esforço para demonstrar periculosidade;

---

[120] A troca de reféns é o exemplo mais adequado: a introdução de um novo elemento num grupo já formado pode desestabilizar por completo o sistema que se formou.

[121] O trabalho de McMains e Mullins é omisso neste sentido. Fuselier, 1981, insiste na necessidade de se preverem e de se controlarem os aspectos negativos da Síndrome.

c) Capturados terão dificuldades em descrever captores e assumem postura de seus "advogados": características físicas marcantes serão esquecidas, altura ou porte físico serão descritos como avantajados, quando não o são. Os capturados defenderão vigorosamente a "boa vontade" do PEC;

d) A Síndrome pode causar interferência nos planos de resgate dos capturados, que poderão agir contrariamente aos comandos dos policiais no momento do assalto: a identificação com os captores e os sentimentos positivos provocados pela Síndrome poderão levar os reféns a defender ardentemente os provocadores da ação dos policiais, inclusive com o próprio sacrifício. O negociador deve alertar o pessoal do GT a respeito dos reféns mais afetados;

e) Interlocutores mal preparados podem ter seu desempenho afetado, principalmente caso se identifique a necessidade de ação tática: alguns efeitos da Síndrome podem atingir até mesmo pessoas que estão fora do alcance dos captores – e interlocutores não policiais são as maiores vítimas disso. O negociador deve estar sempre atento para a manifestação dos sintomas da Síndrome nos interlocutores, afastando-os imediatamente, caso ocorram;

f) Fique atento à escalada do envolvimento: principalmente quando há captores e capturados de sexos diferentes. Se forem deixados à própria sorte, sem constantes intervenções do negociador, relacionamentos indesejados poderão ocorrer.

Técnicas para indução da Síndrome

A Síndrome de Estocolmo previne a ocorrência de violências contra as pessoas capturadas, sendo, portanto, extremamente importante o seu desenvolvimento. O negociador poderá induzir a Síndrome por meio de providência simples, mas de grande efetividade.

O primeiro passo é o estabelecimento de bom relacionamento com o captor: o negociador poderá identificar áreas de interesse comum com o provocador, tais como programas de televisão, filmes, *hobbies*, futebol. Deve evitar o uso de comportamentos agressivos (como bater o telefone após um diálogo mais ríspido) e tomar pequenas decisões em conjunto com o PEC. O captor também deve ser incluído no processo, por isso o negociador deve tentar promover a sua interação com os capturados, pedindo-lhes que executem certas tarefas:

a) Fornecer uma lista com nomes ou outros dados dos capturados;
b) Buscar informação sobre necessidades de cuidados médicos para os capturados;
c) Fornecer uma lista com nomes de pais ou filhos dos capturados para "facilitar ou confirmar contatos".

Algumas cautelas devem ser adotadas em relação a esses pedidos: o negociador deve, antes da montagem da estratégia, verificar junto aos responsáveis pela inteligência todos os dados disponíveis sobre os capturados, pois eventualmente será necessário ocultar algum dado sobre os capturados (por exemplo, uma das mulheres é esposa de um policial – se reveladas, condições desta natureza, podem transformar um refém em vítima).

O negociador deverá adotar certas medidas simples: tratar a todos pelos seus nomes (evitando a palavra "reféns"), incluir o grupo todo em suas preocupações, não um capturado em particular. A passagem do tempo deve ser utilizada, não isoladamente, mas como facilitadora do processo de interação.

O desenvolvimento da Síndrome produz uma importante garantia de proteção aos capturados. Embora relativa, esta proteção deve ser buscada de todas as formas possíveis pelo negociador. A criatividade do profissional será posta em prova, pois não há um método absolutamente sistematizado de procedimentos, os quais poderão variar entre as diversas situações críticas que se apresentam.

TÁTICAS PARA A NEGOCIAÇÃO – GANHE TEMPO!

Em não poucas oportunidades se diz que as autoridades "vão tentar vencer pelo cansaço" os provocadores de uma determinada crise. Isto não é inteiramente verdadeiro – na realidade não se busca o mero cansaço do PEC, mas sim a estabilização de suas emoções, a diminuição de suas expectativas, o estabelecimento de bom relacionamento (*rapport*) entre ele e o negociador, a instalação da Síndrome de Estocolmo, a percepção do poder do Estado que poderá se voltar contra sua pessoa se as coisas não funcionarem de maneira adequada, a alimentação do GT com conhecimentos processados (inteligência) que permitam sua atuação, a definição da abordagem da negociação (técnica ou tática?): em suma, uma variedade de coisas deve ser feita para que a crise tenha solução.

Mas tudo isso demanda um ingrediente fundamental que pode ser poderoso aliado ou invencível inimigo: o tempo. Pesquisas americanas indicam que o tempo médio de duração de um evento crítico com captura de pessoas está em torno de 12 horas – por isso, não é preciso ter pressa[122].

Vantagens do ganho de tempo

A primeira e mais evidente vantagem do ganho de tempo se refere ao fato de que as necessidades humanas básicas (comida, água, sono, necessidades fisiológicas) são realçadas e passam a orientar o comportamento das pessoas[123].

A ansiedade tende a se reduzir, pois mais pessoas começam a pensar mais racionalmente e com menor emotividade. Adicionalmente, há ou forma-se a oportunidade para o estabelecimento da Síndrome de Estocolmo.

Do ponto de vista tático, aumentam as possibilidades de fuga para os reféns, por meio do reconhecimento das opções disponíveis e do progressivo relaxamento da atenção dos captores, que eventualmente ocorre.

A paulatina obtenção de informações aumenta as chances de decisões mais racionais pelos integrantes do GGC.

A melhoria qualitativa do *rapport* negociador/captor aumenta a confiança entre ambos e o fluxo de comunicações tende a se incrementar, possibilitando a diminuição das expectativas do captor, levando-o a concordar com as condições do negociador.

O incidente pode também simplesmente terminar por si mesmo, quando o esgotamento do PEC e a atuação convincente do sistema de gerenciamento da crise não lhe deixa alternativa, senão a rendição pacífica.

Desvantagens da passagem do tempo

Um dos efeitos mais perversos da passagem do tempo é a exaustão física e mental que pode acometer todos os participantes do evento crítico –

---

122 McMains e Mullins, 1996. Não obtive dados que indicassem a duração média dos eventos dessa categoria no Brasil, mas trabalhei em crises que duraram até três meses, enquanto, certa feita, negociei num evento com reféns que foi resolvido em apenas duas horas a partir de minha chegada ao local (não tinha havido negociação até aquele momento e a crise começara em torno de quatro horas antes).

123 Maslow, 1954.

incluindo aí o próprio negociador, possivelmente o mais exposto, dentre as autoridades presentes, ao estresse da situação. Os familiares exigem soluções rápidas e seguras, o GT quer ação, o GGC quer definir a estratégia mais eficiente e o GD, por sua vez, quer resultados. Dessa maneira, negociadores, GT e pessoal do GGC podem ser levados (até mesmo pelo tédio que se abate sobre todos no momento em que se necessita esperar quatro ou seis horas pela solução de uma exigência) a decisões equivocadas.

O negociador deve, em todos os momentos, executar ações planejadas e seguir uma rotina em certos momentos bastante rígida, que engloba discussões a respeito da estratégia a ser adotada em cada opção apresentada pelo desenrolar do evento crítico – precisa ser bastante preciso em seus diálogos com o PEC. A passagem do tempo pode prejudicar bastante sua atenção, provocando perda de objetividade. O chefe do grupo de negociação precisa estar atento para este detalhe, acompanhando minuciosamente o desempenho do negociador e, em certos momentos, exigindo que este tire algumas horas de repouso, cuidando para que não seja perturbado, exceto em casos de reais emergências. Muitos policiais acreditam ser imunes à fadiga, um erro crasso que pode resultar em fatalidades.

O GT, sempre sequioso por atuar, fará pressão. Dependendo da firmeza do comando do GGC, poderá inclusive entrar em choque com o grupo de negociação, exigindo definições que eventualmente não poderão ser dadas de modo conclusivo. Na tentativa de abreviar o incidente, ações precipitadas podem ser desencadeadas – e essas ações têm sido a regra geral na conduta de nossas Polícias, desacostumadas com a aparente lentidão do processo de negociação.

Cabe ao negociador realizar frequentes avaliações do andamento das negociações, informando ao GGC, inclusive, o possível cronograma das ações. Parece irreal, mas se anotarmos num quadro o início da ação, os horários dos contatos e os horários programados para novos encontros, além dos prazos concedidos para a avaliação ou atendimento de exigências, teremos uma visão geral bastante precisa de como as coisas seguirão, com melhores possibilidades de administração do tempo.

CONTATO COM O CAPTOR

Já disse, em outra oportunidade, que há divergências a respeito da metodologia a ser adotada para os contatos com os provocadores[124]. Entendo que a análise de certas peculiaridades culturais deve se sobrepor ao entendimento dos autores norte-americanos, pois o ambiente de suas pesquisas não pode ser comparado com aquele em que vivemos. Assim, teremos de modificar ou adaptar, de alguma maneira, o conteúdo de seus trabalhos, para que possam ser aplicados em nosso ambiente.

O negociador deve proporcionar ao captor uma oportunidade de visualizar melhor a situação, tornando-se mais razoável em suas exigências. A determinação do estado mental do captor (seus pensamentos são coerentes? Confusos ou lógicos? Apresenta-se calmo, moderadamente ansioso ou em pânico?) poderá indicar a forma mais adequada para o contato.

De qualquer modo, o negociador precisará se aproximar de um sujeito que não exibe funcionamento normal: suas emoções estão no pico, ele tem medo, está destemperado, em suma. Há um conjunto de procedimentos que pode facilitar essa tarefa que estudaremos agora.

ATENÇÃO ATIVA

A atenção ativa é a habilidade de ouvir o que diz o outro, apreender suas palavras, seus sentimentos, suas expectativas, demonstrando empatia com suas necessidades[125]. A exigência fundamental é que o negociador seja o mais atento possível, pergunte-se a todo momento o significado do

---

[124] Ver "Quadros de Situação (QS/QI)".

[125] McMains e Mullins, 1996.

discurso que ouve não para si próprio, mas para o outro, indagando frequentemente do seu interlocutor se a mensagem foi corretamente entendida e evitando julgamento ou críticas.

A atenção ativa pode ser comentada a partir de quatro abordagens, utilizadas para diferentes propósitos:

a) **Parafrasear**: resposta em que o negociador, em suas próprias palavras, devolve ao PEC a essência da mensagem verbalizada. É útil quando o negociador necessita responder ao provocador, mas não sabe, claramente, o que dizer. Demonstra que o negociador está atento ao PEC, auxiliando o fluxo da conversação. A mera repetição das palavras do provocador não configura uma paráfrase eficiente; na realidade, o que se busca é a percepção do discurso do PEC nas palavras do negociador. Características desejáveis são a concisão e sumarização da essência dos significados expressos pelo provocador, enfatizando fatos e não sentimentos do negociador;

b) **Reflexão de sentimentos**: resposta na qual o negociador expressa sua percepção a respeito das emoções transmitidas pelo PEC. Auxilia no desenvolvimento do *rapport* ao mover o foco da discussão do nível factual para o das emoções, assim valorizando o PEC como pessoa e não como mero provocador da crise. É, normalmente, o mais difícil de ser realizado pelos policiais, cujas habilidades dificilmente incluem perceber e discutir sentimentos e emoções;

c) **Reflexão de significados**: resposta na qual o negociador informa ao PEC que compreende os fatos e os sentimentos expressos por ele. Essa modalidade de atenção ativa funciona como forma de clarificar as necessidades do PEC e para reforçar o bom relacionamento com o negociador. Ao perceber claramente as necessidades do provocador, o negociador demonstra preocupação e interesse por sua segurança;

d) **Reflexão resumida dos fatos**: resposta na qual o negociador sumariza os principais fatos e sentimentos que o PEC expressou durante um período de tempo relativamente longo. Usada para confirmar informações provenientes do PEC e para reforçar o bom relacionamento, pode ser também utilizada para lembrar o provocador do tempo despendido com as negociações e de como as coisas se tornaram melhores com o decorrer do tempo e com os progressos obtidos por ambos (PEC e negociador), desde o início dos trabalhos.

As dificuldades envolvidas no desenvolvimento de habilidades suficientes para a execução dessas técnicas é considerável e demanda tempo. Este é o domínio da ciência da comunicação, com importante suporte de conhecimentos advindos da psicologia. Ensaios e práticas constantes são indispensáveis, pois o processo envolve não somente o envio de mensagens, mas também a recepção e a interpretação de dados complexos em meio a uma situação igualmente complexa e prejudicada pelo estresse reinante. Muitas pessoas desenvolvem habilidades relativamente eficientes no envio de mensagens, mas não são efetivas na interpretação das que lhes são enviadas. A não ser que seja hábil nas duas vertentes e capaz de realmente exercitar a atenção ativa, o negociador terá dificuldades intransponíveis na realização de seu trabalho.

A utilização eficiente das técnicas de atenção ativa é capaz, por si só, de prover a solução de um grande número de eventos críticos.

APRESENTAÇÃO

Parece pueril, mas também numa situação crítica as pessoas devem se apresentar para iniciar um relacionamento. Tenho adotado uma fórmula simples, mas que tem funcionado adequadamente. Determino um interlocutor qualquer, se ainda não consegui descobrir as lideranças, e sigo um roteiro:

a) **Meu nome é:** o fundamento de uma boa negociação é a sinceridade, o uso da verdade. Nenhuma boa negociação fundamenta-se em mentiras e truques, por isso digo meu nome verdadeiro. Preocupações com segurança são infundadas em relação ao fornecimento do nome, pois nesses dias que correm somos facilmente localizáveis por quem quer que nos queira encontrar –

somos policiais, seguimos as leis, não somos agentes secretos. Uso sempre o meu primeiro nome e evito títulos. O bom andamento das conversações tende a produzir um resultado interessante: em determinado momento, o negociador passa a ser tratado por senhor ou doutor (mais um indicativo de que o *rapport* foi alcançado);

b) **Sou do(a)**: nem sempre declaro minha condição de policial – como sou policial federal, não é falso dizer que "sou do Ministério da Justiça". Isso deve ser objeto de discussão com o GGC e com os demais integrantes do grupo de negociação antes da apresentação, pois em certos casos existe alguma dificuldade de comunicação entre o PEC e a Polícia, principalmente em eventos de conotação política. Novamente, a verdade deve basear a estratégia – posso omitir um dado, mas responderei sinceramente se me for perguntado;

c) **Como posso chamá-lo?**: formalismos não são bem-vindos na negociação, mas muitas vezes pessoas são conhecidas por apelidos ou alcunhas que odeiam, por isso deixe que o provocador indique de que maneira quer ser tratado – se pelo nome ou por um codinome;

d) **Estou aqui para ajudar**: aqui o negociador se apresenta como a fonte de apoio do provocador, clarificando sua missão e apontando, sutilmente, a real posição do provocador.

O momento da apresentação é sempre crítico, por isso o negociador deve esperar alguma hostilidade por parte do PEC. Palavras ríspidas, e mesmo ofensas, devem ser creditadas à tensão e à ansiedade do provocador que, na maioria das vezes, estará em pânico, por medo de uma eventual atuação tática da Polícia. Alguns negociadores simplesmente descartam isso, esquecendo-se de que muitos provocadores têm experiências nem sempre agradáveis com a Polícia.

TIPOS DE CONTATO

O contato com o PEC deve ser planejado de tal forma que atenda as necessidades do sistema de gerenciamento de crises, sempre que isso for possível[126].

Os contatos por meio de telefone são mais comuns nos casos de sequestro, quando então se constituem na regra. Uma vantagem nesses casos é o da possibilidade de gravação de todos os diálogos de forma fácil e segura, possibilitando seu estudo, além da evidente garantia de segurança para o negociador. A maior desvantagem é a impessoalidade do processo e a dificuldade de se estabelecer o *rapport*.

O negociador deve dar tempo ao provocador para expressar suas ideias, evitando interrupções desnecessárias. Evite desligar primeiro o telefone, para não perder a continuidade do diálogo. Nem todos detêm habilidades para manter conversações produtivas ao telefone, por isso o negociador deve ajudar o provocador, solicitando a repetição de mensagens não corretamente entendidas e usando um tom de voz que permita a compreensão por parte do PEC.

Em um evento no qual um avião foi tomado, com dois reféns, os captores exigiram o contato por meio de bilhetes, que eram jogados pela porta da aeronave. O processo teve curta duração: era lento, os provocadores tinham dificuldade para escrever certas sentenças e, num determinado momento, o papel simplesmente acabou.

O diálogo por meio de coberturas (muros ou paredes) é, muitas vezes, a opção inicial. O negociador estará seguro, mas também aqui o estabelecimento do *rapport* não será fácil.

O contato direto (face a face) tem sido a minha escolha pessoal, evidentemente após o estabelecimento de medidas assecuratórias de segurança, que discutiremos a seguir. Deve ser feito após o posicionamento do GT, em ambiente que permita a atuação do *sniper* em caso de emergência. Descreva-se para o provocador e peça-lhe que faça o mesmo, para

---

126 Fuselier, 1981, detalha esses contatos, mencionando inclusive duas modalidades que eu, pessoalmente, nunca vi em uso pelas Polícias brasileiras: diálogos por meio de alto-falantes, ou por meio de telefones de lançamento (um tipo de telefone resistente a impactos que é lançado ao provocador, funcionando apenas para comunicação entre o negociador e o PEC).

que ambos tenham certeza que falarão com a pessoa certa, especialmente em casos de negociação em conflitos com grande número de provocadores. Esta modalidade de contato é aquela que, de longe, permite maiores alternativas de trabalho para o negociador – e é também a mais arriscada.

RECOMENDAÇÕES PARA O CONTATO

A primeira atitude do negociador na eventualidade do contato com o provocador é o estabelecimento de um contrato mútuo, uma promessa bilateral de não agressão. Garanta ao provocador que o contato transcorrerá em clima absolutamente seguro para ambos, e que isso é do seu próprio interesse, pois sua missão é realmente a solução pacífica do evento. Muitos sequer consideram essa providência, por considerá-la desnecessária – um erro pueril. Algumas recomendações úteis:

a) **Não aceite o diálogo se o captor lhe apontar uma arma**: insista que ele a guarde ou aponte para posição segura. Um argumento decisivo é o próprio exemplo (o negociador pode argumentar algo do tipo: "Ei, eu não estou sequer usando uma arma, então não é necessário que você me aponte a sua");

b) **Use o contato direto apenas depois de certificar-se do estabelecimento do *rapport* adequado com os captores**: a pressa em resolver a situação crítica pode provocar a adoção prematura do contato direto, com riscos para o negociador. Atitudes extremadas do provocador, devidas à tensão reinante, podem resultar em novos procedimentos de estabelecimento de *rapport* que, por sua vez, consumirão mais tempo;

c) **Evite o uso do método do contato direto com mais de um captor por vez**: isso facilita o estabelecimento de diálogos produtivos, com menores ruídos de comunicação, além de aumentar a segurança do negociador;

d) **Nunca faça movimentos bruscos e mantenha o olhar firme**: uma postura atenta e confiável ajuda a relaxar o PEC. Comportamento agitado do negociador pode induzir o provocador a imaginar que um assalto é iminente;

e) **Tenha sempre uma rota de escape, com pontos de abrigo do fogo do PEC:** a rota de fuga deve ter sido planejada antes do início dos contatos – segurança nunca é demais;

f) **Nunca dê as costas ao captor:** após a realização dos contatos, aguarde que o provocador inicie o deslocamento de retorno. Assim, não só aspectos de segurança serão reforçados como também se evita a sensação, pelo provocador, de pressa ou pouca atenção do negociador;

g) **Não invada o espaço do captor:** proximidade exagerada pode ser considerada ato agressivo, principalmente no caso de elementos mentalmente perturbados;

h) **Atente para o comportamento não verbal**[127]: quais os sinais emitidos pelo provocador? Está relaxado ou tenso? A simples observação de suas atitudes pode revelar intenções não verbalizadas;

i) **Determine, antes do contato, idade, sexo, motivação:** isso aumenta a facilidade na aproximação com o provocador e evita surpresas, como o encontro com um elemento mentalmente perturbado;

j) **Elabore perguntas que exijam do captor respostas descritivas ou narrativas em vez de "sim" ou "não":** ao possibilitar a expressão de mensagens complexas pelo provocador, o negociador ganha tempo e obriga o provocador a pensar, ativando sua percepção da realidade;

k) **Use linguagem adequada ao entendimento do captor e tenha cuidado com obscenidades ou linguagem profana:** palavras rebuscadas podem ser consideradas como arrogância ou ofensa, por isso busque comunicar-se com o provocador num nível que ele entenda, sem, entretanto, resvalar na vulgaridade (a prática tem mostrado que provocadores preferem não ser imitados por alguém que se esforça por expressar-se em gírias ou maneirismos que desconhece). Profanações ou blasfêmias podem atingir diretamente o provocador, dificultando ou mesmo impossibilitando o prosseguimento dos contatos.

---

[127] Chaplin, 1981, Rangé, 1988.

COMO SE COMPORTAR SE VOCÊ FOR CAPTURADO

A possibilidade de ser capturado durante a atuação numa crise é, para o negociador que obedece aos parâmetros mínimos de segurança, evento de baixa probabilidade de ocorrência. Os perigos são imensos para qualquer pessoa – mas, para um policial, os riscos são reais e imediatos, sua profissão e função trazendo agravantes adicionais.

A presença de um policial também produz resultados estressantes para os demais capturados, que esperam que o policial "tome alguma atitude".

Existem algumas diretrizes cuja adoção é bastante útil e devem ser levadas muito a sério pelo negociador. Lembre-se de que, se vai tentar a fuga, o melhor momento é imediatamente após a captura, quando o policial capturado está ainda em boas condições físicas e mentais (se nenhum dano houver ocorrido até então). Se a decisão for pela não resistência, é importante adotar uma postura que evite dano aos demais capturados e ao próprio policial capturado. Quanto melhor o entendimento das diretrizes que se seguem, melhores serão as possibilidades de sobrevivência, até que seja realizado o resgate[128]:

a) Não tente bancar o herói. Aceite a situação e prepare-se para uma provável longa espera;

b) Siga as instruções que o PEC lhe der. Lembre-se de que os primeiros 15 a 45 minutos formam o período de maior risco;

c) Não fale, exceto quando lhe façam perguntas, e mesmo assim, apenas o necessário;

d) Tente descansar e manter sua boa resistência;

e) Não faça sugestões ao PEC;

f) Não tente uma fuga, a não ser que esteja absolutamente certo do êxito;

g) Se necessitar de atenção médica ou de medicamentos, informe ao PEC;

---

[128] Greenstone, 2005. Esta lista é um aperfeiçoamento de estudo também presente em Bolz, 1979.

h) Seja observador sem deixar que isso transpareça aos captores. Você poderá ser liberado ou escapar do cativeiro, e suas informações poderão ser úteis ao GT;

i) Esteja preparado para eventuais contatos com o negociador ou com outros policiais. Se isso acontecer via fone, dê respostas tipo "sim" ou "não";

j) Não fique argumentando com os PEC ou com os demais policiais;

k) Trate os captores como se fossem líderes incontestes;

l) Seja paciente;

m) Durante uma tentativa de resgate tático, deite-se e deixe as coisas acontecerem. Na entrada do GT no ponto crítico, evite movimentos bruscos ou permaneça imóvel;

n) Procure manter os outros capturados em calma. Assegure a todos que as providências para solução do evento estão sendo tomadas (mas nunca mencione a ação tática!);

o) Lembre-se que você é uma pessoa capturada e será tratado pela Polícia como uma pessoa capturada.

USO DE INTERLOCUTORES [129]

Um número muito grande de eventos críticos tem sido gerenciado por meio do uso de interlocutores, que defino como todo aquele que, não pertencendo aos quadros da Polícia, ou não tendo formação específica em negociação em crises, é utilizado como intermediário entre o sistema de gerenciamento de crises e os provocadores, na busca de solução não tática. O conceito remete a uma distinção entre o interlocutor policial e o não policial.

Por menor que seja a sua vivência em negociação em crises, um policial sempre terá uma significativa vantagem em relação aos demais, pois sua prática cotidiana lhe fornecerá subsídios indisponíveis aos que não pertencem à Polícia. Entretanto, também não terá tido acesso (de um modo geral) a certos conhecimentos que podem ser convenientemente utilizados na melhoria da qualidade dos contatos com certos provocadores. Um bom exemplo é o de eventos em que os provocadores são indígenas: somente indigenistas poderão atuar com segurança. O uso de Interlocutores não policiais também tem sido exitoso em casos de sequestros, quando os captores exigem contato direto com familiares, e nas ocasiões em que movimentos de cunho social ou político resistem ao contato com a Polícia.

O negociador deve estabelecer uma estratégia de atuação com o interlocutor, seja ele quem for, deixando claro que nenhum contato acontecerá sem cuidadoso planejamento que inclua o exame meticuloso de tudo o que aconteceu nos encontros anteriores e o ensaio das prováveis falas que poderão ocorrer nos encontros ulteriores com o PEC. O interlocutor deve contar com a confiança da Polícia e não pode ser deixado no controle da

---

[129] Romano, 1998, indica posturas exitosas num evento crítico de alto impacto em que interlocutores foram a chave do sucesso da negociação.

situação; ele é, como o nome indica, apenas um interlocutor, escolhido para facilitar o processo de comunicação. Os efeitos da Síndrome de Estocolmo podem se manifestar no interlocutor, que deverá então ser cuidadoso, mas firmemente excluído do processo.

Religiosos não costumam ser bons interlocutores, pois tendem a adotar uma postura excessivamente moralista ou teológica: buscarão muito mais converter os provocadores que solucionar a crise. Profissionais do comportamento também não serão adequados, pois estão acostumados a lidar com pessoas que os procuram para receber auxílio e apoio, não com elementos que eventualmente não querem ajuda, exceto aquela necessária à sua fuga.

Familiares também não são bons interlocutores, de uma maneira geral, pois estão emocionalmente envolvidos e podem despertar sentimentos conflitantes nos provocadores, deteriorando a situação e até impedindo a solução do evento.

Quando a crise é definida como não negociável, interlocutores não devem ser utilizados. Nestes casos, a negociação será tática, e o interlocutor dificilmente terá os conhecimentos e habilidades necessários à missão de apoiar o GT.

Em resumo, a utilização de interlocutores é uma realidade da qual não poderemos, em certos casos, fugir. Será tanto mais produtiva na solução da crise quanto maior for a participação do negociador na condução e no planejamento do processo, deixando ao interlocutor apenas o contato orientado com o provocador.

CONDUTAS IMPORTANTES

O negociador deve adotar alguns comportamentos no desenvolvimento do processo de negociação. Basicamente, o objetivo é a estabilização do evento, com diminuição do estresse e estabelecimento de *rapport* com o captor ou captores, criando condições para o estabelecimento da Síndrome de Estocolmo e, finalmente, para a solução pacífica da crise.

Entretanto, a negociação não pode ser assumida em termos de um conjunto fluido de procedimentos claramente ordenados. Na verdade, trata-se de um processo que funciona como uma série de passos, sendo um deles a real negociação ou barganha. Outros passos devem ter sido realizados anteriormente ao evento crítico para que a negociação seja um sucesso. Adicionalmente, existem passos que devem ser completados após a negociação, assegurando assim o êxito de todo o procedimento de solução da crise.

Esses passos não são estáticos e podem ser modificados dependendo do desenrolar do evento. Outras atitudes podem ser necessárias, alguns passos podem ser alterados e um roteiro poderia ser o seguinte[130]:

a) Pré-planejamento;
b) Incidente crítico;
c) Obtenção de inteligência;
d) Contato com o PEC;
e) Estabelecimento do *rapport*;
f) Negociações/trocas;
g) Busca de soluções;
h) Tratamento e resolução dos impasses;

---

[130] Greenstone, 2005.

i) Rendição;
j) Reunião do GN para discussão final.

Algumas orientações úteis[131]:

a) **Evite respostas negativas em primeira mão:** o negociador não pode ser considerado pelo provocador como a solução para todas as suas exigências – existem outras autoridades que detêm o poder de decisão e a quem o negociador deve se reportar. Respostas imediatas, exceto as relativas a exigências absolutamente inegociáveis, como a troca de reféns, não devem ser dadas, especialmente quando envolvem o "não". A alternativa é o uso de algo do tipo: "vou tentar conseguir isso com o chefe, mas creio que vai ser bastante difícil". Após um tempo conveniente: "olha, não consegui convencer o chefe. Precisamos de uma alternativa";

b) **Mantenha o captor tomando decisões, mas evite irritá-lo:** se ele pedir cigarros, pergunte de que marca. Se pedir comida, entregue algo que necessite de algum tipo de preparação (frangos inteiros, latas que necessitem ser abertas). Truquezinhos tolos (como levar os cigarros sem o isqueiro ou sem os fósforos) podem ser fonte de problemas;

c) **Nunca forneça nada sem algo em troca:** a regra é a barganha. Eventualmente, o "algo em troca" pode ser apenas a continuação de um diálogo interrompido;

d) **Faça pequenas concessões como prova de boa vontade:** negociadores inflexíveis são profissionais de baixa *performance*. A flexibilidade é parte do processo e indica desejo genuíno de ajudar;

e) **Assegure o captor que, qualquer que tenha sido o resultado de seus últimos atos, o que importa é o que vai acontecer "daqui por diante":** na maioria dos casos, o negociador somente se apresenta depois que a fase mais crítica aconteceu. Consequentemente, violências podem ter sido cometidas, ameaças podem ter sido feitas pelos policiais ou populares presentes. Começar do zero é uma opção para mostrar aos captores que o importante é a solução pacífica da crise;

---

[131] Fuselier, 1981.

f) **Não obrigue o captor a medidas extremas:** testemunhei pessoalmente um captor ser desafiado a atirar num refém – segundo
o desafiante, ele não teria coragem para tanto. O PEC atirou e
matou a pessoa capturada;

g) **Tente convencer o provocador de que ambos estão ganhando
com o processo:** o objetivo da negociação não é colocar o PEC
de joelhos, humilhar ou subjugar quem quer que seja. Muitos
policiais sequer examinam essa hipótese, mas, muitas vezes, o
provocador quer apenas uma chance de não sair do evento como
um perdedor consumado;

h) **A maioria das negociações termina com acordos honestos:** mante-
nha-se honesto. Caso contrário, o processo de negociação estará
severamente prejudicado. Há uma diferença geralmente não percebida entre a necessidade do negociador manter-se honesto e
a eventual possibilidade de atuação tática que implique alguma
manipulação da realidade. São coisas diferentes, a serem utilizadas em eventos diferentes. A negociação tática normalmente
implica ardil e astúcia, mas só se aplica quando o evento crítico
é definido como não negociável;

i) **Não pergunte o que o captor quer – deixe que ele mesmo faça seus
próprios pedidos:** esta estratégia facilita o processo de estabelecimento de *rapport* ao enfatizar a necessidade de comunicar-se
com o negociador;

j) **Não dê excessiva atenção aos capturados:** pergunte por eles ao
captor e inclua-os em suas preocupações. Nunca "inflacione"
capturados: um erro comum é a ênfase na liberação de mulheres
e crianças, sem a devida atenção a determinados usos culturais
que implicam sérias consequências aos bandidos que cometem
violências contra essas pessoas. Uma vez na prisão, eles serão
estigmatizados pelos demais – e os provocadores sabem disso.

k) **Dê prioridade a capturados feridos em suas barganhas:** o negociador pode convencer o provocador de que isso indica genuína
preocupação com todos e é benéfico para ele, pois mostra suas
intenções pacíficas, redundando em benefício futuro.

O QUE SE PODE OU NÃO NEGOCIAR

Assim como há eventos negociáveis e outros que não o são, também há exigências que não podem ser objeto de negociação, seja pelo eventual aumento da letalidade[132] que provocará no evento crítico, seja pelo prejuízo que poderá trazer ao processo de comunicação com o provocador.

O negociador nunca deve fornecer mais do que o solicitado pelo captor, abstendo-se de acrescentar, por conta própria, qualquer item que não tenha sido incluído no acordo – esses poderão ser objeto de barganha posterior. A seguir, discutirei alguns dos itens mais exigidos:

a) **Alimentos, água ou refrigerantes**: nenhum problema com esses itens;

b) **Drogas e álcool:** houve uma significativa mudança de posicionamentos em relação ao álcool. Inicialmente, acreditava-se que o fornecimento desta droga seria sempre um fator de risco. Modernamente, acredita-se que a questão deve ser definida pela inteligência disponível[133]; se os dados indicam que o PEC se torna menos agressivo após a ingestão de pequena quantidade de alguma bebida alcoólica (especialmente no caso de dependentes crônicos que exibem os sinais de síndrome de abstinência), o risco pode ser válido. Evidentemente, os excessos podem aumentar a possibilidade de violência contra capturados. Além da inteligência, este é um caso em que assessoria deve ser buscada entre profissionais das ciências comportamentais e médicos. Ao contrário do álcool, drogas ilícitas de qualquer tipo são itens não negociáveis em todos os casos. O uso dessas drogas pode produzir reações imprevisíveis e comportamento violento, além de dar ao provocador uma percepção danosa da possibilidade que tem de conduzir as autoridades a comportamentos criminosos;

c) **Meios de transporte:** o controle da situação pode se complicar se o captor obtiver meios de transporte. Verifique se o deslocamento

---

[132] Este conceito está claramente definido em Monteiro, 2001.

[133] Fuselier, 1981. Mais detalhadamente, McMains e Mullins, 1996.

oferece alguma vantagem tática ao GT, ou ao próprio processo de negociação. Usualmente, o fornecimento de meios de transporte causa mais problemas que vantagens, inclusive porque todo o sistema de gerenciamento de crises terá de se deslocar para um novo ponto no caso de captura do PEC;

d) **Dinheiro:** a entrega de dinheiro normalmente é viabilizada quando a fuga do PEC está em discussão; assim, isso pode ser percebido por ele como uma espécie de permissão tácita para a fuga. A maior dificuldade será para o pessoal do GGC, pois algumas questões deverão ser consideradas: quem fornecerá o dinheiro? Qual será a metodologia adotada na entrega? Eventualmente os captores poderão divergir na partilha do dinheiro, causando uma preocupação a mais. A entrega disso é crítica: o negociador deve buscar mecanismos que preservem sua imagem junto a todos os provocadores;

e) **Liberdade para os capturados:** este é o objetivo do trabalho do negociador, mas seu desenvolvimento deve ser minuciosamente planejado. Embora esta seja uma missão do GT, o negociador deve se certificar de que alguns cuidados sejam tomados: de que maneira os capturados serão liberados? Quem os receberá? Para onde serão conduzidos? Como se certificar que não há PEC disfarçados? Além disso, deve haver uma clara política oficial em caso da liberação implicar violação de princípios legais ou vantagens e benefícios para terceiros. O negociador deve estar alerta para a mecânica da liberação dos reféns: quais os motivos que levam o PEC a adotar uma determinada ordem de soltura? Por que primeiro um e não outro? A preferência pela manutenção de determinado refém no grupo pode indicar a força da Síndrome de Estocolmo naquele capturado em particular como, também, ser um indicativo grave de eventual suicídio e/ou homicídio;

f) **Liberdade para os captores ou para outros delinquentes:** a política determinada pelo GD ou pelo GGC deverá ser seguida nestes casos. Esta não é uma decisão do negociador – mas, do ponto de vista meramente técnico, atitudes dessa natureza são óbvios incentivos a novas crises;

g) **Escolha ou troca do negociador:** uma das mais frequentes exigências dos provocadores é a escolha dos interlocutores que lhes sejam mais adequados. Muitas vezes juízes e jornalistas são escolhidos pelo PEC, assim como prelados e membros de organizações humanitárias. O negociador deve verificar se essa exigência foi feita antes que sua equipe assumisse a negociação, contornando possíveis reações negativas do PEC à sua presença. Os provocadores podem também exigir que o negociador seja trocado, ao perceber que suas exigências não estão sendo atendidas com a presteza que esperava. Essa possibilidade (a troca do negociador) somente deve ocorrer por decisão do grupo de negociação em conjunto com o GGC, e mesmo assim em virtude de gravíssimo impedimento do negociador. Em resumo: não se troca o negociador.

h) **Troca de reféns:** os autores são unânimes em sua opinião a respeito; esta é uma das mais improdutivas medidas que se pode tomar[134]. A troca de reféns desestabiliza o sistema formado pelo captor e pessoas capturadas e aumenta os níveis de estresse de todos os presentes, dando ao captor não só a percepção, mas também a realidade do controle da negociação, que neste momento é tirado do negociador. A Síndrome de Estocolmo fica irremediavelmente prejudicada, pois o relacionamento entre aquele grupo anteriormente formado repentinamente se acaba – na realidade, a troca de reféns nunca será vantajosa para a Polícia, pois mesmo um ato pretensamente heroico prejudicará toda a estratégia (se é que havia alguma) que se houvesse planejado. Policiais cujo entendimento a respeito de negociação em crises provém de obras cinematográficas podem imaginar que, ao trocar de lugar com os capturados, poderão com o tempo convencer o PEC a se entregar mais rapidamente – a prática e as pesquisas têm demonstrado que este pensamento não se fundamenta em fatos concretos, principalmente porque o policial, nas mãos do provocador, imediatamente se transforma em vítima potencial: criminosos que matam policiais tornam-se respeitados no ambiente prisional, o que não ocorre quando a violência é praticada contra idosos,

---

[134] McMains e Mullins, 1996, Fuselier, 1981.

mulheres ou crianças[135]. Policiais que aceitam ser trocados por reféns não demonstram valentia, mas sim lacunas no conhecimento e vaidade irresponsável.

O negociador jamais deve fornecer qualquer coisa sem receber algo em troca. Esse "algo" não pode ser quantificável, mas o profissional deve se certificar de que não está sendo conduzido pelo PEC, fazendo grandes concessões em troca de quase nada.

INDICATIVOS DE NEGOCIAÇÃO BEM-SUCEDIDA

O desenrolar do processo de negociação indica claramente se está havendo progressos, e esses progressos podem ser mensurados pela ocorrência de alguns sucessos: ninguém foi morto desde o início dos contatos entre o negociador e o PEC; a frequência de ameaças aos capturados diminuiu; o volume de diálogos com o captor aumentou e fala-se menos em violência; reféns estão sendo liberados paulatinamente; o relacionamento entre o negociador e o PEC se reforçou e a confiabilidade se estabeleceu.

Note-se que nem sempre uma negociação bem-sucedida é aquela que necessariamente produz a resolução pacífica do evento crítico. O negociador competente também precisa ter habilidade para conduzir processos definidos como não negociáveis, os quais se solucionam por meio da atuação do GT. Uma boa negociação é aquela que permite salvar o maior número possível de vidas, técnica ou taticamente. O negociador terá dado sua contribuição mesmo que o responsável pela definição da crise tenha sido o GT.

---

135 Varella, 1999, e Mingardi, 1991, mencionam esses fatos por demais conhecidos dos profissionais da área. Ressalte-se apenas que isto é válido para criminosos que não sejam portadores de distúrbios mentais.

O NEGOCIADOR

A escolha do negociador é um processo que difere de maneira radical daqueles usualmente empregados nas Polícias em relação aos demais especialistas. Em primeiro lugar, o número de interessados tende a ser muito menor do que, por exemplo, daqueles que buscam uma vaga nos GT ou em outros de maior envolvimento com ação. Em segundo lugar, certos aspectos valorizados na Polícia têm valor relativo ou nulo quando se busca um negociador: habilidade com armas, força física, postura marcial ou linguagem empolada e "vasto saber jurídico".

Algumas características do negociador foram definidas e podem ser observadas abaixo[136]:

a) O negociador deve ser voluntário, preferencialmente um policial experiente e em excelente estado físico e mental;
b) Deve ter facilidade para desempenhar tarefas cognitivas em estado de tensão;
c) Deve possuir maturidade emocional, aceitar ser exposto a abusos, ridículo ou declarações insultuosas sem respostas temperamentais;
d) Deve manter a serenidade quando os circundantes a tiverem perdido;
e) Deve ser bom ouvinte;
f) Deve ter excelente habilidade como entrevistador;
g) Deve ser o tipo de pessoa que facilmente se torna digno de crédito;
h) Deve ter habilidade para convencer os outros de que seu ponto de vista é aceitável e racional;

---

[136] Fuselier, 1986, *apud* McMains e Mullins, 1996.

i) Deve ter facilidade para se comunicar com pessoas de variados estratos sociais e econômicos;

j) Deve ter bom raciocínio lógico, senso comum e ser experiente com o trabalho operacional (das ruas);

k) Deve ter habilidade para manipular situações de incerteza e aceitar responsabilidades mesmo sem poder de mando;

l) Deve concordar inteiramente com a doutrina básica da negociação;

m) Deve aceitar o fato de que, se a negociação técnica por qualquer motivo não prosperar, e havendo risco de vida para envolvidos no evento crítico, deverá auxiliar na preparação da ação tática.

Não tenho o que acrescentar a esta lista. Ressalto apenas a ênfase que se pode perceber na necessidade do preparo global do negociador, que deve ser não apenas um profundo conhecedor da doutrina da negociação, como também, em igual medida, um policial experiente, que domina os mistérios de seu trabalho, e não um profissional de gabinete (necessário em vários aspectos), nem um teórico de pouco contato com pessoas e com os problemas que as afligem. Adicionalmente, determina-se o fim do pensamento segundo o qual o negociador é algo como um conselheiro "bonzinho": ao contrário, este policial deve ter em mente que, em determinado momento, será sua a decisão de acionar os mecanismos de solução tática do evento crítico, com toda a carga emocional que tal decisão inevitavelmente acarreta.

Inicialmente, se pensou que um bom vendedor poderia ser um bom negociador. Pesquisas posteriores comprovaram que tal assertiva não é verdadeira – as pessoas não gostam de ser "enroladas" com argumentações vazias, especialmente em situações em que o estresse é intenso[137].

AVALIAÇÃO PSICOLÓGICA

O negociador deverá ser avaliado por profissionais do comportamento não só no momento da seleção, mas também no decorrer de seu trabalho.

---

[137] Fuselier, 1981, publicou trabalho elegante e preciso que, ainda hoje, serve como base para aquisição de conhecimentos sobre as dúvidas existentes a respeito do verdadeiro potencial e da específica missão dos negociadores.

Inicialmente, busca-se aquela pessoa livre de tensões exacerbadas, preconceitos e, principalmente, resistente a frustrações. A capacidade de elaborar a formidável carga de ansiedade gerada pelo desempenho da negociação deve ser constantemente avaliada e, eventualmente, deve ser dada oportunidade ao negociador de se revezar com os demais companheiros do grupo. Especial atenção deve ser dada aos incidentes que terminam em morte. A perda de um refém produz resultados que perduram por dias, meses, anos. Na melhor das hipóteses, perturba a vida do negociador; na pior, a altera para sempre. Os negociadores devem ser orientados a compreender o impacto causado por essa perda, preparando-se para as consequências emocionais e desenvolvendo um método que reduza esse impacto, buscando a competência nessa habilidade como em todas as demais exigidas em seu trabalho.

SELEÇÃO E TREINAMENTO

Um processo de seleção de negociadores pode ser bastante simples:

a) Convoque voluntários para a seleção;
b) Verifique os registros funcionais dos candidatos, destacando tempo de serviço, produtividade, natureza de eventuais sindicâncias ou processos aos quais respondeu, registros de afastamentos por doença;
c) Entreviste os chefes imediatos dos candidatos, pedindo-lhes que informem sua avaliação dos candidatos com respeito a desempenho profissional, habilidade em controlar as próprias emoções, controle do estresse e habilidades para solucionar problemas pessoais e profissionais;
d) Solicite aos psicólogos a aplicação de uma bateria de testes que avaliem inteligência, controle dos impulsos, agressividade, assertividade, resistência a frustração e aspectos gerais da personalidade;
e) Submeta-os a exercícios que verifiquem sua habilidade em se comunicar, solucionar problemas e trabalhar em equipe.

Não consegui encontrar procedimentos firmemente estabelecidos que pudessem orientar o treinamento de negociadores. Os autores e instrutores parecem preferir uma metodologia genérica, que inclua intensa e constante aplicação de exercícios do tipo *"role play"*, no qual os instruendos dramatizam diversas situações hipotéticas, ou simulações baseadas em eventos realmente acontecidos, e outros baseados em estudos de casos, além de instruções formais ministradas por negociadores experientes. Defendo a inclusão de estudo minucioso e exaustivo de filmagens e gravações de crises, método que tenho usado frequentemente nos cursos que ministro. O estudo desses casos pode mostrar claramente as falhas particulares das pessoas envolvidas e, globalmente, as deficiências na condução do processo como um sistema.

O GRUPO DE NEGOCIAÇÃO

A negociação não pode ser uma atividade solitária. Ao contrário, negociações bem-sucedidas são quase sempre trabalho de equipes, mesmo que essas equipes não tenham a estrutura formal desejada num grupo de negociação tecnicamente estruturado.

O número de variáveis que interferem no processo de negociação não pode ser apreendido e manipulado por uma única pessoa, sem um grande aumento na probabilidade de erros de interpretação potencialmente desastrosos. Além disso, existem tarefas que precisam ser cumpridas ao mesmo tempo em que o negociador está envolvido com o contato com o PEC.

Um grupo de negociação deve incluir, idealmente[138]:

a) **Negociador principal**: responsável pela condução do processo de negociação com os captores;

b) **Negociador secundário ou "reserva"**: mantém registro de todos os incidentes, ameaças ou acordos feitos com os captores; grava as conversações e fornece novos dados ao negociador principal, a quem deve estar sempre em condições de substituir. É o elemento

---

[138] Ressalto que essa conformação é aquela que o DPF adota por doutrina, não sendo, necessariamente, a melhor ou mais eficiente.

de ligação entre o negociador principal e o grupo de negociação e responsável pela montagem e manutenção do QS/QI[139];

c) **Consultores (psicólogos ou psiquiatras):** avaliam constantemente o estado mental do negociador e do captor. Permanecem ao largo do processo de negociação, para manter a objetividade. Recomendam técnicas de aproximação, estabelecimento de *rapport* ou outras adequadas a cada caso. Devem receber treinamento avançado em negociação em crises;

d) **Chefe de equipe:** organiza o grupo, distribui tarefas e supervisiona as atividades. Funciona como elemento de ligação entre o grupo de negociação e o GT e demais organismos envolvidos.

Alguns autores sugerem a presença de outros profissionais no grupo, como um oficial de inteligência[140], que seria o responsável pela obtenção e processamento de informações sobre o captor, armas, ponto crítico, natureza do incidente, entrevista de pessoas ligadas ao captor e manutenção do QS/QI. Além disso, determinados eventos críticos podem exigir assessoria complementar para facilitação das comunicações com o provocador (eventos em que indígenas estão envolvidos requerem a presença de indigenistas, problemas fundiários são mais bem entendidos por especialistas do Instituto Nacional de Colonização e Reforma Agrária, o INCRA, por exemplo).

APRENDENDO A ATUAR EM EQUIPE

Os negociadores são treinados a esperar o êxito em todas as suas atuações. Eles aprendem que seu treinamento e suas técnicas vão possibilitar o sucesso e geralmente não se desapontam: investem tempo considerável aprendendo como fazer, fazem e colhem os resultados.

Mas nem sempre. Trabalhar nesse campo por tempo suficiente eventualmente vai levar o profissional a uma situação em que as coisas não vão correr como o planejado. Os acontecimentos posteriores a um evento crítico em que nem todas as pessoas capturadas possam ser salvas, ou mesmo aqueles em que a ação tática resulte na morte do PEC, podem representar

---

139 Ver "Quadros de Situação".

140 McMains e Mullins caminham nesta direção.

a real medida da qualidade do GN: é bastante simples aceitar os resultados de uma ação exitosa, mas perdas de reféns são traumáticas. O tratamento dessas situações afeta decisivamente o desempenho futuro do grupo. Algumas diretrizes úteis estão listadas abaixo:

a) Reconheça o problema sob o ponto de vista da pessoa capturada;
b) Reconheça que os sentimentos experimentados pelo negociador e demais integrantes do GN, em virtude da perda de vidas, são esperados e normais;
c) Aceite que uma solução tática letal não representa uma falha do processo de negociação;
d) Dê suporte emocional – mas evite o envolvimento pessoal;
e) Faça o possível para defender o apoio da administração e a manutenção de padrões de qualidade no desempenho do grupo;
f) Se auxílio profissional for necessário, incentive sua adoção. Busque-o no momento oportuno, para maximização de resultados. Encoraje os demais a agir da mesma maneira;
g) Converse sobre seus sentimentos com pessoas de sua confiança (outros negociadores, familiares, amigos);
h) Lembre-se: sentimentos usualmente não podem ser modificados voluntariamente, sem ajuda profissional – mas comportamentos podem! O que você faz poderá, eventualmente, ter algum efeito benéfico sobre o que você sente.
i) Não busque crédito pelas vitórias. Assim, não será preciso responsabilizar-se pelas perdas;
j) Trabalhe em grupo. Vença em grupo. As derrotas também devem ser um problema do grupo. O suporte a cada integrante do grupo é problema de todos os demais.

O NEGOCIADOR COMO OPÇÃO TÁTICA

LENDAS MAIS COMUNS

O negociador, ao lado do *sniper*, é um dos mais desconhecidos profissionais da Polícia: seus métodos e sua atuação são tão "misteriosos" que, em dado momento, sua atuação passou a ser romanceada ou deturpada pelos próprios companheiros e, em decorrência, pela imprensa, criando uma imagem e uma expectativa que quase sempre passam muito ao largo da realidade.

Na verdade, colabora para isso o fato de que a estratégia da negociação é dificilmente perceptível por alguém que não detenha conhecimento teórico sistematizado sobre o assunto. Assim, determinadas atitudes do negociador são percebidas pela imprensa e mesmo por outros policiais como reveladoras de fraqueza ou indecisão. Os efeitos da Síndrome de Estocolmo igualmente produzem, nas pessoas capturadas, um forte sentimento de rejeição que perdura tempos depois do evento crítico – eu mesmo já fui vítima de pesados insultos em várias situações, acusado de "estar do lado dos bandidos", proferidos por policiais, e "de querer o confronto entre a Polícia e os meninos que estão aqui (os captores)", exclamada em tom angustiado por um dos reféns, e isso no mesmo evento crítico, com intervalos de poucos minutos entre uma e outra declaração.

Tudo isso ajuda a formar algumas "lendas" que acabam por se tornar empecilhos à atuação do negociador:

a) **O negociador pode, inadvertidamente, revelar a possibilidade de ação tática durante seus contatos com os captores:** essa percepção, como aliás muitas outras, é resultante da utilização de interlocutores não preparados, deixados sem controle no ambiente da negociação. Na realidade, uma vez definido o evento como não negociável e adotada a estratégia tática de negociação, o negociador passa a apenas observar mais atentamente certas particularidades do ponto crítico, coisa que de resto ele fez durante todo o tempo, apenas com outra abordagem;

b) **Ação tática representa sempre falha na negociação:** o negociador é também parte do sistema de gerenciamento de crises, assim como o GT. A ação tática pode e é, em determinadas situações, sugerida pelo próprio negociador, como decorrência da avaliação, compartilhada com o GGC, de que o evento encaixa-se na categoria de não negociável, seja pelo desequilíbrio ou por intenções malignas do provocador. Nesse momento, o negociador passa a cumprir funções táticas, orientadas pelo GT, na busca da solução para o evento crítico. Negociações extremamente bem conduzidas podem originar soluções táticas para a crise não só como resultado da inflexibilidade do provocador, como também em virtude das características políticas do evento crítico[141];

c) **Envolvimento emocional do negociador pode afetar sua objetividade, e ele preveniria o captor de que algo pode acontecer:** mais uma suspeita claramente provocada pelo mau uso de pessoal na negociação. Na realidade, o negociador estará sob constante supervisão dos demais integrantes do grupo de negociação, que avaliam seu desempenho e, eventualmente e apenas em situações muito específicas, o substituem caso suas defesas estejam comprometidas.

---

[141] Um exemplo claro é o da tomada da Embaixada do Japão em Lima, no Peru. Os negociadores buscaram e obtiveram ganho de tempo e condições de atuação do GT em função da orientação política do governo, para quem concessões de qualquer tipo seriam intoleráveis. A crise teve solução tática, competentemente realizada, com perda de apenas um dos reféns (morto em virtude de um ataque cardíaco durante o ataque), um militar das forças de assalto (morto em circunstâncias não completamente esclarecidas, havendo suspeitas de ter se tratado de um acidente provocado pelo uso incorreto de uma granada defensiva) e a morte dos terroristas.

OPÇÕES DE ATUAÇÃO TÁTICA DO NEGOCIADOR

Uma das qualidades exigidas do negociador é que seja um policial experiente, com vivência operacional das ruas e conhecimentos da mecânica básica de funcionamento do GT. Sintomaticamente, muitos negociadores são oriundos de grupos táticos, o que lhes dá uma certa vantagem sobre os demais policiais, pois percebem com facilidade o que buscar em caso de necessidade.

A obtenção de informações é a primeira e mais frequente modalidade de atuação tática do negociador. Sendo a mais confiável fonte de obtenção de informações sobre o estado mental do captor, seus comportamentos e características de personalidade, o negociador será frequentemente buscado pelo GT para esclarecimento de questões a esse respeito. Essas informações podem ser obtidas por meio do contato direto com o captor, com as pessoas capturadas ou com a introdução no ambiente crítico de equipamentos de escuta ou outros. A coleta de objetos contendo impressões digitais dos captores, para confirmação de identidade, é outra possibilidade, assim como acordo com os captores visando à aproximação de elementos para entregas, possibilitando observação aproximada, fotografias ou filmagens do ambiente operacional.

Técnicas que possibilitam a diminuição do risco inerente ao assalto

A negociação proporciona ganho de tempo que pode ser usado na elaboração de decisões e montagem do plano operacional. Ao mesmo tempo, proporciona o estabelecimento de rotinas que baixam o estresse do PEC e diminuem sua atenção e vigilância. O próprio desenvolvimento da Síndrome de Estocolmo, como parte do processo da negociação, torna o captor mais propenso a aceitar sugestões e alternativas. Eventualmente, o negociador poderá também atuar de maneira a justificar ruídos provenientes da movimentação do GT nos preparativos para o assalto.

Técnicas que podem ser utilizadas no auxílio ao GT

Algumas técnicas podem ser utilizadas ativamente pelo negociador em auxílio ao GT, a saber:

a) Conseguir a entrada de policiais no ponto crítico, supostamente para fins de entrega, razões médicas, reparos, etc.;

b) Montagem de um artifício do tipo "Cavalo de Troia": a entrada no ponto crítico de um veículo em cujo interior se ocultam os integrantes do GT, para um assalto;

c) Identificação do líder, indicando sua localização e distraindo sua atenção no início do assalto;

d) Dar atividades aos captores, de tal forma que estejam em locais definidos ou aproximados, assim diminuindo os riscos para os capturados e componentes do GT no momento do assalto;

e) Colocação de veículo ou outro "acidente urbano" que possibilite a ação do *sniper*;

f) Produzir justificativa para barulhos produzidos pelo GT (por exemplo, adicionando um gerador de força para suprir energia numa "emergência");

g) Fazer concessões significativas, levando o captor a acreditar em vitória, o que o torna menos tenso e mais vulnerável a erros de avaliação, facilitando o assalto.

Há um número de situações em que o negociador pode auxiliar o GT. Cada evento crítico e cada provocador apresentarão peculiaridades que indicarão as melhores alternativas. Entretanto, o grupo de negociação deve manter uma cautela essencial: o negociador é elemento de apoio, não integrante do GT.

A RENDIÇÃO[142]

A rendição usualmente significa que a negociação foi bem-sucedida: os provocadores serão presos e os reféns libertados. Entretanto, esta é uma fase terrivelmente perigosa do evento crítico, porque existem complicadores que precisam ser muito bem gerenciados: a presença de policiais armados e submetidos à pressão constante de várias horas, os causadores do evento em igual situação e naturalmente desconfiados de tudo o que está ocorrendo e as pessoas capturadas ansiosas por deixar aquela aflição, afligidas pelos sintomas da Síndrome de Estocolmo, eventualmente feridas. O papel do negociador não pode se resumir a uma afirmação vaga do tipo "Tudo bem, podem sair": antes, deve buscar uma absoluta organização da rendição. O primeiro ponto importante é acalmar as pessoas liberadas e garantir o desarmamento do(s) PEC, evitando atitudes agressivas dos capturados ou dos circundantes contra esses.

É uma prática dificílima, uma vez que os criminosos mantiveram sob constante ameaça de morte os capturados e, agora, há uma possibilidade de inversão diante da superioridade numérica da Polícia e da igualdade de condições entre as partes diretamente envolvidas, estando os capturados e provocadores desarmados. Outro ponto é o de identificar precisamente capturados e provocadores: um PEC pode se fazer passar por capturado e fugir tranquilamente da ação policial – até mesmo ajudado pelos próprios capturados, se fortemente presente a Síndrome de Estocolmo.

Em uma rápida avaliação, recomenda-se que, na rendição, todos os envolvidos sejam algemados, tentando-se, desta forma, evitar que um criminoso escape misturando-se aos capturados,ou produza algum comportamento violento e inesperado. Esta é a prática mais imediatista e conso-

---

142 Este capítulo é parte do trabalho de Thomé e Salignac, 2001.

ante à urgência do momento. Entretanto, por este momento ser público, é de difícil justificativa perante a sociedade, que não entenderá por qual motivo pessoas, antes percebidas como vítimas de uma ação criminosa, agora são igualadas aos que as subjugaram.

Existem duas possibilidades que devem ser avaliadas pelo gerente: todos saem algemados do ponto crítico (inclusive os capturados), ou o negociador conduz o processo de rendição soltando primeiramente aqueles identificados como reféns ou vítimas, um a um, que são conduzidos para uma sala reservada para identificação. Logo após, aqueles identificados como provocadores são algemados. Recalcitrante o criminoso em ser algemado, o negociador deixará claro que é um aspecto de segurança para o próprio causador do evento, cuja imobilização aliviará a tensão do ambiente.

Paralelamente, o gerente avaliará o cenário, identificando possíveis focos de violência entre as forças policiais, tratando de afastar o problema. Observa-se que, não raras vezes, o momento de libertação ou do fim da ação é festejado como se houvesse um gol em uma partida de futebol, com delegados abraçando os capturados, policiais gritando e até disparando tiros para cima. Se a rendição não for bem coordenada, com ações conjuntas e simetricamente observadas entre gerente e negociador (desarmamento dos criminosos, afastamento de policiais belicosos), o que seria a solução do evento pode passar a pesadelo e transformar-se em nova crise.

Por outro lado, imediatamente após a libertação das pessoas capturadas e da prisão dos provocadores, serão adotadas os procedimentos relativos à Polícia Judiciária. O assessor de Polícia Judiciária assumirá os trabalhos, convocando a Polícia Técnica para levantamento de local e outras perícias. Presidirá a lavratura de auto de prisão em flagrante, se for o caso, ou determinará a instauração de inquérito policial, passando a ouvir as pessoas envolvidas, exceto aquelas que não tenham condições de depor.

É indispensável a percepção de que o momento da rendição não é adequado para ações táticas de qualquer natureza, exceto aquelas ditadas por absoluta emergência[143]. Os eventos circundantes à rendição devem ser exaustivamente planejados em conjunto pelo gerente, pelos grupos de negociação e tático e pelos policiais responsáveis pelo isolamento do

---

143 Neste caso, a emergência será ditada por ações hostis e imprevisíveis dos PEC, provocadoras de risco de morte às pessoas envolvidas no evento crítico. A resposta a tais ações hostis fica, claro, por conta do GT.

ponto crítico. O objetivo é garantir a segurança de todos os envolvidos, eliminando-se a possibilidade de medidas potencialmente provocadoras de novos conflitos.

Nesta fase, pode haver um problema advindo da negociação, se forem asseguradas garantias aos criminosos que a lei não permite: por exemplo, o interlocutor assegurou aos provocadores que "vocês não responderão por..." – este tipo de falha raramente se observa quando o negociador é elemento integrante das forças policiais, sendo antes típico de eventos em que a negociação é entregue a interlocutores despreparados.

A Polícia Judiciária averiguará o episódio em todas as suas circunstâncias e indiciará quem quer que tenha dado causa ao evento, tipificando os delitos dentro da melhor técnica possível, observadas as provas colhidas pelo delegado de Polícia. As condições da liberação não implicam engessamento da atividade da Polícia Judiciária, posto que sua função administrativa é a de apurar a verdade, esclarecer a infração e apontar autoria em fase preparatória da ação penal. Como se vê, a repercussão de uma intermediação malfeita ou mal conduzida começa a mostrar suas implicações imediatamente após a solução do conflito.

A seriedade da condução de uma rendição fica mais evidente quando percebemos, examinando eventos ainda presentes na nossa lembrança, que eventos críticos conduzidos de forma adequada desandaram em tragédias, exatamente no instante em que tudo parecia controlado. Os principais atores do gerenciamento precisam, por isso mesmo, antecipar as medidas que adotarão, inclusive em função de uma verdade poucas vezes percebida: nem sempre uma rendição é assim assumida, não sendo incomuns eventos em que os provocadores conduzem o evento de tal maneira que sua rendição não tenha essa conotação – por orgulho ou temor de retaliações de eventuais comparsas, preferem uma atuação em que paulatinamente se entregam às autoridades, liberando lentamente pessoas capturadas e entregando armas, cedendo terreno até que finalmente nada mais há a fazer exceto a entrega final. Mesmo então, erros podem acontecer – e o exemplo da tomada do ônibus 174, no Rio de Janeiro, serve como alerta.

ADMINISTRAÇÃO DE CONFLITOS ENTRE GC E GN [144]

Conflitos entre policiais do GN e GT ocorrem, aparentemente, como resultado de paradigmas de competições a respeito da melhor maneira de lidar com eventos críticos envolvendo pessoas capturadas. Variada literatura trata das estratégias e táticas empregadas por esses grupos – entretanto, existem pouquíssimos trabalhos sobre as melhores maneiras de transpor os conflitos que emergem dentre os diversos grupos envolvidos no gerenciamento de crises, especialmente em relação às influências que suas diferentes perspectivas exercem sobre a condução dos trabalhos do gerenciamento.

O AMBIENTE DO GGC

Eventos críticos constituem-se na forma mais complicada de resolução de problemas, pois a decorrência de erros pode ser a morte ou graves ferimentos nas pessoas envolvidas. Por isso, o gerenciamento de crises é uma tarefa altamente especializada, mesmo em relação à própria comunidade policial, e requer treinamento diferenciado. Por essas razões, idealmente, as organizações policiais criam grupos especializados para a ação tática e para a negociação, especialmente para atuação nessas situações. Em nosso País, os grupos táticos são uma realidade na maioria das Polícias – mas grupos de negociação ainda formam uma exceção, com policiais atuando de maneira improvisada ou em regime de meio período.

---

[144] Vecchi, 2002.

Os integrantes do GT e do GN (quando existe) são considerados policiais de elite, tanto interna como externamente à organização policial. Essa consideração ocorre em função do grande interesse que suas ações despertam, especialmente na mídia, mas também nos meios políticos e no grande público. Uma gerência de crise competente evita tragédias e cria heróis, enquanto um evento mal administrado produz desastres e pode destruir carreiras. Assim, de maneira geral, essas unidades policiais recebem orçamentos e equipamentos diferenciados. Os treinamentos requeridos aos candidatos aos GT são extenuantes – mas, uma vez aceitos no grupo, recebem um tratamento realmente apartado dos demais policiais.

A natureza especial desses grupos, assim como a competitividade que reina entre eles, resulta em integrantes com alto grau de solidariedade, confiança e espírito de corpo mútuo, especialmente quando se considera a cultura reinante nessas equipes. Essa visão nos obriga a considerar cuidadosamente conflitos entre esses grupos tão fechados, unidos – e de objetivos tão diametralmente opostos. Como exemplo, basta entender que os GT, paramilitares por natureza, absorvem profundamente a cultura policial que busca a imediata solução dos problemas que lhes são apresentados; para eles, os suspeitos representam uma ameaça a ser neutralizada. Em contraste, os negociadores optam por uma estratégia que envolve grandes períodos de tempo investidos em ajudar o PEC a ultrapassar sua própria crise e terminar a situação pacificamente, de modo não violento, assim salvando vidas.

Para os negociadores, os suspeitos nada mais são do que seres humanos que respondem a atenção ativa e suporte emocional. Dessa maneira, por essas diferenças tão intensas na forma de perceber o evento crítico, conflitos podem emergir entre o GN e o GT, como resultado de suas injunções culturais e mesmo administrativas. Esses conflitos podem, inclusive, adquirir um efeito amplificado em função das repercussões dadas pela mídia, com consequente pressão sobre os grupos e sobre o gerenciador da crise, obrigado a mediar as diversas opções estratégicas que são dadas pelos grupos. Esse verdadeiro cabo de guerra pode provocar a ruptura entre as equipes, de tal maneira a desviá-las do verdadeiro foco da missão: a solução do evento crítico.

ADMINISTRAÇÃO DE CONFLITOS ENTRE OS GRUPOS

Durante um evento crítico, salvar vidas é a meta primordial. Muito embora ambos os grupos busquem esse objetivo, as abordagens são usualmente diferentes e pertinentes à sua visão profissional: o GT prefere métodos fisicamente dinâmicos para neutralizar uma ameaça (contenção, assalto tático, neutralização por atirador de precisão). O GT e o GN favorecem a desescalada da emotividade no ponto crítico, com o uso de atenção ativa e suporte emocional. Em ambos os casos, os dois grupos vão buscar influenciar o gerenciador, fornecendo argumentos e recomendando alternativas. Se ambos os grupos concordarem com as recomendações oferecidas, haverá baixa possibilidade de ocorrência de conflitos. Entretanto, em caso de divergências (que naturalmente ocorrem), o potencial para o conflito pode se exacerbar.

Quando os grupos divergem, forma-se um triângulo cujos vértices são o chefe do GGC, o chefe do GT e o chefe do GN. De maneira similar a um árbitro, o chefe do GGC atua mediando as relações entre seus comandados, recebendo os argumentos que lhe são fornecidos pelos chefes das equipes respectivas. Durante o desenrolar do incidente, o chefe do GGC, atuando como um árbitro, decide a melhor maneira de solucionar o evento, baseando-se nas alternativas propostas pelos grupos. O incorreto tratamento do fluxo dessas informações, eventualmente conflitantes entre si, pode ser o estopim para uma crise interna.

A solução para este tipo de problema pode estar contida numa abordagem frequentemente utilizada em negociação: o foco na importância da redução e administração dos pontos de conflito entre os dois grupos por meio da aplicação de um processo em três estágios: (entender, pré-negociar e negociar), usando conceitos de resultados de relacionamentos, pré-negociação, colaboração e negociação interna e externa aos grupos.

Estágio 1 (Busca do entendimento): Encorajando relacionamentos

Este estágio volta-se para a redução do potencial para conflitos antes de sua ocorrência, o que se obtém pela compreensão e reconhecimento, por cada grupo, da importância e legitimidade das tarefas exercidas pelo outro, especialmente pelo encorajamento das relações entre ambos. Com o desenvolvimento dessa estratégia, o potencial para o conflito diminui, na medida em que os grupos desenvolvem e promovem vínculos sociais por meio da continuidade das interações, assim reduzindo as barreiras culturais existentes entre as equipes. As estratégias, visíveis ou sub-reptícias, utilizadas pelas equipes para esse relacionamento também são importantes indicativos da necessidade de medidas mais agressivas de interferência.

Em algumas agências policiais americanas, adotou-se o método de eliminar a retórica "tática" ou "de negociação", incentivando os integrantes dos dois grupos (claramente identificados) a se perceberem como integrantes de uma mesma equipe (uma equipe de gerenciamento de crises com dois grupos distintos). Outra opção é realizar treinamentos conjuntos com interações entre os dois grupos, de tal sorte que ambos percebam as dificuldades e particularidades das tarefas desempenhadas por cada um – dessa forma, todos têm a oportunidade de perceber que a própria situação, por si só, indicará qual a estratégia ou tática que mais bem se adapta às suas necessidades.

Estágio 2 (Pré-negociação): Incentivando a colaboração

A importância do entendimento, por cada grupo, do valor do outro e de sua interdependência mútua é crítica, assim como a valorização do bom relacionamento entre ambos. Todas essas realizações, entretanto, não são suficientes para prevenir de forma duradoura a ocorrência de conflitos durante a gerência dos eventos críticos.

Para tanto, os dois grupos devem ser encorajados a negociar entre si seus pontos de vista particulares, a fim de facilitar a interação cooperativa, visando à solução da crise. Quando isso acontece, atingiu-se o estágio da pré-negociação, definido como o período de tempo antes das negociações com o PEC terem início, quando as entidades envolvidas na busca de solução rastreiam a melhor forma de atuação, valorizando a soma das habilidades e possibilidades de todos, em detrimento das solitárias possibilidades de apenas um de seus integrantes.

Para o GT e o GN, isso significa um acordo que define e delimita o problema enfrentado, com o compromisso conjunto de buscar a melhor solução possível. Nesse ponto, os chefes dos grupos concordam em evitar as polêmicas vazias e preconceituosas que usualmente ocorrem em organizações despreparadas e buscam o entendimento por meio do exame multilateral da crise.

Concomitantemente, ambos os grupos devem, de forma madura e serena, estar preparados para aceitar as decisões do gerenciador, que terá de decidir, eventualmente, entre alternativas excludentes que sejam apresentadas. As divergências devem ser dirimidas na reunião pós-incidente.

Estágio 3 (Negociação): Usando a colaboração e a negociação

No estágio 3, ambos os grupos trabalham conjuntamente, de maneira harmoniosa, buscando alcançar o objetivo comum de salvar vidas. Isto acontece não apenas entre as equipes, mas principalmente dentro de cada grupo, com seus integrantes aceitando a diversidade de opiniões e métodos que é inevitável quando se busca a solução de situações de crise. Neste estágio, o GT já percebe a solução pacífica como a melhor forma de resolver eventos críticos.

A cooperação entre o GT e o GN é particularmente útil quando os eventos tratados apresentam uma ou mais das seguintes características:

a) Problema é mal definido ou existem divergências sobre a forma pela qual deve ser definido (trata-se de evento crítico com ou sem refém?);

b) Pode haver uma disparidade de poder ou recursos alocados para a gerência do problema (o gerenciador, ex-integrante de GT, pode ser influenciado pela busca da solução tática, em virtude de sua origem profissional, ou pode haver indisponibilidade de recursos financeiros para as despesas decorrentes);

c) Policiais podem ter diferentes graus de proficiência ou diferentes graus de acesso à inteligência disponível (GT sabe a localização do PEC no ponto crítico, mas não repassa esses dados ao GN);

d) Complexidade técnica ou incerteza científica (reações do PEC à ação policial são de difícil previsão);

e) Diferentes pontos de vista dos policiais presentes ao evento levam a divergências (a Polícia deve ou não adotar a solução tática letal?);

f) Esforços que levam em consideração apenas um ponto de vista produzem atritos entre os envolvidos (forçar uma solução tática sem levar em consideração outras opiniões);

g) A metodologia escolhida para a busca de solução do problema enfrentado aparentemente não dá resultados e/ou agrava a crise (negociações que não dão resultado).

O IMPACTO E O PAPEL DO CHEFE DO
GRUPO DE GERENCIAMENTO

A atuação do chefe do GGC tem tremendo impacto no conflito potencial entre o GT e o GN – na prática, estes dois grupos determinam a maneira pela qual sua organização vai encarar e, finalmente, resolver um evento crítico. Para isso, o gerenciador terá de optar por uma das possibilidades aceitáveis de resolução apresentadas por seus chefes de GT e de GN, responsáveis pela assessoria em seus campos de atuação – e que são, em última análise, os elementos que darão fim à crise, da maneira mais segura possível, agindo sob orientação do comandante da cena de ação.

A influência deve ser utilizada em lugar da autoridade formal, no relacionamento com subordinados, contatos externos ou outros elementos dos quais se dependa, em situações em que o sucesso ocorra por meio da interdependência. Isso é particularmente verdadeiro nos casos em que GT e GN estejam presentes: constituídos por elementos altamente qualificados e incentivados a um profissionalismo por vezes exacerbado (consequentemente, competitivos ao extremo).

O contraponto ao simples despotismo é a adoção de uma política contemplando um balanço de influência e poder entre os dois grupos, com o gerenciador atuando como mediador ou árbitro, encorajando as equipes à cooperação coletiva. O desenvolvimento de uma estratégia baseada na discussão conjunta das opções que cada grupo julga mais apropriada à solução do evento crítico, enriquecida pelos conteúdos de inteligência e perspectivas particulares a cada campo de conhecimento, tende a ser a mais efetiva forma de gerenciamento – de maneira a preservar e reforçar a autoridade natural do chefe do GGC que, assim agindo, incrementa a formação de uma rede de influência que pode ser mutuamente vantajosa aos seus integrantes (o GGC, o GN e o GT como principais atores do gerenciamento de crises).

Cautela também deve ser exercida pelo gerenciador em relação às suas origens, como fonte de direcionamento de suas decisões: prudentemente, o gerenciador oriundo de um GT deve dedicar energia adicional ao entendimento das necessidades do GN, e vice-versa.

As decisões estratégicas e táticas na cena da crise recaem, solitariamente, nos ombros do gerenciador. O bom uso das suas ferramentas deve ser baseado em sabedoria e humildade – e muito diálogo entre todos.

DOIS EXERCÍCIOS TEÓRICOS

Treinar um profissional, habilitando-o a trabalhar na resposta a eventos críticos, seja como negociador, seja como integrante do grupo tático, seja como chefe do grupo de gerenciamento, é tarefa que não se resume a cursos ou palestras: a dramatização de ações e exercícios práticos são apenas o passo inicial, que se estenderá a trabalhos de campo e um "estágio" mínimo em que o policial dedicar-se-á a acompanhar os veteranos em seu desempenho real.

A participação em exercícios teóricos deve ser incentivada e serve também ao orientador, que perceberá rapidamente quais treinandos merecem maior investimento.

O desenvolvimento desses exercícios deve ser objetivo sempre presente aos instrutores da matéria, e existe farto campo para isso: basta uma notícia de jornal para fornecer o material necessário, que pode variar de pequenas tarefas (como as que se seguem), até encenações complexas com várias horas de duração.

A seguir, são propostos dois exercícios teóricos que aplico em meus cursos. Ambos são ligeiramente diferentes na metodologia de aplicação.

A turma deve ser separada em equipes (máximo de cinco integrantes), idealmente com instruendos pertencentes a diferentes organizações e hierarquias. A equipe deve se organizar internamente, definindo um chefe e um relator, que será o responsável por apresentar ao grande grupo a resposta de sua equipe a cada uma das etapas.

As folhas com cada etapa são distribuídas (apenas uma folha para cada equipe) e dou um tempo para a leitura e resposta – a atividade transcorre num mesmo ambiente para todos, o que transforma o exercício numa inacreditável algazarra – o que, enfatizo, em muito lembra o ambiente usual de uma crise.

Costumo observar os grupos durante o exercício e cobro a resposta imediatamente após a leitura da questão, sem dar muito tempo para divagações e discussões (lembro sempre que a crise funciona em regime de compressão de tempo).

Chamo os representantes de cada grupo (designo-os "relatores") para justificar perante a turma suas respostas, aceitando os argumentos das demais equipes. Caso não cheguem à resposta desejada, forneço-a. Atribuo pontos a cada resposta correta e diminuo pontos dos que erram, anotando os resultados numa tabela que fica à vista de todos.

A competição que se forma torna a atividade divertida e emocionante – mas o instrutor deve ficar atento para evitar exageros e manter a cordialidade entre todos (existem alunos que não se conformam com seus próprios erros e alegam candidamente que já procederam daquela maneira anteriormente "e tudo deu certo").

EXERCÍCIO 1
CRISE EM AEROPORTO

Duração aproximada: duas horas

Orientações

Este exercício foi elaborado com o objetivo de aumentar seu conhecimento sobre negociação em crises. É completamente fictício e não se baseia em nenhum evento real ou pessoas efetivamente existentes.

Você acompanhará as etapas sucessivas de um episódio, discordando ou concordando com as decisões tomadas. Leia atentamente cada sequência (etapa) do evento. O instrutor marcará um período de tempo dentro do qual o grupo deverá assinalar a opção mais apropriada em cada caso. O tempo é um fator extremamente importante em qualquer incidente deste tipo, por isso cada segundo é importante. Lembre-se de que, em situação real, há certas variáveis que você não poderá controlar. Após o início de cada etapa, nenhuma pergunta poderá ser feita ao instrutor.

ETAPA 1

O avião de uma empresa aérea estrangeira foi capturado em pleno voo e aterrissou no Aeroporto Internacional de Brasília. Os captores anunciam exigências para o piloto, além de exigir que ele as transmita à torre para imediato atendimento. Dizem ser lutadores revolucionários pela liberdade e exigem, além do fornecimento da quantia de trinta milhões de dólares, que seis dos seus companheiros, que estão presos numa base militar estrangeira, sejam soltos imediatamente, estabelecendo um prazo de doze horas para o atendimento de suas exigências.

Transcorrido o prazo, matarão uma pessoa a cada quinze minutos. O total de passageiros é de 132 pessoas, além de 11 tripulantes. Os captores exigem ainda que todo o aeroporto seja interditado, sem que ninguém possa entrar ou sair do local.

A aeronave foi posicionada de forma que os terroristas têm ampla visão da única estrada que liga o aeroporto à cidade.

O chefe da segurança é chamado à torre imediatamente e, devido às suas muitas ligações e influências, decide-se que ele será o responsável pelas negociações. Policiais presentes alegam que ele pode ser o interlocutor, mas propõem que um técnico seja o coordenador do processo de negociação. O chefe de segurança dispensa o apoio policial, alegando vasto conhecimento teórico sobre o assunto.

A primeira medida do chefe de segurança é indicar o comandante da aeronave como a pessoa responsável pelas negociações a bordo. Ele orienta o comandante a assegurar aos terroristas que todo esforço será feito para satisfazer suas exigências.

VOCÊ CONCORDA COM A ATUAÇÃO DO INTERLOCUTOR COMO NEGOCIADOR INDEPENDENTE?

Concorda: ❑

Discorda: ❑

Resposta: um negociador precisa ser um técnico. A indicação de um leigo pode ser aceita, desde que ele aceite atuar sob supervisão de um profissional de Polícia – neste caso, será um "interlocutor" e não o "negociador". A resposta aceitável é DISCORDO.

VOCÊ CONCORDA OU DISCORDA DAS MEDIDAS INICIAIS DO INTERLOCUTOR?

Concorda: ❑

Discorda: ❑

Resposta: a medida inicialmente adotada de tornar o comandante da aeronave como interlocutor é equivocada, pois o comandante estará sujeito a enorme pressão e não se pode obrigá-lo a medidas que provoquem desgaste com os captores. Além disso, assegurar aos terroristas que "tudo será feito para atender suas exigências", na prática, impede a negociação. A resposta aceitável é DISCORDA.

ETAPA 2

O comandante da aeronave imediatamente desqualifica-se como interlocutor, alegando dificuldades de comunicação.

O chefe da segurança reconhece seus erros, aceita a orientação do negociador policial e informa aos captores que não sabe quais exigências poderão ou não ser atendidas, até que ele consulte as autoridades com poder de decisão.

Assim, ele esclarece sua posição como um interlocutor, e não como um elemento com poder decisório.

Consultando os controladores de tráfego aéreo, o chefe da segurança descobre que o tempo de voo e o tempo necessário para remover os terroristas da prisão em que se encontram será de no mínimo dezoito horas.

Ele recebe uma notícia dando conta de que as autoridades do país onde estão os presos recusam-se a atender as exigências. Informados sobre o tempo necessário, os terroristas concordam em aceitar o prazo de dezoito horas, mas continuam exigindo a imediata entrega do dinheiro (não foram informados sobre a negativa de cooperação das autoridades estrangeiras).

O interlocutor é informado que dois passageiros foram baleados durante a tomada da aeronave, sendo que um foi morto como advertência aos demais. Além disso, está ficando bastante quente no interior do avião e os terroristas exigem o imediato encaminhamento de um equipamento de ar-condicionado. O interlocutor aceita a exigência e solicita que o aparelho seja enviado imediatamente.

VOCÊ CONCORDA COM O ATENDIMENTO DESSA EXIGÊNCIA?
Concorda: ☐
Discorda: ☐
Resposta: o interlocutor não pode abrir a negociação e atender a todas as exigências sem receber algo em troca. Existe ao

menos uma pessoa ferida e até um passageiro morto. O atendimento da exigência deve ser encarado como uma oportunidade de socorrer o ferido e remover o morto. A resposta aceitável é DISCORDA.

ETAPA 3

Os terroristas agora exigem alimento para os passageiros.

O interlocutor permite que os alimentos sejam entregues com a condição de que o passageiro ferido seja liberado. Os sequestradores recusam a oferta, mas concordam em dar informações sobre o estado de saúde dos passageiros.

O interlocutor decide enviar o alimento, mas não exigir a libertação do ferido, tomando conhecimento de que o passageiro em questão, com aproximadamente 60 anos de idade, está inconsciente e gravemente ferido. Não há evidência de choque. É informado que os sequestradores usam máscara e se identificam por números.

Uma vez que já se desenvolveu um bom relacionamento entre os terroristas e os reféns em outros eventos semelhantes, o interlocutor crê que isso será inevitável também agora, e que os terroristas serão mais simpáticos à liberação do ferido se o seu estado se tornar mais crítico.

VOCÊ:

Concorda: ☐

Discorda: ☐

Resposta: cada evento crítico é único e não pode ser resolvido tendo como único critério os resultados de outra crise, mesmo uma que tenha características aparentemente semelhantes com aquela em atuamos no momento. No caso presente, os terroristas adotam medidas que impedem o estabelecimento de relações com os passageiros e tripulantes (dificultando o aparecimento da Síndrome de Estocolmo) e demonstram grande crueldade com um idoso ferido. A resposta aceitável é DISCORDA.

ETAPA 4

O interlocutor é informado que a ocorrência de relacionamento positivo em tais circunstâncias é improvável.

Devido ao fato de que há um passageiro ferido, o interlocutor agora acha que a situação é crítica e resolve propor ao chefe do grupo de gerenciamento de crises um imediato assalto, a fim de liberar a aeronave.

O chefe do grupo de gerenciamento de crises (GGC) aceita a proposta e determina ao chefe do grupo tático que inicie a mobilização.

O negociador da polícia propõe novas medidas. Acredita que ainda há uma base para negociação e deseja continuar o processo, apesar dos terroristas não mostrarem indícios de que soltarão os reféns.

VOCÊ:

Concorda: ☐

Discorda: ☐

Resposta: a ação tática é medida que somente pode ser adotada depois que todas as demais opções forem examinadas e postas de lado, pois existem riscos que podem atingir a todos. Além disso, ainda não houve nenhuma pressão sobre os captores, o que indica a possibilidade de avançar na negociação. A resposta aceitável é CONCORDA.

ETAPA 5

O piloto reporta ao interlocutor que o passageiro ferido começou a incomodar os demais passageiros com seus gemidos. Alguns deles começam a perder o controle emocional e o piloto pede permissão para distribuir bebidas alcoólicas aos mais descontrolados. Um suprimento adicional de cerveja e vinho é solicitado ao interlocutor. O negociador da polícia é contrário e instrui o interlocutor a aconselhar o comandante a esperar até que uma equipe de consultores, que acaba de ser formada, seja questionada sobre a solicitação.

Os consultores contraindicam o procedimento.

VOCÊ CONCORDA OU DISCORDA DA DECISÃO DE ESPERAR, APESAR DO PÂNICO QUE ESTÁ SENDO GERADO NA AERONAVE, E DEPOIS PROIBIR A DISTRIBUIÇÃO DE BEBIDAS ALCOÓLICAS AOS PASSAGEIROS DESCONTROLADOS?

Concorda: ☐

Discorda: ☐

Resposta: existem itens que não são negociáveis. Qualquer exigência que implique possibilidade de agravamento da crise não deve ser atendida. O negociador deve buscar recursos para desescalar a tensão no ambiente da crise. A resposta aceitável é CONCORDA.

ETAPA 6

O interlocutor contata os terroristas e propõe o encaminhamento de medicamentos tranquilizantes aos passageiros mais descontrolados, pacote que ele mesmo levaria. Recebe um sinal verde e consulta sua equipe sobre a viabilidade de incluir no pacote de tranquilizantes uma cápsula que detonaria e espalharia um agente químico que imobilizaria todos os ocupantes da aeronave, inclusive o próprio interlocutor.

Os consultores explicam os riscos e benefícios de tal ação e solicitam uma cuidadosa avaliação da ideia antes de colocá-la em prática.

VOCÊ TENTARIA TAL MEDIDA?
Sim: ☐
Não: ☐
Resposta: as medidas táticas devem ser deixadas exclusivamente a critério do grupo tático, e mesmo assim apenas quando suas ações forem determinadas pelo chefe do grupo de gerenciamento ou, em caso de medidas emergenciais, de acordo com os procedimentos autorizados. A resposta aceitável é NÃO.

ETAPA 7

O interlocutor avisa aos terroristas que o pacote com tranquilizantes (sem a cápsula de gás) está pronto para ser entregue.

Os captores mudam de ideia e recusam-se a permitir qualquer tranquilizante a bordo.

Informam ao interlocutor que o estado de saúde do passageiro ferido é cada vez mais grave, parecendo que ele em breve morrerá. Os terroristas alegam que não há tempo a perder. Eles propõem a liberação de todos os feridos e a permissão para distribuição dos tranquilizantes em troca do fornecimento de quatro submetralhadoras e dezesseis carregadores com sua munição (que eles sabem fazer parte do arsenal das forças de segurança presentes no aeroporto).

Para salvar a vida do passageiro ferido, o interlocutor concorda com as condições.

> VOCÊ:
> *Concorda:* ☐
> *Discorda:* ☐
> *Resposta:* mais uma vez temos um item não negociável. O fornecimento de armas aos captores aumenta sua letalidade e indica que os órgãos de segurança perderam o controle da situação e aceitam ficar à mercê dos criminosos. Em casos dessa natureza, de inflexibilidade dos captores, a indicação mais plausível é a preparação da ação tática e a ênfase do negociador na possibilidade de adoção de medidas duras. A resposta aceitável é DISCORDA.

ETAPA 8

O interlocutor informa que não é possível atender a exigência, mas oferece alternativas, tais como medicamentos e alimentação para todos.

Os captores acabam por aceitar liberar o ferido, que após a liberação é levado para entrevista, durante a qual informa que o líder dos captores é uma mulher.

O interlocutor fica surpreso ao descobrir isso. Ele se sente aliviado com este fato e acredita que um desfecho violento é menos provável, pois mulheres são sempre menos violentas que homens, embora os terroristas tenham armas e munições.

> VOCÊ CONCORDA OU DISCORDA DE TAL AVALIAÇÃO?
> *Concorda:* ☐
> *Discorda:* ☐
> *Resposta:* eventos críticos não permitem espaço para considerações sexistas. Não existe nenhum indicativo de que o provocador, por ser mulher, seja mais flexível ou piedoso, coisa que inclusive já demonstrou não ser! A resposta aceitável é DISCORDA.

ETAPA 9

Buscando a facilitação do processo de negociação, o chefe do grupo de gerenciamento resolve convocar uma funcionária do aeroporto, uma brilhante psicóloga, para atuar como negociadora. Mesmo sabendo que ela não tem experiência prévia em negociação em crises, ele acredita que seu conhecimento acadêmico servirá.

Sua intenção é reduzir qualquer possível preconceito baseado em sexo, por parte da líder terrorista, em relação ao interlocutor atual.

VOCÊ CONCORDA COM TAL MEDIDA?

Concorda: ☐

Discorda: ☐

Resposta: mais uma vez, considerações sexistas e preconceituosas estão em ação. A resposta aceitável é DISCORDA.

ETAPA 10

Já é noite. Começa a trovejar e relâmpagos parecem provocar defeitos que interrompem a energia elétrica.

O piloto obtém permissão dos terroristas para realizar uma inspeção externa.

O interlocutor avisa que, unilateralmente, decide utilizar este evento para tentar uma reunião clandestina com o piloto, disfarçado de membro da equipe de mecânicos, para determinar as possibilidades de um assalto.

VOCÊ CONCORDA OU DISCORDA?

Concorda: ☐

Discorda: ☐

Resposta: qualquer medida dessa natureza, se, e quando aceita como viável pelo chefe do grupo de gerenciamento, deve ser planejada e executada pelo grupo tático. A resposta aceitável é DISCORDA.

ETAPA 11

Ao amanhecer, o interlocutor e os sequestradores surpreendem-se com uma manifestação de protesto contra a tomada da aeronave, que se realiza nas proximidades da cerca da pista de pouso, praticamente ao lado do avião. Não houve preocupação do chefe do grupo de gerenciamento de crises em isolar aquela área, e chega uma informação dando conta de que os manifestantes representam um grupo de ativistas que é contrário aos captores da aeronave e têm uma velha história de divergência com as ideias dos sequestradores, formando um grupo disciplinado e com grande visão crítica da situação.

Faltam apenas duas horas para o fim do prazo dado pelos captores. O grupo de decisão informa ao gerenciador que o resgate não será pago e o interlocutor depara-se com dois problemas: como lidar com os manifestantes e como lidar com o problema do prazo vencido.

O gerenciador é aconselhado pela sua equipe a informar aos sequestradores que as manifestações estão dificultando o atendimento das reivindicações.

Os manifestantes têm grande influência na cidade. Uma autoridade política insiste com o interlocutor para que este permita a plena realização dos protestos.

VOCÊ CONCORDA OU DISCORDA DA DECISÃO DE PERMITIR AS MANIFESTAÇÕES NAQUELE PONTO?

Concorda: ☐

Discorda: ☐

Resposta: o chefe do grupo de gerenciamento não pode se curvar a conveniências políticas ou a qualquer evento que prejudique o andamento dos trabalhos de busca da solução do evento crítico. As manifestações podem ocorrer, mas em local que não concorra para o agravamento da situação. A resposta aceitável é DISCORDA.

ETAPA 12

O chefe do grupo de gerenciamento providencia o isolamento e define uma área segura para as manifestações, assim mantendo um bom canal de contato com os manifestantes, que se retiram para o local definido.

O interlocutor faz contato com os captores e eles lembram que restam apenas 90 minutos para o fim do prazo. O interlocutor precisa decidir como prolongar o prazo e acha que tem basicamente duas opções: não dizer nada até o fim do período ou informar os terroristas, logo que possível, que houve um atraso no processo de liberação dos prisioneiros.

O interlocutor recebe informações do piloto: os passageiros estão adoecendo, com náusea e diarreia, e uma passageira tenta insistentemente seduzir um terrorista.

O interlocutor decide não esperar mais e informa aos terroristas sobre o atraso inevitável.

VOCÊ CONCORDA OU DISCORDA?

Concorda: ☐

Discorda: ☐

Resposta: as negociações devem se fundamentar em honestidade. Se existem obstáculos que impedem uma determinada ação, cabe ao responsável pelos contatos com os provocadores a busca de soluções flexíveis que permitam a continuidade das negociações, providência que deve ser realizada em conjunto com a adoção de providências pelo grupo tático, caso medidas emergenciais devam ser tomadas. A resposta aceitável é CONCORDA.

ETAPA 13

Falta meia hora para o fim do prazo.

Os terroristas recusam-se a permitir a saída de qualquer passageiro ferido ou doente. Eles informam ao interlocutor que concedem mais quinze minutos após o final do prazo, ao fim dos quais desejam que os companheiros presos sejam apresentados; nenhum atraso será aceito, pois os provocadores suspeitam que o interlocutor esteja tentando, na realidade, ganhar tempo.

O chefe do grupo de gerenciamento analisa a situação: os terroristas recusam-se a permitir o desembarque dos doentes e feridos; fuzilaram um passageiro na tomada da aeronave; fizeram uma proposta cruel de trocar um homem quase à morte por armamentos e recusam-se a interagir positivamente com os passageiros.

Um psicólogo da polícia alerta: os captores demonstram ser extremamente perigosos devido à má vontade em fazer concessões, aos seus comportamentos e a suas intenções violentas. O psicólogo é de opinião que o fuzilamento de cativos efetivamente se realizará.

O interlocutor observa que até o presente não houve perda de vidas, exceto a morte do passageiro, que ocorreu num momento de extrema ansiedade para os terroristas. Sua análise do processo de negociação indica que houve momentos positivos: na extensão do prazo inicial e na troca do passageiro ferido.

Apesar do alto risco, ele propõe continuar com o processo de negociação, forçando os terroristas a mostrar seus trunfos, achando que estes continuarão razoáveis após o vencimento do prazo.

VOCÊ CONCORDA OU DISCORDA?

Concorda: ☐

Discorda: ☐

Resposta: a morte do passageiro não se deveu a incidentes fortuitos, mas sim à determinação dos captores em provar suas intenções, sendo, portanto, friamente executada. As demais medidas foram adotadas apenas após pressão e a contragosto dos captores. Não existem indicativos de que os provocadores sejam receptivos às negociações. A resposta aceitável é DISCORDA.

ETAPA 14

O fim do prazo chega e passa.

Após quinze minutos, sem nenhum aviso e recusando contato, os terroristas fuzilam o copiloto e jogam o corpo na pista. Informam ao interlocutor que um passageiro será morto a cada 15 minutos de atraso.

O interlocutor recebe um aviso das autoridades: os prisioneiros não serão liberados, mas o dinheiro será entregue em 60 minutos. Com esta concessão, o interlocutor acredita que uma base real de negociações foi estabelecida. Ele repassa as informações aos terroristas e pede o fim das violências, recebendo a garantia de que não haverá outra execução, até que se esgotem mais duas horas, ao fim das quais reiniciarão os fuzilamentos.

O chefe do grupo tático recomenda veementemente o início do planejamento das operações de assalto.

O psicólogo continua com sua opinião de que os terroristas estão cada vez mais inflexíveis e aptos a mais violência. Devido ao fato de que há exigências que não poderão ser cumpridas, o psicólogo acredita que os terroristas provavelmente não negociarão e reiniciarão as violências. Ele aconselha o desenvolvimento de ações alternativas à negociação.

O interlocutor é contrário e convence o chefe do grupo de gerenciamento a continuar com o processo de negociação, mesmo que os presos não sejam soltos e as exigências não possam ser cumpridas no prazo dado pelos captores, esperando negociar um outro prolongamento do tempo concedido. Alega que o mais importante é preservar a vida de todos os sobreviventes e as autoridades é que são as culpadas pela morte do copiloto, ao não atenderem as reivindicações dos captores.

VOCÊ CONCORDA OU DISCORDA?

Concorda: ☐

Discorda: ☐

Resposta: o interlocutor parece ter sido contaminado pelos efeitos da Síndrome de Estocolmo. Os captores deram demonstrações de inflexibilidade e não parecem dispostos a ceder. Numa situação como esta, o chefe do grupo de gerenciamento deve mediar as relações entre o grupo de negociação e o grupo tático, de tal sorte a permitir que ambos realizem o melhor trabalho possível – e, aparentemente, este é um caso típico em que devem se iniciar os planejamentos de resgate tático, com a negociação se voltando a apoiar o GT. A resposta aceitável é DISCORDA.

Fim do exercício

EXERCÍCIO 2
CRISE EM ESTABELECIMENTO PRISIONAL

Duração aproximada: quatro a seis horas

Orientações

Este exercício foi elaborado com o objetivo de aumentar seu conhecimento sobre negociação em crises. É completamente fictício e não se baseia em nenhum evento real ou pessoas efetivamente existentes.

Você acompanhará as etapas sucessivas de um episódio, discordando das decisões tomadas ou com elas concordando. Leia atentamente cada sequência apresentada.

Em situações de instrução, o instrutor marcaria um período de tempo dentro do qual se estudaria cada uma das etapas (fragmentos do caso), assinalando-se a opção mais apropriada ao seu desenrolar, à luz da doutrina. O tempo é um fator extremamente importante em qualquer incidente crítico, por isso cada segundo é importante. O prazo para a resolução do problema seria de oitenta minutos, não incluída a discussão das respostas (normalmente, são organizados grupos compostos por profissionais de diferentes campos, simulando um Comitê de Gerenciamento de Crises).

Lembre-se que, em situação real, há certas variáveis que não podem ser controladas. Além disso, muitas vezes, o senso comum pode indicar uma boa alternativa.

Pegue uma folha de papel e caneta. A cada etapa, o instrutor dará a solução e a avaliação de cada uma de suas respostas, acrescentando ou retirando pontos, conforme o caso.

Leve a sério. Poderia ser real.

Comece a primeira etapa!

ETAPA 1

O secretário de Segurança Pública e Defesa da Cidadania telefona ao diretor do maior presídio do seu Estado, avisando que uma comitiva composta dele próprio, além do juiz das Execuções Penais, do presidente do Tribunal de Justiça, de promotores, procuradores, juízes, policiais e convidados de organizações assistenciais (além de diversos acompanhantes), fará uma visita à penitenciária, onde estão alojados cerca de 600 presos, sendo que pelo menos 60 são considerados de alta periculosidade.

O diretor do presídio considera o evento uma honra e prepara-se para receber os visitantes. Sua primeira providência é diminuir o número de policiais e guardas fardados em serviço, o que demonstrará seu controle sobre a situação. Outra medida tomada é colocar em atividade, na oficina de marcenaria, alguns dos presos mais conhecidos (dentre os quais se encontram homicidas e assaltantes de banco), pois assim todos verão que a reabilitação é sua política mais implementada.

Com boa antecedência, o diretor avisa os presos que exercem alguma liderança entre os demais a respeito da visita, pedindo-lhes que consigam dos outros detentos uma boa postura, pois assim vantagens poderão ser obtidas para todos – maior atenção às suas reivindicações, doações, etc.

VOCÊ CONCORDA OU DISCORDA DA POSIÇÃO E MEDIDAS ADOTADAS PELO DIRETOR DA PENITENCIÁRIA?

Resposta:

- Se você concorda: Diminua dez pontos de seu escore.
- Se você discorda: Acrescente cinco pontos ao seu escore.

Não parece estar havendo um comportamento muito profissional. Todo estabelecimento prisional deve estar sujeito a regras muito claras, inclusive no que diz respeito a visitas e procedimentos correlatos. Formar um circo num tal ambiente é prenúncio de problemas.

ETAPA 2

No dia da visita, tudo parece estar perfeito.

Para não ofender os visitantes, várias providências foram tomadas: um preso de confiança ajuda no encaminhamento das pessoas, levando-as diretamente do estacionamento ao gabinete do diretor, sem perda de tempo, onde outro preso serve café, sucos e biscoitos, que o próprio diretor adquiriu.

Ao recepcionar os primeiros visitantes, o diretor percebe que o grupo é bastante heterogêneo, com pessoas de várias idades e de ambos os sexos. Alguns vieram acompanhados de seus filhos, outros trouxeram namorados, namoradas, amigos.

Vários telefones celulares e *pagers* são vistos. Repórteres da TV, de rádio e de importantes jornais da cidade documentam o evento. Alguns dos policiais que compõem a comitiva estão portando suas armas, o que provoca maior tranquilidade no dirigente da penitenciária.

Após palavras de boas-vindas, o diretor franqueia a entrada dos visitantes ao pavilhão principal, para o começo da visita.

VOCÊ CONCORDA OU DISCORDA DAS MEDIDAS ADOTADAS PELO DIRETOR DA PENITENCIÁRIA?

Resposta:

- Se você concorda: Diminua dez pontos de seu escore.
- Se você discorda: Acrescente cinco pontos ao seu escore.

Continua o *show* de amadorismo. Não parece haver nenhum tipo de procedimento de segurança. Armas dentro de estabelecimentos prisionais? Visitantes sem credenciamento? Telefones celulares? Cuidados em não ofender visitantes com regulamentos que devem valer para todos?

Um estabelecimento prisional deve ser tratado com respeito. Não é um zoológico em que feras enjauladas estão à disposição do público.

ETAPA 3

O grupo começa a entrar no pátio do pavilhão principal.

Começa uma enorme confusão: no primeiro momento, ninguém percebe bem o que está acontecendo, mas pessoas gritam, há uma enorme correria, alguns caem e são pisoteados por outros que vêm em sentido contrário. Um disparo é ouvido e mais outro. Prisioneiros estão dominando os visitantes, alguns de forma violenta: usam pedaços de pau, chuços, barras de ferro, facões improvisados e até algumas armas de fogo. Alguns dos visitantes conseguem chegar ao portão de saída e fogem.

O pequeno número de funcionários dedicados à segurança não consegue sequer esboçar uma reação. Os policiais componentes da comitiva não reagem: percebem que há uma multidão de dezenas de presos que os cercam e, buscando evitar uma conflagração que provavelmente provocaria mortes desnecessárias até entre os visitantes, que agora são reféns, rendem-se e têm suas armas e munições confiscadas pelos prisioneiros.

VOCÊ CONCORDA OU DISCORDA DA POSIÇÃO ADOTADA PELOS POLICIAIS CAPTURADOS?

Resposta:

- Se você concorda, acrescente dez pontos ao seu escore.
- Se você discorda, diminua cinco pontos do seu escore.

Prudência não deve ser confundida com covardia. A atitude dos policiais é louvável, descontando-se a irresponsabilidade de adentrar o presídio nas condições em que o fizeram. Como os rebelados já portavam armas, uma reação violenta poderia provocar um incidente gravíssimo, com resultados inócuos para a solução do evento crítico.

ETAPA 4

A confusão é total. O oficial mais graduado presente, um capitão, resolve envidar todos os esforços para impedir que a rebelião se alastre, determinando que o portão principal seja trancado a qualquer custo. Ao perceber a manobra, um dos líderes dos rebelados, que agora usam máscaras improvisadas, avisa que se o portão não for imediatamente aberto para que todos fujam levando os reféns, um deles será linchado – justamente um jovem soldado da PM, motorista de um dos três coronéis agora capturados. Como prova de suas intenções, alguns presos chutam o soldado.

O capitão, por uma questão humanitária, resolve atender os presos e manda abrir o portão para que todos saiam.

VOCÊ CONCORDA OU DISCORDA DA ATITUDE DO CAPITÃO?

Resposta:

- Se você concorda, diminua dez pontos de seu escore.
- Se você discorda, acrescente dez pontos ao seu escore.

Abrir o portão naquele momento apenas faria com que a crise se espalhasse por toda a cidade, pondo em risco a segurança de muitos cidadãos. Conter, controlar, comunicar e coordenar: estas devem ser as medidas iniciais em casos desta natureza.

ETAPA 5

O capitão decide não abrir o portão. Ao mesmo tempo, adverte os amotinados de que violência vai gerar retaliação, especialmente se resultar na morte do soldado.

Os presos protestam veementemente e levam todos os reféns para um dos pavilhões mais afastados, que já tinha sido preparado para recebê-los, demonstrando que a rebelião fora minuciosamente preparada.

Tudo isso foi filmado e documentado por vários repórteres e cinegrafistas que, inicialmente, se dispõem a permanecer em cativeiro. Mas, após presenciarem as agressões sofridas pelo soldado PM e por outros reféns, mudam de ideia e afirmam aos rebelados que serão mais úteis em liberdade, servindo como divulgadores da rebelião e fiscais da sua incolumidade. Os rebelados aceitam e permitem a saída de todos os cinegrafistas.

O capitão, que ainda está em comando, reluta em permitir a saída dos repórteres e cinegrafistas, pois acredita que assim perderá uma importante fonte de informações. Mesmo assim, aceita sua liberação e lhes pede que permaneçam no local para servirem como eventuais mediadores.

ESCOLHA A ALTERNATIVA CORRETA:

1. Está correto permitir a liberação dos jornalistas e cinegrafistas, que devem ser utilizados como mediadores.
2. Os jornalistas e cinegrafistas devem permanecer em cativeiro, para assim atuarem como mediadores.
3. A liberação deve ser imediata, mas os reféns não podem atuar como mediadores.
4. Todos os reféns devem permanecer em cativeiro, sendo incentivados a hostilizar os captores, facilitando a instalação da Síndrome de Estocolmo.

Resposta:

- Respostas 1, 2, 4: Diminua 20 pontos do seu escore.
- Resposta 3: Aumente 20 pontos em seu escore.

A liberação de qualquer pessoa cativa deve ser a meta principal. Quando isso acontece de forma espontânea, deve ser imediatamente aproveitado – existem, claro, variáveis complicadoras, mas devem ser discutidas caso a caso.
A escolha de negociadores e interlocutores ou mediadores (sim, há diferenças...) deve ser criteriosa e baseada em critérios técnicos. Interlocutores ou mediadores (como é o caso) que estiveram, de alguma maneira, diretamente envolvidos com o evento podem ter sido já contaminados pela Síndrome de Estocolmo, não sendo, portanto, isentos como o caso exige.

ETAPA 6

O ambiente ainda é confuso e as pessoas não sabem direito o que fazer. Agora já se passaram 40 minutos do início da rebelião e os policiais presentes, em número de 80, julgam-se em condições de realizar um assalto às instalações onde estão os reféns, visando sua liberação.

O juiz acredita que um assalto poderá ter bons resultados, se executado imediatamente, enquanto os rebelados ainda não estão suficientemente organizados, e apoia a medida, principalmente porque tem grande preocupação com seus companheiros que lá estão, notadamente com o presidente do Tribunal, homem de 68 anos e temperamento difícil.

O capitão examina o equipamento disponível, julga que o armamento é adequado para uma ação de entrada forçada e resolve imediatamente invadir o pavilhão onde estão os amotinados e os reféns.

RESPONDA:
Sou favorável à realização do assalto.
Sou contrário à realização do assalto.

Resposta:
• Sou favorável: Diminua trinta pontos do seu escore.
• Sou contra: Aumente em 20 pontos o seu escore.

Os presos já mostraram organização suficiente para capturar toda a cúpula estadual da Segurança Pública. Um assalto deve ser precedido de minucioso planejamento, que inclua previsão de baixas e logística considerável: médicos, bombeiros e outros elementos de suporte devem estar presentes. A força bruta deve ser deixada para os momentos em que seu uso seja absolutamente indispensável.

ETAPA 7

Reunidos, o capitão, o juiz e o diretor substituto da penitenciária optam pelo cancelamento do assalto.

A atitude adotada é mandar um emissário para contatar com os rebelados. A escolha recai sobre uma assistente social que há muitos anos trabalha na penitenciária e tem excelentes relações com os presos. Além disso, é membro atuante dos Pastores das Prisões, movimento de cunho religioso que existe em todos os estabelecimentos penais do Estado.

Ao saber da escolha, ela se emociona e promete dar o melhor de si, propondo, inicialmente, que sejam fornecidos alimentos e água a todos, como gesto de boa vontade.

INDIQUE A RESPOSTA CORRETA:

1. A designação da assistente social como emissária das autoridades é um gesto acertado e o fornecimento de alimentos e água como gesto de boa vontade por parte das autoridades também é oportuno. Ambos devem ser realizados.
2. Ambas as medidas estão erradas.
3. A assistente social será uma boa medida, mas dar os alimentos não.
4. Apenas dar os alimentos é correto, pois deve-se mostrar preocupação com as pessoas que eventualmente estejam famintas.

Resposta:
- Respostas 1, 3 ou 4: Diminua 30 pontos do seu escore.
- Resposta 2: Aumente em 20 pontos o seu escore.

Não há nenhum indicativo de que a profissional escolhida tenha qualquer treinamento prévio ou preparo para exercer a intermediação entre os amotinados e as autoridades. Além disso, nenhum negociador profissional está entre os presentes e em condições de prestar assessoria. Negociação é coisa séria e deve ser deixada para os profissionais.

Dar os alimentos será oportuno apenas e, quando houver uma contrapartida como, por exemplo, a liberação de uma das pessoas capturadas. Concessões sem contrapartida demonstram falta de profissionalismo e fornecem vantagens aos captores, invertendo a situação em favor dos provocadores.

ETAPA 8

O comandante da PM, o diretor da Polícia Civil, promotores e juízes chegam ao local. Reúnem-se e concordam que a melhor alternativa é a formação de um Comitê de Crise, responsável pela tomada de todas as providências necessárias à solução do motim. Levam a proposta ao governador do Estado que, diante da gravidade da rebelião e da quantidade de reféns capturados, designa o seu chefe do gabinete militar como presidente do Comitê, ao qual se juntam o comandante do Corpo de Bombeiros, o vice-presidente do Tribunal, o promotor-geral do Estado, um oficial das Forças Armadas como consultor, um representante do Poder Legislativo (um deputado federal), o presidente da OAB no Estado e o juiz que fora anteriormente liberado.

A rebelião começou quatro horas atrás.

A primeira reunião do Comitê busca solucionar o problema da intermediação com os amotinados, pois decidiu-se que não serão feitos contatos diretos entre eles e as autoridades. Um dos presentes aponta a alternativa de solicitar a presença de um negociador integrante de uma agência policial sediada em outro Estado, o qual se incumbiria de assessorar os policiais locais, dentre os quais não existe nenhum especialista em negociação com experiência de campo. Outro membro do Comitê acredita que, assim agindo, o grupo estaria aplicando um duro golpe nos policiais do Estado, pois, mesmo sem experiência prática, eles terão de começar um dia e a oportunidade é ótima. O comitê decide solicitar apoio da agência policial do Estado vizinho.

Uma outra questão se levanta. Todos estão extremamente preocupados com a situação das quatro mulheres aprisionadas (três psicólogas e uma juíza). O Comitê foi avisado que o líder da rebelião deseja um contato e decide que fará uma oferta de conceder víveres e mais a garantia de que tudo será feito para atender as reivindicações dos amotinados em troca da libertação das quatro mulheres.

ESCOLHA A ALTERNATIVA CORRETA:
1. Convocar o negociador do outro Estado, impedindo a atuação da polícia local, é uma medida hostil aos policiais do Estado, portanto, não deve ser tomada. Entretanto, tudo deve ser feito para salvar os reféns e a oferta por sua liberação é uma boa medida.
2. Concordo com a decisão de fazer uma oferta pela libertação das reféns. Convocar o negociador de outro Estado também é correto.
3. Ambas as medidas estão incorretas e são absurdas!
4. Convocar o negociador de outro Estado é correto, mas deve ser aguardado o início das negociações para qualquer oferta.

Resposta:
• Respostas 1, 2 ou 3: Diminua 15 pontos do seu escore.
• Resposta 4: Aumente em 20 pontos o seu escore.

É preciso maturidade para atuar em crises, como de resto em qualquer outra profissão. A convocação de um negociador de outro Estado não pode ser encarada como ofensiva aos policiais do Estado em crise, mas sim como uma oportunidade de aprendizagem conjunta. Ofertas, ou qualquer medida dessa natureza, devem ser precedidas de cuidadosa reflexão e cuidados estratégicos – que não foram observados.

ETAPA 9

Os amotinados começam a se mostrar. Vão em grupos até o portão de saída, conduzindo reféns amarrados e os ameaçam com barras de ferro, facões e armas de fogo. Exigem a retirada dos guardas que ocupam as guaritas e afirmam que começarão a matar os reféns em quatro horas, se suas exigências não forem atendidas. Entre os itens pedidos estão 20 submetralhadoras, 40 pistolas, 10 escopetas, cinco carros blindados, 20 granadas, 46 algemas e 100 milhões de reais.

Ao anoitecer, continuam os contatos entre os rebelados e as emissoras de rádio e TV. Estão sendo utilizados os celulares tomados dos visitantes no início da rebelião, ocorrida às 11 horas.

A tensão no presídio está insuportável. Os presos começaram a brigar entre si e começa uma gritaria num dos grupos que não aderiram à rebelião.

Um dos membros do Comitê propõe que seja interrompido o fornecimento de luz elétrica.

ESCOLHA A ALTERNATIVA CORRETA:

1. Não há motivo, no momento, para qualquer medida hostil contra os amotinados, que já mostraram alguma intenção de negociar e não cometeram nenhuma violência contra os capturados.

2. Concordo com a decisão de interromper o fornecimento de energia elétrica. Isso deixará claro quem manda.

3. Além da energia elétrica, o fornecimento de água também deve ser cortado.

4. A energia elétrica deve ser cortada, mas o fornecimento de água deve ser mantido.

Resposta:
- Respostas 2, 3 ou 4: Diminua 10 pontos do seu escore.
- Resposta 1: Aumente em 10 pontos o seu escore.

Qualquer medida deve, sempre, ser precedida de algumas reflexões: É necessária? Vale o risco? É aceitável do ponto de vista ético, moral e legal? Como nenhuma atitude hostil dos amotinados se verificou até o momento, deve-se prosseguir na tentativa de solução negociada e deixar as atitudes hostis para o momento em que sejam realmente indispensáveis.

ETAPA 10

O Comitê decide que não há razão para a interrupção do fornecimento de energia e deixa as coisas como estão.

O negociador do Estado vizinho chega às 23h30, dirigindo-se diretamente ao local da crise. É recepcionado pelo Comitê, recebendo todas as informações disponíveis. Solicita a presença de um experiente policial do Estado, o qual já conhece de outras missões, montando uma pequena equipe de negociação.

Os rebelados exigem um contato e mostram suas armas e alguns reféns amarrados, ameaçando matá-los caso suas exigências não sejam atendidas. O negociador aceita receber uma lista com as exigências e levá-las ao Comitê, pedindo que nenhuma violência seja cometida para que haja facilitação do contato entre as partes.

O negociador reúne-se com o policial do Estado em crise e, ao chegar ao Comitê, propõe algumas medidas:

1) Estruturação de um grupo de inteligência, responsável pela obtenção de dados relativos aos amotinados e capturados;
2) Identificação, com relatos dos visitantes que escaparam e outras fontes, dos líderes do movimento;
3) Identificação dos capturados, inclusive dados relativos a saúde e eventual relacionamento com os presos;
4) Designação de um porta-voz para contatos com a imprensa;
5) Estabelecimento de um cordão de isolamento em torno do presídio, afastando de lá todos os policiais e demais funcio-

nários da instituição que não estão em serviço, assim como a imprensa e curiosos;

6) Iniciar contatos diretos com os amotinados.

Todas as propostas são discutidas e aprovadas, exceto a quinta, pois há o temor de que a exclusão da imprensa das proximidades possa representar um retrocesso, já que haverá grande reação contra o impedimento da liberdade do exercício da profissão dos jornalistas, agora em grande número no local. A preocupação com a opinião pública é o principal motivo da negativa em aprovar a proposta.

ESCOLHA A ALTERNATIVA CORRETA:

1. A decisão do comitê de manter a imprensa dentro do presídio é acertada e deve ser mantida.
2. O negociador é patético e nunca deveria ter sido convocado. Suas propostas são ridículas.
3. As propostas do negociador são coerentes e devem ser implementadas. A decisão de montar um cordão de isolamento é correta e a imprensa será devidamente atendida pelo porta-voz, não havendo, portanto, cerceamento aos direitos dos jornalistas.
4. Apenas a última proposta do negociador é oportuna.

Resposta:
- Respostas 1, 2 ou 4: Diminua 30 pontos do seu escore.
- Resposta 3: Aumente em 20 pontos o seu escore.

As propostas do negociador indicam que se trata de um profissional experiente: montou uma equipe de negociação e indicou as providências mais básicas no enfrentamento de qualquer crise policial. Além disso, a designação de um porta-voz, para os contatos com a imprensa, evitará que informações desencontradas sejam repassadas e impedirá os membros do Comitê de Crise de se desviarem de sua tarefa principal. Os bons jornalistas entenderão perfeitamente essa medida, comum em todos os países cujos policiais detêm doutrinas aperfeiçoadas sobre o assunto.

ETAPA 11

Os perímetros táticos são estabelecidos. O presídio é isolado e a imprensa é conduzida a um local especialmente designado. Um jornalista bastante conhecido e respeitado é nomeado porta-voz, após ter aceito termos de atuação que incluem, entre outros, o compromisso de apenas divulgar aquilo que o Comitê julgar oportuno e sempre para representantes de todos os jornais presentes. O porta-voz dirige-se aos revoltados jornalistas e explica os motivos da decisão, que é aceita após alguns protestos.

No segundo contato com os presos, às sete horas da manhã, o negociador é surpreendido pelo suposto líder da rebelião, que o recebe já lendo um jornal que noticia os eventos do dia anterior.

É fácil verificar que há dois grupos bem definidos: os rebelados e os que não participam da rebelião. Para o negociador, o grande número de detentos pode desestabilizar a situação, dificultando o gerenciamento da crise.

Esse conhecimento é levado ao Comitê, com a proposta de serem retirados do presídio todos os detentos não rebelados. Um dos membros diz que o grande número de presos não rebelados pode ser considerado uma vantagem, pois dentre eles há vários que podem ser aliciados pelos guardas do presídio, num dos inúmeros contatos que vêm ocorrendo, recebendo a incumbência de formar uma milícia contrária aos rebelados. Como são mais de quinhentos os que não concordam com a rebelião, sua vantagem seria rapidamente admitida pelos rebelados e a rebelião terminaria.

O negociador lembra que, quase vinte horas após o início da rebelião, ainda há celulares funcionando (nessa época, as baterias funcionavam por períodos que não excediam seis horas), sem que existam carregadores de baterias dentro do presídio; além disso, o suposto líder da rebelião conseguiu um jornal do dia para se informar sobre os fatos. Se foi introduzido um jornal, é igualmente possível que outros objetos, como baterias para celulares, drogas ou armas, também estejam sendo irregularmente entregues aos amotinados. Propõe ao comitê, enfaticamente, o início da retirada dos presos não rebelados do presídio e a proibição da entrada no local de todos os funcionários do presídio, trocando-os por policiais ou funcionários de outras unidades prisionais, de absoluta confiança, assim isolando os rebelados, enquanto durar a crise.

ESCOLHA A ALTERNATIVA CORRETA:

1. Evacuar do presídio os presos não rebelados é medida inócua, pois outras rebeliões poderão ser desencadeadas. Retirar os funcionários é oportuno, pois estes podem estar estressados.
2. Ambas as medidas são equivocadas. Tudo deve ser deixado como está.
3. Apenas a troca dos funcionários deve ser implementada.
4. O sistema em crise deve ser mantido, sempre que possível, em equilíbrio. A retirada dos não amotinados contribuirá para facilitar as coisas em todos os sentidos, inclusive logísticos. Isolar os rebeldes, retirando seu contato com o exterior, também facilitará as coisas para o comitê, pois assim teremos apenas um canal de comunicação entre os rebelados e o mundo exterior.

Resposta:
- Respostas 1, 2 ou 3: Diminua 30 pontos do seu escore.
- Resposta 4: Aumente em 20 pontos o seu escore.

A retirada dos presos não amotinados efetivamente contribuirá para a clarificação das coisas, facilitando o desenrolar do processo. Usar os presos não rebelados para atacar os amotinados é rematada irresponsabilidade, pois ninguém pode prever a escalada da violência a partir desse evento.

Trocar os funcionários também está correto; não se pode trabalhar em clima de suspeição e não há tempo para medidas administrativas que esclareçam como as baterias e os jornais foram encaminhados aos rebelados. Isso pode ser esclarecido posteriormente, mas os trabalhos precisam continuar em clima de segurança.

ETAPA 12

Os presos não rebelados são paulatinamente retirados do presídio. Os funcionários regulares são retirados e substituídos por policiais e servidores de outras instituições. Os presos protestam violentamente, principalmente em virtude do afastamento de um determinado funcionário de sua confiança. Em poucas horas, todos os celulares deixam de funcionar e os rebelados começam a exigir comida e água, pois seu estoque acabou e o calor é intenso. Alegam que matarão dois reféns se não forem atendidos imediatamente. A rebelião já dura 26 horas.

O negociador recebe a reivindicação e a leva ao Comitê, propondo que seja feita uma troca envolvendo alguns reféns pela água e comida para o almoço. Um dos membros do comitê exige que os víveres sejam trocados pelas mulheres capturadas. O negociador é contra, por entender que não se devem priorizar reféns desnecessariamente, já tendo verificado que os presos tratam respeitosamente as mulheres. Além disso, a juíza foi vista organizando uma cozinha improvisada, dando tarefas a vários presos rebelados, sendo por eles obedecida.

Em nome do cavalheirismo e contrariando o negociador, o Comitê decide que serão fornecidos víveres e água, com a condição de que todas as mulheres sejam liberadas em troca.

VOCÊ CONCORDA OU DISCORDA DA DECISÃO DO COMITÊ?
Resposta:
- Concorda: Diminua 40 pontos em seu escore.
- Discorda: Aumente em 20 pontos o seu escore.

Nunca se devem priorizar reféns, exceto quando há risco de vida e mesmo assim com metodologias apropriadas. O negociador percebeu que a Síndrome está ocorrendo e não há riscos evidentes contra a integridade física de qualquer dos capturados.

ETAPA 13

O negociador consegue convencer os membros do Comitê e decide-se que não serão priorizados reféns nesse momento. O negociador encontra-se com os cabeças da rebelião e faz uma proposta de troca, solicitando que sejam liberadas três ou quatro pessoas. Os presos aceitam e libertam as quatro mulheres como prova de seu espírito de justiça e gentileza. Entrevistadas pelo Comitê, elas informam que é grande a disposição dos rebelados em cumprir com suas promessas de matar os reféns. Segundo suas impressões, os amotinados estão pesadamente armados e demonstram grande organização.

Um dos rebelados, armado com um revólver, ameaça disparar contra um dos reféns, sem nenhum motivo aparente. Alega que há demora por parte das autoridades no atendimento às suas reivindicações, exige a presença do negociador e aponta sua arma contra ele, dizendo que vai matá-lo, aos gritos.

Dirigindo-se ao suposto líder, o negociador indica em termos brandos, mas firmes, sua contrariedade com a atitude do rebelado. Explica que nenhuma violência foi cometida e há um clima de entendimento, manifestado inclusive pela recente troca de víveres por reféns, atendendo ambas as partes. Tendo em vista o visível desequilíbrio do preso que o ameaçou, diz ao líder que só aceita continuar as negociações se for retirada a arma daquele elemento e retira-se do local.

VOCÊ CONCORDA OU DISCORDA DA ATITUDE DO NEGO-CIADOR?

Resposta:

- Concorda: Aumente 10 pontos em seu escore.
- Discorda: Diminua em 15 pontos o seu escore.

A violência deve sempre ser evitada. Se alguém demonstra ímpetos de violência contra quem quer que seja no evento crítico, deve ser desencorajado a prosseguir, pois não se pode prever o que poderá resultar. Uma atitude firme é necessária, e o negociador usou o clima de confiança que já se estabeleceu entre ele e os líderes do movimento para brecar, no início, eventuais incidentes.

ETAPA 14

As conversações são reiniciadas, com o preso agressivo agora desarmado. Os rebelados entregam nova lista de exigências, diminuída das submetralhadoras, granadas e carros-fortes. Dizem que matarão um refém em quatro horas se não forem atendidos.

O negociador pede um prazo maior, pois a quantidade de itens é muito grande e ainda há muitas pessoas detidas, o que dificulta cada decisão.

Além disso, é quase noite, estão todos cansados e o cansaço e o desconforto podem provocar estresse desnecessário. Propõe que as conversações cessem naquele dia e solicita, como última atividade do dia, que os rebelados tragam uma relação de medicamentos eventualmente utilizados pelos capturados. Caso necessário, os remédios serão fornecidos. Em troca, serão encaminhadas as refeições para o jantar.

VOCÊ CONCORDA OU DISCORDA DA MANOBRA DO NEGOCIADOR?

Resposta:

• Concorda: Aumente 15 pontos em seu escore.

• Discorda: Diminua em 20 pontos o seu escore.

Ganhar tempo é sempre uma atitude prudente, pois permite que a tensão diminua e propicia melhores decisões. Além disso, incentivar o contato entre captores e capturados, em medida controlada, aumenta as chances de estabelecimento da Síndrome de Estocolmo.

ETAPA 15

Após a entrega das refeições, o Comitê se reúne. Alguns dos seus membros estão incomodados com o rumo das negociações. Acham que já decorreu tempo excessivo desde o início da rebelião e que já é hora de adotar alguma atitude.

O chefe do grupo de assalto é convocado. Posto a par das impressões do Comitê, ele propõe que sejam acionadas as sirenes das viaturas policiais que estão nas proximidades. Além disso, granadas seriam lançadas nas proximidades, provocando barulho que impediria o repouso dos rebelados. De madrugada, com os prisioneiros cansados pelos quase dois dias de rebelião, seria lançado um ataque.

A proposta é aprovada e os preparativos começam.

Logo, um tiro é ouvido. O comitê fica sabendo que o disparo foi feito pelos prisioneiros contra um soldado que tentava entrar, sem autorização, numa das alas isoladas do presídio. Isso reforça a impressão de que deve ser realizado o assalto.

VOCÊ CONCORDA OU DISCORDA DA DECISÃO DE REALIZAR O ASSALTO?

Resposta:

- Concorda: Diminua 40 pontos em seu escore.
- Discorda: Aumente em 25 pontos o seu escore.

A negociação está avançando, de maneira lenta, mas segura. Os amotinados não cometeram nenhum ato de violência que justifique o assalto. A decisão de promover a invasão traria, necessariamente, interrupção definitiva a qualquer tentativa de reinício das negociações, além de riscos à integridade física de todos. O incidente do tiro também não justifica o assalto – afinal, foi provocado por um policial indisciplinado e não por violência gratuita dos presos. É preciso ter paciência e confiar nos profissionais que realmente entendem do assunto.

ETAPA 16

O negociador encontra-se com os presos rebelados e recebe a informação de que o tiro foi dado por um prisioneiro em direção ao soldado porque supunha-se que era o início de uma invasão. O negociador assegura que a invasão não será realizada, exceto se cometidas violências contra os reféns.

Nova reunião do Comitê resulta no cancelamento do assalto, tendo em vista o bom rumo das negociações.

Pela manhã, os rebelados pedem novamente a presença do negociador e cobram o fornecimento dos itens exigidos. Dizem que os reféns estão nervosos, principalmente o presidente do Tribunal do Estado, o qual exige contato com o presidente do Comitê que, informado, resolve aceitar o encontro, mesmo contraindicado pelo negociador.

O presidente do Tribunal exige solução para o caso, invocando sua alta posição e o fato de que está seriamente doente, provavelmente com graves problemas renais. Critica duramente as autoridades responsáveis pelo gerenciamento da crise, dizendo que determinará pessoalmente pesadas represálias contra todos, assim que for libertado. Elogia os presos, afirmando que o líder da rebelião, que o domina com uma arma de fogo apontada para sua cabeça, é por ele estimado como se fosse um filho. Emocionados, ambos se abraçam e choram copiosamente. Os prisioneiros declaram que, de boa vontade e como prova de comiseração, libertarão o juiz, caso lhes sejam fornecidas quatro submetralhadoras e cinco pistolas.

Impressionados com o drama do presidente do Tribunal, o Comitê decide fornecer o armamento em troca da sua libertação.

ESCOLHA A ALTERNATIVA CORRETA:

1. A decisão do presidente do Comitê de aceitar o encontro com o presidente do Tribunal é acertada e o fornecimento das armas também.
2. O fornecimento das armas não deve ser realizado, mas o encontro do presidente do Comitê com o juiz foi acertado.
3. Ambas as medidas são equivocadas.
4. Ambas as medidas devem ser entendidas como corretas.

Resposta:
- Respostas 1, 2 e 4: Diminua 30 pontos do seu escore.
- Resposta 3: Aumente em 25 pontos o seu escore.

Deve-se manter apenas um canal de contato entre os amotinados e o grupo de gerenciamento da crise. O contato direto do presidente do Comitê enfraqueceria a posição do negociador e seria medida absolutamente amadora. O fornecimento de armas (já negado anteriormente) provocaria uma escalada nas exigências. Não há, ainda, motivos para temer pela integridade física do refém, principalmente em virtude das seguidas demonstrações de contaminação pela Síndrome de Estocolmo.

ETAPA 17

O negociador solicita novo encontro com os amotinados e informa que a proposta não foi aceita. Inconformados, e aos gritos, dizem que foram ofendidos em sua dignidade e que por isso trarão um dos reféns para ser morto ali mesmo.

Retiram-se, e o negociador pede ao chefe do grupo de assalto que rapidamente posicione dois *snipers* e seis atacantes.

Os rebelados retornam, trazendo amarrado o soldado PM; apontam uma arma contra o rapaz e dizem que vão assassiná-lo.

Surpreendentemente, o negociador parece explodir. Aos berros, admoesta o líder dos rebelados, chamando-o de louco e irresponsável. Diz que está empenhando toda sua energia para resolver a contento o problema que ele mesmo (o amotinado) criou e do qual não sabe sair. Diz, ainda, aparentando estar furioso, que tal atitude somente fará com que imediatamente se inicie o assalto contra o presídio pelo grupo de choque e aponta os *snipers* e os atacantes, estrategicamente posicionados. Fala ao líder que não quer ver a "burrada" que ele vai cometer, mas que dará pessoalmente a ordem de iniciar o assalto se o assassinato do policial for consumado.

VOCÊ CONCORDA OU DISCORDA DA ATITUDE DO NEGOCIADOR?
Resposta:
- Concorda: Aumente 10 pontos do seu escore.
- Discorda: Diminua em 10 pontos o seu escore.

Não é possível esquematizar formas de atuação em eventos dessa natureza, havendo uma forte necessidade de se usar a criatividade. Entretanto, o negociador deve firmemente deixar claro, a todo instante, que ele é mantenedor da integridade física dos provocadores da crise, e não um pateta apalermado que vai aceitar uma barbaridade como a que foi prometida pelos rebelados. Uma atitude violenta por parte dos amotinados interrompe as negociações e inicia pesadas e sérias represálias – isto deve ficar claro desde o primeiro momento. É claro que medidas dessa natureza exigem perfeita sintonia entre os diversos integrantes do grupo de resposta a crises. Caso houvesse, por parte dos criminosos, o assassinato do policial, a ação tática deveria ser imediatamente iniciada, sob pena de desmoralização de todo o sistema policial e incentivo a maiores violências contra os demais capturados.
A situação retrata uma clara demonstração do poder do comando horizontal, quando todos no evento crítico apoiam o policial que executa o trabalho do momento.

ETAPA 18

Os rebelados certificam-se da seriedade das advertências do negociador e comunicam a ele que decidiram poupar o soldado, como prova de dignidade e paciência com as autoridades do Comitê, inflexíveis (em suas palavras) em sua disposição de não ceder aos seus justos apelos.

Enquanto fazem essa exposição ao negociador, chega um preso trazendo um comunicado do presidente do Tribunal, que exige novo contato com o presidente do Comitê. O juiz é logo trazido amparado por vários presos. Muito nervoso, ele pede aos gritos que o presidente do Comitê seja imediatamente trazido.

O negociador adverte o juiz sobre a decisão do Comitê de não mais autorizar a vinda de qualquer de seus membros para os encontros com os presos ou com os reféns, exceto o próprio negociador. O juiz passa então a desfiar várias ofensas a todas as autoridades do Comitê, enumerando seus defeitos, alguns de cunho íntimo e pessoal. Insulta pesadamente o negociador, chamando-o de covarde, por tratar com os presos atrás de um portão gradeado de ferro e trancado, e de incompetente, por não ter ainda resolvido a situação com o atendimento das demandas dos rebelados, que em suas palavras são todos homens dignos e honrados, cujo único defeito foi terem errado uma vez na vida. Usa termos chulos a respeito de supostas preferências íntimas da mãe do negociador, cujo comportamento, a seu ver, denuncia desvios comportamentais típicos daqueles que são adeptos do amor que não ousa dizer seu nome.

O negociador considera retrucar na mesma moeda. Pensa que, se ouvir calado todos os insultos do refém, um senhor idoso e visivelmente atemorizado, poderá passar uma imagem de fraqueza aos revoltosos.

VOCÊ CONCORDA OU DISCORDA DE UMA REAÇÃO DO NEGOCIADOR AOS INSULTOS DO PRESIDENTE DO TRIBUNAL?
Resposta:
- Concorda: Diminua 30 pontos do seu escore.
- Discorda: Aumente em 15 pontos o seu escore.

O negociador precisa ser profissional e sereno. As reações das pessoas capturadas variam muito, mas devem ser vistas como provenientes de elementos que sofrem imensa pressão. Todos os comportamentos que manifestam devem ser filtrados por esse prisma. Reagir a seus comentários serviria para mostrar aos rebelados que o negociador não tem controle nem maturidade para reagir aos percalços.

ETAPA 19

O negociador reflete melhor e conclui que a reação do juiz é compatível com os padrões de comportamento demonstrados pelos reféns em situações semelhantes. Decide ouvir o discurso do refém e somente quando ele se cansa informa que todas as providências estão sendo tomadas para solucionar o problema de forma global, sem privilégios e com o máximo de respeito pela situação de todos.

O presidente do Tribunal resolve mudar de tática e diz que sente dores no peito e grande mal-estar; declara que o que quer que venha a lhe acontecer é responsabilidade exclusiva do Comitê, pois está doente e sente suas forças se esvaindo. Exige a presença de seu médico particular.

O negociador explica que depende da autorização do Comitê para trazer o médico. Além disso, precisa que o médico examine todos os reféns que sintam algum incômodo. O Comitê, posteriormente informado, aceita que o médico compareça e examine todos os reféns que o queiram, adotadas as medidas de segurança necessárias.

VOCÊ CONCORDA OU DISCORDA DA DECISÃO DO COMITÊ DE ACEITAR QUE O MÉDICO EXAMINE OS REFÉNS?
Resposta:
• Concorda: Aumente em 20 pontos o seu escore.
• Discorda: Diminua em 20 pontos o seu escore.

Não há motivos para impedir a atuação do médico, desde que se disponha de condições de segurança para tanto. Isso, inclusive, demonstraria a preocupação em relação aos reféns e permitiria obter certeza em relação ao real estado físico dos capturados.

ETAPA 20

Antes de retornar ao Comitê, o negociador percebe que o líder dos amotinados está agitado e tenso, mostrando uma irritação que é nova em seu desempenho até o momento. Isso pode ser indicativo de novas alternativas de negociação, e o negociador decide propor aos presos que ele e o líder dos rebelados se encontrem, em separado dos demais, para uma discussão mais racional e arejada. O líder dos presos aceita, desde que possa levar consigo um seu companheiro que até então não se manifestou. O negociador concorda, adotando medidas de segurança adequadas.

VOCÊ CONCORDA OU DISCORDA DA ATITUDE DO NEGOCIADOR DE SOLICITAR UMA REUNIÃO EM SEPARADO COM O LÍDER DA REBELIÃO?
Resposta:
- Concorda: Aumente em 10 pontos o seu escore.
- Discorda: Diminua em 10 pontos o seu escore.

A busca de alternativas de negociação, desde que não impliquem quebras da segurança, é sempre bem-vinda. Além disso, demonstra que o negociador efetivamente busca o entendimento e está atento às necessidades do seu interlocutor.

ETAPA 21

O médico examina o juiz e dois outros reféns. Seu diagnóstico é o de que não há nenhum problema mais grave com seus pacientes, exceto a natural tensão e ansiedade do momento. O juiz exige que o médico faça novo exame, dirigindo-lhe insultos e afirmando que este só tem o emprego em virtude da sua influência pessoal. O médico diz que o novo exame é desnecessário, mas, em sinal de respeito e admiração pelo velho juiz, está pronto a trocar de lugar com ele.

O negociador imediatamente interrompe o encontro e afasta o médico. O presidente do Tribunal protesta violentamente e renova sua promessa de usar seu poder para prejudicar todos os envolvidos, se sua liberdade não for imediatamente viabilizada. O líder dos presos diz ao negociador que aceita uma troca do médico pelo juiz, que faz cada vez maiores exigências de cuidados e perturba o ambiente de tranquilidade que existe.

O negociador sequer aceita levar o assunto para discussão pelo Comitê. Indaga ao médico se mais algum exame é necessário e, com a resposta negativa do profissional, diz que o assunto está encerrado e nenhuma troca de reféns será realizada. Manda que o médico seja levado e propõe o imediato início das conversações já acertadas.

VOCÊ CONCORDA OU DISCORDA DA DECISÃO DO NEGOCIADOR DE IMPEDIR A TROCA DO MÉDICO PELO JUIZ?
Resposta:
- Concorda: Aumente em 30 pontos o seu escore.
- Discorda: Diminua em 40 pontos o seu escore.

A troca de reféns é um dos mais estúpidos erros que se pode cometer, comprometendo totalmente o relacionamento que possa ter se desenvolvido entre os captores e capturados – consequentemente, prejudicando a instalação da Síndrome de Estocolmo. Indica que há completo amadorismo por parte dos que concordam com a medida.

ETAPA 22

O negociador informa o Comitê sobre os fatos e recebe a autorização para a reunião.

O encontro entre o negociador e os líderes amotinados realiza-se numa sala afastada. O líder da rebelião apresenta seu companheiro como sendo representante de uma das facções que dominam o presídio. Decidem que podem retirar as máscaras que usam e apresentam-se como sendo Jonas, líder da rebelião, e Baleia, representante do grupo Comanche Amarelo, que está em oposição ao Quinto Comanche, uma terceira facção.

Ambos explicam ao negociador que a rebelião é fruto da disputa entre os grupos. Dizem que a situação no presídio chegou a um ponto intolerável em virtude da apatia do diretor do presídio que, ao se omitir, permitiu que grandes desmandos e corrupção acontecessem. Citam como exemplo o fato de que funcionários do estabelecimento cobram quantias cada vez maiores por privilégios concedidos aos presos. Além disso, os integrantes do Quinto Comanche preparavam uma emboscada, na qual matariam os líderes do Comanche Amarelo. Advertido, o diretor do presídio teria dito que isso era problema dos presos e que eles resolvessem entre si suas diferenças. O negociador diz que as denúncias são graves e que terá de levá-las ao Comitê. Jonas e Baleia dizem que podem trazer outros presos que confirmarão suas declarações.

O negociador pergunta por que a disputa dos grupos redundou na rebelião. Os presos explicam que foi a única alternativa de chamar a atenção para o problema e que buscavam a solução para ele por meio da fuga dos integrantes do Comanche Amarelo, que assim escapariam da morte.

O negociador, mais uma vez, informa aos presos que seu poder de decisão é limitado. Entretanto, pode levar a situação ao Comitê e propor que, em troca da liberação de todos os reféns, seja feito um remanejamento de presos, de tal forma que todos os integrantes do Quinto Comanche sejam transferidos para outras unidades prisionais.

Os prisioneiros aceitam, mas exigem que o diretor da penitenciária seja substituído. O negociador concorda em levar o assunto ao Comitê. Em troca, pede que os rebelados liberem um refém, de preferência o mais humilde do grupo, como forma de provar a boa vontade dos rebelados. Os presos concordam e decidem que o mais humilde dos reféns é o soldado PM, que é liberado no mesmo instante.

VOCÊ CONCORDA OU DISCORDA DAS ATITUDES DO NEGOCIADOR?
Resposta:
• Concorda: Aumente 40 pontos do seu escore.
• Discorda: Diminua em 50 pontos o seu escore.

O negociador está demonstrando capacidade de entender a situação dos envolvidos no evento crítico, sem se comprometer com decisões mais sérias, que devem necessariamente ser tomadas pelo Comitê de Crise. A busca da liberação do refém foi também acertada, pois aquele era o único que efetivamente chegou a correr algum risco.

ETAPA 23

O Comitê recebe as informações e decide aceitar a proposta feita pelo negociador, de liberdade para os reféns e fim da rebelião em troca do remanejamento dos presos do Quinto Comanche. Entretanto, decidem que a substituição do diretor somente será feita após procedimento administrativo que comprove as denúncias de irregularidades. Determinam ao negociador que encaminhe as negociações nessa direção.

O negociador prepara-se para novo contato com os presos, quando chega a notícia de que houve um confronto, resultando na morte de um dos rebelados. O chefe do grupo de assalto posiciona seu grupo e apresenta uma moção de ataque imediato, pois à vista dos dados fornecidos, que apontam para uma situação de confrontação iminente, é bastante plausível a ocorrência de um massacre no presídio.

O negociador concorda que a situação é tensa e delicada, mas propõe novo encontro com os presos antes da decisão definitiva ser tomada, fato que, inclusive, daria maior tempo ao grupo de assalto para suas preparações. Argumenta que todos os sinais apontam para uma saída negociada e que existe clima para a negociação. O chefe do grupo de assalto argumenta que a linha que separa as coisas foi rompida: uma vez que já houve violência, nada impede que ela se alastre.

O Comitê decide pelo assalto.

VOCÊ CONCORDA OU DISCORDA DA DECISÃO DO COMITÊ DE AUTORIZAR O ASSALTO?

Resposta:

- Concorda: Diminua 30 pontos do seu escore.
- Discorda: Aumente em 40 pontos o seu escore.

A decisão pelo assalto não poderá sofrer recuos uma vez tomada – portanto, é definitiva. Uma última tentativa de clarificar as coisas deveria ser tentada.

ETAPA 24

Chegam informações sobre os recentes eventos. Realmente, um preso foi morto: trata-se de um dos integrantes do Quinto Comanche, comandante de um grupo que tentou emboscar o líder do Comanche Amarelo. Do incidente, ainda resultou ferido o líder Jonas.

O Comitê decide repensar sua decisão e opta pelo cancelamento do assalto. Determina ao negociador que prossiga com as negociações no rumo anteriormente definido. O grupo de assalto é instruído a preparar-se para medidas emergenciais.

O negociador encontra-se com Jonas e Baleia. Ambos estão inflexíveis em sua proposta de substituição do diretor do Presídio. Alegam ainda que trazem outra exigência do grupo que coordenam: querem uma entrevista ao vivo, ao fim da qual entregarão todos os reféns e terminarão a rebelião. Segundo eles, esta é uma exigência de seus companheiros em função do temor que têm de represálias violentas após o término da revolta.

O negociador faz uma contraproposta. Levará ao Comitê a exigência dos rebelados, nos seguintes termos: forma-se uma comissão composta de elementos indicados pelo Comitê e um representante dos presos para examinar a situação do diretor do presídio; a entrevista é viabilizada, desde que todos os rebelados que dela participarão estejam desarmados; ao final da entrevista, e ainda com a presença dos jornalistas, os rebelados entregarão as armas de que dispõem e liberarão todos os reféns; no mesmo dia, logo após a inspeção de segurança, haverá a transferência de presos.

Os presos concordam. O negociador leva a proposta ao Comitê. Um dos seus membros opina que, assumido o compromisso na forma apresentada, as autoridades ficarão em posição de subserviência e serão todos humilhados por atenderem reivindicações dos presos.

VOCÊ CONCORDA OU DISCORDA DA OPINIÃO DE QUE O COMITÊ SERÁ DESMORALIZADO SE ACEITAR O ACORDO COM OS REBELADOS?
Resposta:
• Concorda: Diminua 60 pontos do seu escore.
• Discorda: Aumente em 40 pontos o seu escore.

A doutrina que embasa a busca da solução para eventos críticos prevê o fato de que se almeja a melhor opção – e não necessariamente a opção absolutamente legal. Se é possível uma solução negociada para o evento crítico, ela deve ser a meta. Aqueles que se julgam humilhados quando necessitam descer de seus pedestais e somente aceitam as soluções que impõem o uso da força não são profissionais de Segurança Pública: são ignorantes, pobres de conhecimento e devem ser treinados antes de se envolverem na busca de solução de eventos críticos.

Fim do exercício

ALGUMAS APRECIAÇÕES FINAIS

A Negociação em Crises é, fundamentalmente, um evento do qual não se podem retirar determinadas características sociais, políticas e culturais, relativas às particularidades reinantes na comunidade em que será exercida. A introdução de métodos alienígenas, mesmo os de incontestável sucesso nos locais em que foram desenvolvidos, na rotina de funcionamento da Polícia, produzirá resultados no mínimo erráticos se uma criteriosa revisão que redefina os conceitos e os traga ao encontro da realidade que se vive, não for considerada.

Assim, a atualização dos currículos vigentes nas diversas instituições de ensino policial torna-se indispensável, sendo inteiramente justificada a introdução da disciplina Negociação em Crises nos currículos mínimos de formação dos policiais, sem distinção de categoria funcional e contemplando a possibilidade, sempre presente, de que este profissional, mesmo no início de sua carreira, se veja responsabilizado pela condução dos trabalhos num evento crítico qualquer.

As obras que consultei (e que estão relacionadas na Bibliografia e nas Referências Bibliográficas) representam aquilo que de mais representativo pude obter, sendo algumas mundialmente reconhecidas como essenciais à aquisição de conhecimentos sobre o assunto. Lamentavelmente, os policiais brasileiros escrevem pouco e deficientemente a respeito de Negociação em Crises, o que dificulta sobremaneira o estudo do assunto: os livros e artigos indispensáveis estão em inglês, não sendo esta uma língua dominada por número significativo de nossa população que, em acréscimo, também não cultiva o hábito da leitura.

Em minhas aulas e palestras, pergunto aos instruendos algo cuja resposta quase sempre sei de antemão: quantos livros técnicos (livros técnicos, e não elaborados estudos sobre altas doutrinas jurídicas, de pequeno ou nulo alcance prático no cotidiano profissional) os senhores compraram nos últimos três meses? A mais importante prova do caráter científico dos postulados contidos nessas obras, pouco consultadas entre nós, é a sistemática coerência interna que exibem, inclusive quando seus autores recorrem a profissionais do comportamento e outros, em busca da confirmação das percepções obtidas na prática cotidiana.

As lacunas que observei na literatura nacional, busquei cobrir com a pesquisa em estudos que não apresentam relação direta com a Negociação em Crises, mas fundamentam a atuação do negociador ou contemplam alguns tópicos que podem ser utilizados na compreensão ampla de fenômenos culturais ou psicológicos que ocorrem no ambiente da crise – a recomendação do estudo dessas e de outras obras torna-se, portanto, mera redundância.

A discussão a respeito da atuação brasileira em crises, revela o assustador despreparo da média das nossas organizações policiais no trato de eventos dessa natureza, que é fruto, entre outras coisas, do notável distanciamento da Polícia em relação à comunidade a que serve, das dificuldades de toda ordem em que sobrevivem os órgãos de segurança e dos preconceitos que vicejam no seio da Polícia, segundo os quais, a verdadeira missão do policial é, sempre, a ação tática como fórmula inconteste de solução dos eventos críticos. Somente por meio de esforços pedagógicos será possível alterar este estado de coisas.

A comparação da metodologia de trabalho reinante nas Polícias norte-americanas e brasileiras e a apresentação dos fundamentos teóricos da negociação demonstram que não existem dificuldades impeditivas da atuação sistemática dos policiais brasileiros neste campo, mas antes a inequívoca ausência de vontade política de implementá-la: constato que a negociação, ao não produzir heróis imediatos e exigindo rigoroso treinamento, não sendo potencialmente indutora de ações de grande visibilidade e efeitos dramáticos, torna-se irrelevante na preferência dos policiais, sempre induzidos, pelo meio que os cerca e pelas inexistentes perspectivas de atuação e especialização no novo campo, a optar pelas modalidades táticas de atuação profissional.

O avanço no estudo da doutrina e sua aplicação, consolidam alguns preceitos que, hoje, somente se aplicam em situações especiais e por força da imposição de uns poucos, detentores de prestígio ou poder de decisão capazes de suplantar as resistências onipresentes. A divisão do comando das operações entre os responsáveis pelo GGC, GN e GT é assunto polêmico que exige posicionamentos, assim como o entendimento entre os diversos integrantes do sistema de gerenciamento de crises, a respeito da integração que deve haver entre todas as atividades que se desenrolam em busca da solução da crise.

Nada disso é problema exclusivo das organizações policiais. Sucedem-se os eventos em que importantes decisões foram deixadas a cargo exclusivo dos policiais, evidentemente despreparados para a visualização de todas as repercussões advindas das consequências de sua atuação solitária. Omissos, segmentos importantes da sociedade fogem de uma responsabilidade que lhes é exclusiva: a de orientar a Polícia na atuação que seja mais conveniente à comunidade como um todo, assumindo, finalmente, os ônus inevitavelmente decorrentes de decisões que, polêmicas e muitas vezes contrárias ao normalmente pacífico espírito de nosso povo, acabem por definir as Polícias como organismos executores da vontade dessa comunidade; a Polícia não pode nem deve, como aliás acontece em países de antiga e consolidada tradição democrática, ser a instância decisória dos rumos do evento crítico.

Todos esses óbices apontam inapelavelmente para a necessidade de se aprofundarem estudos que permitam a "nacionalização" dos procedimentos relacionados ao tema, demonstrando a necessidade de serem incluídas, nas discussões resultantes, as diferenças de percepção da realidade face às características culturais, sociais e políticas que norteiam o comportamento dos atores das crises (os integrantes do sistema de gerenciamento de crises, os provocadores do evento e as pessoas eventualmente capturadas).

A função do negociador é apenas uma: salvar vidas. Preferencialmente, de todos os envolvidos no processo. Essa postura, que é doutrinária, precisa refletir a nossa posição ideológica, como profissionais. Nos 12 anos em que exerci esse mister, nunca deixei de experimentar a mesma angústia em todos os casos: Estudei o bastante? Li tudo que precisava? Treinei o suficiente? Em todas as vezes, a resposta foi a mesma: não. Por envolver pessoas, jamais poderão ser previstas todas as necessidades, todas as variações e alternativas.

Mas a resposta para todas as crises sempre esteve lá, pronta, aguardando a revelação: nos olhares desvairados de criminosos cuja crueldade os fazia temidos, esconde-se não a fúria previsível e esperada, mas o medo; nas críticas e ameaças que reféns nos fazem, enquanto são dominados, lê-se o mesmo medo, o mesmíssimo sentimento de seus captores. Na ânsia do GT em atuar e resolver rapidamente a crise, o mesmo medo está lá, dirigindo, orientando – o medo de presenciar a morte de um cidadão de bem, de um companheiro. A resposta que muitos de nós deixamos de interpretar corretamente é esta: lidar com o medo que contamina a todos é solucionar a crise.

Creio que este tem sido o motivo fundamental de terem sido resolvidos com sucesso os eventos dos quais participei, em conjunto com a atuação de equipes competentes e obsessiva preparação técnica: aceito esse medo, reconheço-o em mim mesmo e faço dele meu aliado. Ao chegar ao ponto crítico, durante a caminhada até o primeiro contato com os provocadores, repito uma pequena fórmula de muitos anos: "Vou resolver este caso. Vou tirar essas pessoas de lá e tudo vai dar certo".

Funcionou até agora!

BIBLIOGRAFIA[145]

ALEMANNO, ROBERTO LUIS; ELMIR, MARIO MASSOUH. Disuasión y Crisis. **Revista Entelequia**. Buenos Aires, Argentina. nº 98, dez. 1996.

ALVES FILHO, FRANCISCO. Um Amor de Bandido. **Revista Isto É**. São Paulo, 08 jul. 1998.

BASSET, DONALD A. **Tactical Concepts**. Quantico, VA, FBI Nacional Academy, SOARU, 1983.

_____. **Confrontation Management**. Quantico, VA, FBI National Academy, SOARU, 1987.

BETINI, EDUARDO MAIA; TOMAZI, FABIANO. **COT: Charlie, Oscar, Tango: por dentro do Grupo de Operações Especiais da Polícia Federal**. São Paulo: Ícone Editora, 2009.

BOLZ JUNIOR, FRANK A. **How To Be A Hostage And Live**. Lyle Stuart Inc., Secaucus, NJ, 1987.

---

[145] Optei por dividir minhas fontes em dois grupos distintos: a Bibliografia refere-se àquelas obras cujo conteúdo, em meu julgamento, é imprescindível aos que pretendem se dedicar à Negociação em Crises – o Profissional irá se valer dos conhecimentos nelas contidos, não só no exercício de suas tarefas como também no embasamento de suas palestras e aulas. Logo após, nas Referências Bibliográficas, estão os trabalhos que, se não diretamente vinculados à Negociação, especificamente, produzem nos leitores maior entendimento de fenômenos que aumentam a qualidade de seu desempenho.

BORGES, GERSON. **Sequestros: a liberdade tem preço.** Rio de Janeiro: Quartet, 1998.

BRAIDEN, DENNIS W. **Procedure for Formulating a Crisis Response Plan.** Quantico, VA: FBI National Academy, 1996.

BRASILIANO, ANTONIO CELSO RIBEIRO. Resgate na Residência do Embaixador Japonês no Peru. **Revista Proteger.** São Paulo, maio/jun. 1997.

CASCIO, PAT; MCSWEENEY, JOHN. **Swat Battle Tactics – How to Organize, Train and Equip a SWAT Team for Law enforcement or Self Defense.** Boulder, CO, USA: Paladin Press, 1996.

DONALDSON, M.; DONALDSON, M. **Técnicas de Negociação.** Rio de Janeiro: Editora Campus, 1996.

FUSELIER, G. DWAYNE. **The Tactical Role of the Negotiator.** Washington DC, FBINA, SOARU, Crisis Management Handout, 1988.

_____. A Practical Overview of Hostage Negotiations. **FBI Law Enforcement Bulletin.** Quantico, USA, jul. 1981 (revisado por Roberto das Chagas Monteiro em 1986).

_____. What Every Negotiator Would Like his Chief to Know. **FBI Law Enforcement Bulletin.** Quantico, USA, mar. 1986.

_____ & NOESNER, GARY W. Confronting The Terrorist Hostage Taker. **FBI Law Enforcement Bulletin.** FBI, v. 59, nº 9, jul. 1990.

GILLILAND, B. E.; JAMES, R. K. **Crisis Intervention Strategies.** Pacific Grove, CA, USA: Brooks/Cole Publishing Company, 1997.

GREENSTONE, J. L. **The Elements of Police Hostage and Crisis Negotiation.** Binghamton, NY, USA: The Haworth Press, 2005.

_____; LEVITON, S. C. **Elements of Crisis Intervention.** Pacific Grove, CA, USA: Brooks/Cole Publishing Company, 1993.

KUPPERMAN, ROBERT M. et al. Crisis Management: Some Opportunities. *In*: ROBERT H. KUPPERMAN; DANIEL M. TRENT. **Terrorism Threat, Reality, Response**. Stanford, CA: Hoover Institution Press, 1988.

LACAYO, RICHARD. The Hostage Agony. **Time Newsmagazine** (14 ago. 1989).

LANCELEY, FREDERICK J. **On-Scene Guide for Crisis Negotiators**. 2nd ed. Boca Raton, FL, USA: CRC Press, 2003.

MCMAINS, M. J.; MULLINS, W. C. Crisis Negotiations: managing critical incidents and hostage situations. *In*: **Law Enforcement and Corrections**. Cincinnati, OH, USA: Anderson Publishing Co, 1996.

MONTEIRO, ROBERTO DAS CHAGAS. **Gerenciamento de Crises**. 5ª ed. Brasília: ANP/DPF, 2001.

PLASTER, JOHN. Police *Sniper* Training. **FBI Law Enforcement Bulletin**. Washington DC: FBI, v. 59, nº 9, set. 1990.

ROGAN, R. G.; HAMMER, M. R.; VAN ZANDT, C. R. [org.]. **Dynamic Process of Crisis Negotiation**. Westport, CT, USA: Praeger Books, 1997.

SALIGNAC, A. **Negociação em Crises**. Brasília: Academia Nacional de Polícia, 1997.

_____. **A Página do Negociador** – www.negociador.simplenet.com. 1997

_____. **A Atividade de Inteligência no DPF**. Trabalho de conclusão do XII Curso Superior de Polícia. Brasília, 1998.

_____. **A Educação Continuada do Policial Federal em Negociação em Crises**. Monografia apresentada como exigência parcial para obtenção do título de especialista em Metodologia do Ensino Superior. Brasília: Academia Nacional de Polícia, 2001.

SIQUEIRA, RAIMUNDO NONATO DE et al. **Nove Armas Para a Polícia**. Curitiba: Artes & Textos, 1991.

THOMÉ, RICARDO LEMOS. **A Solução Policial e Gerenciada das Situações Críticas**. Florianópolis: Palotti, 1998.

THOMÉ, RICARDO LEMOS; SALIGNAC, ANGELO OLIVEIRA. **O Gerenciamento das Situações Policiais Críticas**. Curitiba: Gênesis Editora, 2001.

THOMPSON, LEROY. **European Antiterrorist Units**. Boulder, CO, USA: Paladim, 1985.

THOMPSON, LEROY. **Hostage Rescue Manual**. Pennsylvania, PA, USA: Greenhill Books, 2001.

VAN ZANDT, C. R.; LANCELEY, F. J.; FUSELIER, G. D. Negotiating the Protracted Incident. The Oakdale and Atlanta Prison Sieges. **FBI Law Enforcement Bulletin**. Quantivo, USA, jul. 1989.

VECCHI, GREGORY M. A Hidden Conflict Within Law Enforcement. **FBI Law Enforcement Bulletin**. Quantivo, USA, maio 2002.

REFERÊNCIAS BIBLIOGRÁFICAS

AMERICAN PSYCHIATRIC ASSOCIATION. **Diagnostic and Statistical Manual: DSM III R.** Washington, DC, USA: APA, 1988.

_____. **Diagnostic and Statistical Manual: DSM IV.** Washington, DC, USA: APA, 1998.

BOLTON, R. **People Skill**s. New Jersey, USA: Prentice-Hall, Inc., 1984.

CHAPLIN, J. P. **Dicionário de Psicologia.** Lisboa, Portugal: Publicações Dom Quixote, 1981.

DUFFY, J. E. Processing Intelligence in Hostage Negotiations. **FBI Law Enforcement Bulletin.** Quantico, USA, jun. 1997.

FOLHA DE S. PAULO. **Carandiru, Seis Anos.** Opinião, 02 out. 1998.

_____. **Como Foi o Massacre.** Editoria Brasil, 11 nov. 1998.

_____. **Polícia Liberta Pastor Sequestrado há Dez Dias.** Cotidiano, 22 jun. 2000.

_____. **Brasileiro Teme Polícia e Vê Corrupção.** Cotidiano, 25 jun. 2000.

FRANÇA, W. Reféns Foram Utilizados Como Cobaias. **Folha de S. Paulo,** Cotidiano, 04 abr. 1996.

GODINHO, A. R.; TEIXEIRA, M.; MOREIRA, R. Irmão de Zezé di Camargo é Sequestrado. **Folha de S. Paulo**, Cotidiano, 18 dez. 1998.

HOLANDA, S. B. **Raízes do Brasil**. São Paulo: Companhia das Letras, 1995.

LEITE, D. M. **O Caráter Nacional Brasileiro**. São Paulo: Pioneira Gráfica e Editora Ltda., 1968.

MASLOW, A. **Motivation and Personality**. Nova Iorque, USA: Harper and Row, 1954.

MINGARDI, G. **Tiras, Trutas e Gansos: Cotidiano e Reforma na Polícia Civil**. São Paulo: Editora Página Aberta Ltda., 1991.

MOHANDIE, K. ; DUFFY, J. E. Understanding Subjects With Paranoid Schizophrenia. **FBI Law Enforcement Bulletin**. Quantico, USA, dez 1999.

MUNIZ JÚNIOR, M.P.; REIS, P. C. O.; MARCHESINI, A.; MOREIRA, C. H. S.; ZELADA, A. A. J. **Caso de Estudo Presídio Nilton Gonçalves**. Trabalho de Pós-Graduação apresentado à Academia de Polícia Militar do Bonfim para obtenção de grau de Especialização em Gerenciamento de Crises. Salvador, 1998.

RANGÉ, B. [org.]. **Psicoterapia Comportamental e Cognitiva de Transtornos Psiquiátricos**. São Paulo: Editorial Psy Ltda., 1998.

ROMANO, S. Third-Party Intermediaries and Crisis Negotiations. **FBI Law Enforcement Bulletin**. Quantico, USA, out. 1998.

SCHNEIDMAN, E. **A Definition of Suicide**. New York, USA: John Wiley and Sons, 1985.

STRENTZ, T. Law Enforcement Policies and Ego Defenses of The Hostage. **FBI Law Enforcement Bulletin**. Quantico, USA, dez 1979.

URY, W. L. **Supere o Não: negociando com pessoas difíceis**. São Paulo: Editora Nova Cultural Ltda., 1981.

VARELLA, D. **Estação Carandiru**. São Paulo: Editora Schwarcz Ltda., 1999.

Este livro, composto nas tipologias
Meta Serif e Franklin Gothic,
foi impresso pela Graphium
sobre papel offset 75g/m² para a
Ícone Editora em abril de 2011